Child (Hrsg.)

AufsichtsEnglisch

Praxiswörterbuch mit Facherläuterungen

2. Auflage

Finanz Colloquium Heidelberg, 2016

Zitiervorschlag:

»*Zitierter Begriff*« in Child (Hrsg.), AufsichtsEnglisch, 2. Auflage 2016.

ISBN:	978-3-95725-047-6
© 2016	Finanz Colloquium Heidelberg GmbH
	Im Bosseldorn 30, 69126 Heidelberg
	www.FC-Heidelberg.de
	info@FC-Heidelberg.de
Titelfoto:	Silberberg GmbH Montafon
Satz:	MetaLexis, Niedernhausen
Druck:	STRAUSS GmbH, Mörlenbach

Child (Hrsg.)

AufsichtsEnglisch

Praxiswörterbuch mit Facherläuterungen

2. Auflage

Jan Peter Buchholz
Wirtschaftsprüfer
Partner
CASIS Wirtschaftsprüfungsgesellschaft
Hamburg

Bill Child (Hrsg.)
Geschäftsführer
English Consult

Patrick Heil
Bereichsdirektor
Unternehmenssteuerung
Volksbank Breisgau Nord eG
Emmendingen

Gerhard Klopf
Stellvertretender Abteilungsleiter
Zentralbereich Banken und Finanzaufsicht
Deutsche Bundesbank
Frankfurt am Main

Christian König
Syndikus, Leiter Rechtsabteilung
Verband der Privaten Bausparkassen e. V.
Berlin

Dr. Thomas R. Kohlhase
Senior Credit Analyst
Talanx Asset Management GmbH
Köln

Rainer Pfau
Leiter Regulatory Issues
Commerzbank AG
Frankfurt am Main

Björn Reher
Steuerberater/Wirtschaftsprüfer/Partner
Roever Broenner Susat Mazars GmbH & Co. KG
Wirtschaftsprüfungsgesellschaft
Hamburg

Ulrich Schwarz
Senior Manager FSI Assurance – Risk IT
Deloitte & Touche GmbH
Wirtschaftsprüfungsgesellschaft

Andreas Seuthe
Referatsleiter Laufende Aufsicht 1
Deutsche Bundesbank
Düsseldorf

Mag. Dr. Christoph Splechtna
Geschäftsführer
S2P BANKEXPERTISE GMBH
Wien

Jan B. Töppe
Wirtschaftsprüfer
Geschäftsführer
AWADO Deutsche Audit GmbH Wirtschaftsprüfungsgesellschaft
Steuerberatungsgesellschaft
Hannover

Marina Zaruk
Bankgeschäftliche Prüfungen und Umsetzung Baseler Standards
Deutsche Bundesbank
Frankfurt am Main

Finanz Colloquium Heidelberg, 2016

Inhaltsverzeichnis

I.	**Vorwort**	**VII**
II.	**Erläuterungen zur Benutzung des Praxiswörterbuchs**	**IX**
	1. Aufbau eines Wörterbucheintrags	IX
	2. Erläuterungen zu den Querverweisen im Eintrag	IX
	3. Allgemeine Benutzerhinweise	IX
	a) Gesetzestexte	IX
	b) Zitierweise	X
	c) Rechtschreibung	X
	d) Quellenangaben	X
III.	**Fachabkürzungsverzeichnis**	**XI**
IV.	**Englisch – Deutsch (Begriffe mit Facherläuterungen)**	**1**

I. Vorwort

Vorwort 2. Auflage

Introduction to the second edition

Ongoing new regulations in banking supervision have resulted in an extension of this dictionary. Several new terms and definitions have been included, especially from the following subject areas: Supervisory review and evaluation process, market infrastructure, revisions to the standardised approach for credit risk, operational risk, securitisations and covered bonds, balance sheet and accounting.

Again, our thanks go to all the co-authors involved in compiling this work.

Rainer Pfau

Vorwort 1. Auflage

Mit der Bankenunion und dem Einheitlichen Aufsichtsmechanismus (Single Supervisory Mechanism (SSM)), der sich aus der EZB und den nationalen Aufsichtsbehörden der teilnehmenden EU-Länder zusammensetzt, wurde der Grundstein für eine zentrale, nationale Grenzen überschreitende europäische Bankenaufsicht gelegt. Die zugrundeliegenden Regelwerke CRR und CRD IV nebst den damit verbundenen Technical Standards und Guidelines schaffen einen einheitlichen Rahmen, ein Single Rule Book, und treiben somit die Harmonisierung der europäischen Bankenaufsicht voran.

Dieser einheitliche Rechtsrahmen bedarf einer ebenso einheitlichen, nationale Grenzen überschreitenden Sprache. Neben der offiziellen Kommunikation mit der EZB – Bankenaufsicht werden auch die Meldungen, Beantwortung von ad-hoc-Anfragen und Kommunikation mit den nationalen Aufsichtsbehörden zunehmend in englischer Sprache erfolgen. Dies wird auch immer häufiger Auswirkungen auf die interne Bankkommunikation, insbesondere im Bereich der Berichtspflichten, haben. Auch hier ist es daher von steigender Bedeutung für die alltägliche Arbeit, neben den deutschen auch die korrespondierenden englischen Fachbegriffe zu kennen.

Warum ein weiteres Wörterbuch? Bestehende Wörterbücher decken ein umfassenderes Begriffsfeld ab und speisen sich aus dem allgemeinen Sprachgebrauch, während dieses Wörterbuch »Aufsichts-Englisch« den Anspruch hat, die wichtigsten Begrifflichkeiten der internationalen und europäischen Standardsetzer in die korrespondierenden deutschen Fachtermini zu übersetzen.

Das vorliegende Buch orientiert sich daher an den verwendeten Termini dieser Standardsetzer, dem Finanzstabilitätsrat (Financial Stability Board (FSB)), dem Basler Ausschuss für Bankenaufsicht (Basel Committee on Banking Supervision (BCBS)), der Europäischen Kommission (European Commission), dem Rat (Council of the European Union), dem Europäischen Parlament (European Parliament), der Europäischen Bankenaufsichtsbehörde (European Banking Authority (EBA)), der Europäischen Zentralbank (European Central Bank (ECB)) sowie der Europäischen Zentralbank – Bankenaufsicht (European Central Bank – Banking Supervision).

Das Wörterbuch ist bewusst auf die Aufnahme von Begrifflichkeiten des Bankenaufsichtsrechts fokussiert. Es wurden von den Autoren eine Vielzahl aktueller Regularien ausgewertet und darin enthaltene Fachbegriffe entsprechend ihrer Relevanz in das Wörterbuch aufgenommen. Die Übersetzung orientiert sich im Wesentlichen an dem Sprachgebrauch der deutschen Behörden bzw. an offiziellen in Deutsch verfügbaren Dokumenten, insbesondere der europäischen Standardsetzer.

Die Anordnung der Begriffe erfolgt nach der alphabetischen Sortierung. Zur Verständlichkeit wurden an einigen Stellen neuere bzw. unklare regulatorische Termini erläutert und bieten dem Nutzer so weitere nützliche Informationen.

Letztlich entwickelt sich auch die Bankenaufsichtsterminologie stetig weiter, deshalb freuen wir uns über Kommentare und Anregungen an info@FC-Heidelberg.de, denn unser Ziel ist es, dieses Buch den Bedürfnissen unserer Leser anzupassen.

Rainer Pfau

II. Erläuterungen zur Benutzung des Praxiswörterbuchs

1. Aufbau eines Wörterbucheintrags

Die Einträge des Praxiswörterbuchs sind alphabetisch geordnet. Jeder Eintrag mit Begriffserläuterungen beginnt mit dem englischen Fachterminus in der Form, wie er in dem jeweiligen englischen Aufsichtsdokument, dem er entnommen wurde, aufgeführt wurde unter Angabe des entsprechenden Genus im Singular (*m.*; *f.*; *n.*) oder Plural (*pl., m.*; *pl., f.*; *pl., n.*). Es folgt die Definition bzw. die entsprechende deutsche Entsprechung des Fachterminus. Hier können bei einzelnen Begriffen innerhalb der Definition oder Entsprechung Hinweise auf das einzelne Genus (*m.*), (*f.*), (*n.*) erfolgen, um dem Anwender die Möglichkeit zu geben, diesen Begriff ebenfalls entsprechend einzuordnen. Anschließend werden die Begriffe teilweise erläutert und Querverweise (QV) zu anderen Begriffen oder Fachabkürzungen hergestellt. Sollten für einen Ausgangsbegriff mehrere deutsche Entsprechungen bestehen, können innerhalb eines Eintrags mehrere Entsprechungen aufgeführt und erläutert werden.

2. Erläuterungen zu den Querverweisen im Eintrag

An den Stellen innerhalb der Begriffserläuterungen, an denen es für den Anwender sinnvoll erscheint, wurden Querverweise (QV) zu anderen Begriffen oder Fachabkürzungen hergestellt, um dem Anwender die Möglichkeit zu geben, sich Begriffsfelder und weiterführende Begriffe und Erläuterungen zu dem Themenfeld, innerhalb dessen er einen Begriff sucht, zu erschließen. Fachabkürzungen sind alphabetisch einsortiert und verweisen in der Regel auf den entsprechenden ausgeschriebenen Fachterminus an der jeweils passenden Stelle.

3. Allgemeine Benutzerhinweise

a) Gesetzestexte

Gesetzestexte werden innerhalb des Praxiswörterbuchs unterschiedlich mit den jeweils einschlägigen Zitierweisen zitiert.

ERLÄUTERUNGEN ZUR BENUTZUNG DES PRAXISWÖRTERBUCHS

b) Zitierweise

Sofern möglich wurden Definitionen der Fachbegriffe aus aufsichtsrechtlichen Quellen übernommen und durch entsprechende Fußnoten unter Angabe der jeweiligen Quelle kenntlich gemacht.

c) Rechtschreibung

In diesem Wörterbuch werden Zitate in ihrer ursprünglichen Ausgangsform unverändert übernommen.

d) Quellenangaben

Die Quellenangaben erfolgen in Form von Fußnoten mit Verweis auf die entsprechenden Angaben im Literaturverzeichnis (siehe V.).

III. Fachabkürzungsverzeichnis

Fachabkürzung	Bedeutung
ABCP	Asset backed commercial paper
ABCP programme	Asset-backed commercial paper programme
ABoR	Administrative Board of Review
ABS	Asset Backed Securities
ABSPP	Asset backed Securities Purchase Programme
ADC	Land Acquisition, Development and Construction
ADI	Available Distributable Items
AEUV	Vertrag über die Arbeitsweise der Europäischen Union
AfS	Available for Sale
AFS	Ausschuss für Finanzstabilität
aFV	at Fair Value
AIF	Alternative Investmentfonds
AIFMD	Alternative Investment Fund Managers Directive
AIRB	Advanced Internal Ratings-Based Approach
AISP	Account Information Service Provider
ALMM	Additional Liquidity Monitoring Metrics
AMA	Advanced Measurement Approach
AMAO	Advanced Method for Additional Outflows
AML	Anti-Money Laundering
AMS	Analysis and Methodological Support Divison
AnaCredit	Analytical Credit Dataset
AP	Antizyklischer Kapitalpuffer
APRC	Annual percentage rate of charge
AQR	Asset Quality Review
A-SRI	Andere systemrelevante Institute
AR	Accuracy Ratio
ARC	Accounting Regulatory Committee
ASA	Alternativer Standardansatz
ASAF	Accounting Standard Advisory Forum
ASB	Accounting Standard Board
ASF	Available Stable Funding
AT1	Additional Tier 1

ERLÄUTERUNGEN ZUR BENUTZUNG DES PRAXISWÖRTERBUCHS

AUM	Assets under Management
AVA	Additional Valuation Adjustment
AVC	Asset Value Correlation
AWP	Annual work programme
BaFin	Bundesanstalt für Finanzdienstleistungsaufsicht
BCBS	Basel Committee on Banking Supervision
BCM	Business Continuity Management
BCP	Business continuity plan
BelWertV	Beleihungswertermittlungsverordnung
BGB	Bürgerliches Gesetzbuch
BI	Business Indicator
BIA	Basis Indicator Approach
BIC	Business Identifier Code
BIP	Bruttoinlandsprodukt
BIS	Bank for International Settlements
BIZ	Bank für internationalen Zahlungsausgleich
BLS	Bank Lending Survey
BMA	Business Model Analysis
BoA	Board of Appeal of the European Supervisory Authorities
BoS	Board of Supervisors
Bp	Basis points
BRRD	Bank Recovery and Resolution Directive
BS	British Standard
BSA	Balance Sheet Assessment
BSC	Banking Supervision Committee
BSG	Banking Stakeholder Group
BSI	Bundesamt für Sicherheit in der Informationstechnik
BSR	Balance Sheet Review
BSpkG	Bausparkassengesetz
BTS	Binding Technical Standards
CA	Comprehensive Assessment
CA(s)	Competent Authority(ies)
CAC	Collective Action Clauses
CAPEX	Capital Expenditure

CaR	Credit at Risk
CBSG	Cross-Border Stability Group
CBPP	Covered Bond Purchasing Programme
CCAR	Comprehensive Capital Analysis and Review
CCB	Capital Conservation Buffer
CCB	Countercyclical Capital Buffer
CCD	Consumer Credit Directive
CCF	Credit Conversion Factor
CCP	Central Counterparty
CCR	Counterparty credit risk
CCRM	Counterparty credit risk multiplier
CD	Certificate of Deposit
CDD	Customer Due Diligence
CDR	Cumulative default rate
CDS	Credit Default Swap
CDO	Collateralised Debt Obligation
CEBS	Committee of European Banking Supervisors
CEIOPS	Committee of European Insurance and Occupational Pension Supervisors
CEM	Current Exposure Method
CESR	Committee of European Securities Regulators
CET1	Common Equity Tier 1
CFR	Common frame of reference
CFT	Counter-Terrorist Financing
CIU	Collective investment undertaking
CLN	Credit-Linked Note
CLO	Collateralized Loan Obligation
CLS	Continuous-Linked Settlement
CMBS	Commercial Mortgage Backed Security
CMC	Current market value of collateral
CMF	Content Management and Filtering
CMG	Crisis Management Group
CMO	Collateralised Mortgage Obligations
CMU	Capital Market Union
CMV	Current market value

ERLÄUTERUNGEN ZUR BENUTZUNG DES PRAXISWÖRTERBUCHS

CNAV	Constant Net Asset Value
COBIT	Control Objectives for Information Technology
CoCo	Contingent Convertible (Bond)
COE	Cost of Equity
COFRA	Cooperation Framework
COREP	Common Reporting
CORF	Corporate Operational Risk Function
CP	Commercial Paper
CP	Consultation Paper
CPMI	Committee on Payments and Market Infrastructures
CPSS	Committeee on Payment and Settlement Systems
CRA	Credit Rating Agency
CRD	Capital Requirements Directive
CRD IV	Capital Requirements Directive
CRM	Credit Risk Mitigation
CRM	Comprehensive Risk Measure
CRR	Capital Requirements Regulation
CRSA	Credit Risk Standard Approach
CSA	Credit Support Annex
CSD	Central Securities Depository
CSDR	Central Securities Depositories Regulation
CSR	Credit Spread Risk
CT1	Core Tier 1
CTI	Computer-Telefonie-Integration
CTP	Correlation Trading Portfolio
CUSIP	Committee on Uniform Security Identification Procedures
CV	Coefficient of Variation
CVA	Credit Valuation Adjustment
D-SIB	Domestic Systemically Important Bank
DG	Directorate General
DGS	Deposit guarantee scheme
DGSD	Deposit Guarantee Schemes Directive
DI	Draft Interpretation
DIF	Deposit Insurance Fund

DK	Die Deutsche Kreditwirtschaft
DLP	Data loss prevention
DoS	Denial of Service
DP	Discussion Paper
DPOC	Due Process Oversight Committee
DR	Disaster Recovery
DRC	Default Risk Charge
DRP	Disaster recovery plan
DSC	Debt service coverage
DSCR	Debt Service Coverage Ratio
DSL	Digital Subscriber Line
DTAs	Deferred Tax Assets
DTLs	Deferred Tax Liabilities
DVA	Debit Valuation Adjustment
DvP	Delivery-versus-Payment
EAD	Exposure at Default
EBA	European Banking Authority
ECA	Export credit agency
ECAI	External Credit Assessment Institution
ECB	European Central Bank
ECBC	European Covered Bond Council
ECL	Expected Credit Loss
ECOFIN	Economic and Financial Affairs Council
ECRA	External Credit Risk Assessment Approach
ED	Exposure Draft
EDD	Enhanced Customer Due Diligence
EDIS	European Deposit Insurance Scheme
EEA	European Economic Area
EFRAG	European Financial Reporting Advisory Group
EFSF	European Financial Stability Facility
EG	Europäische Gemeinschaft
EIOPA	European Insurance and Occupational Pensions Authority
EL	Expected Loss
ELA	Emergency Liquidity Assistance

ERLÄUTERUNGEN ZUR BENUTZUNG DES PRAXISWÖRTERBUCHS

ELBE	Expected loss best estimate
EMIR	European Market Infrastructure Regulation
EMU	Economic and Monetary Union
EP	European Parliament
EPE	Expected Positive Exposure
ERF	European Reporting Framework
ES	Expected Shortfall
ESAs	European Supervisory Authorities
ESCB	European System of Central Banks
ESFS	European System of Financial Supervision
ESIS	European Standardised Information Sheet
ESFS	European System of Financial Supervision
ESM	Europäischer Stabilitätsmechanismus
ESMA	European Securities and Markets Authority
ESRB	European Systemic Risk Board
ESRC	European Systemic Risk Council
Effective EPE	Effective expected positive exposure
ETF	Exchange-Traded Fund
EU	Europäische Union
EVA	Economic Value Added
EVPI	Europäischer Verbraucherpreisindex
EWI	Europäisches Währungsinstitut
EWR	Europäischer Wirtschaftsraum
EWS	Europäisches Währungssystem
EWU	Europäische Währungsunion
EZB	Europäische Zentralbank
FAS	Financial Accounting Standards
FASB	Financial Accounting Standards Board
FATF	Financial Action Task Force
FBA	Fall Back Approach
FCCM	Financial Collateral Comprehensive Method
Fed	Federal Reserve System
FFV	Full Fair Value
FICOD	Financial Conglomerate Directive
FID	Fee information document

ERLÄUTERUNGEN ZUR BENUTZUNG DES PRAXISWÖRTERBUCHS

FINREP	Financial Reporting
FIRB	Foundation Internal Ratings-Based Approach
FIU	financial intelligence unit
FMSA	Bundesanstalt für Finanzmarktstabilisierung
FRA	Forward Rate Agreement
FRN	Floating Rate Note
FRTB	Fundamental Review of the Trading Book
FSB	Financial Stability Board
FT	File Transfer
FTE	Full-time equivalent
FTT	Financial Transaction Tax
FV	Fair Value
FVO	Fair Value Option
FVOCI	Fair Value Through Other Comprehensive Income
FVTPL	Fair Value Through Profit or Loss
FW	Firewall
FX	Foreign Exchange
FY	Financial Year
GAAP	Generally Accepted Accounting Principles
G-SIB	Global Systemically Important Banks
G-SIFIs	Global Systemically Important Financial Institutions
G-SII	Global systemically important insurers
G-SRI	Global systemrelevante Institute
GDP	Gross Domestic Product
GHOS	Group of Governors and Heads of Supervision
GI	Gross Income
GIRR	General Interest Rate Risk
GLRGs	Gezielte längerfristige Refinanzierungsgeschäfte
GroMiKV	Großkredit- und Millionenkreditverordnung
HDP	High Default Portfolio
HLBA	Historical Look Back Approach
HfT	Held for Trading
HGB	Handelsgesetzbuch
HLBA	Historical Look Back Approach
HLEG	High Level Expert Group

XVII

ERLÄUTERUNGEN ZUR BENUTZUNG DES PRAXISWÖRTERBUCHS

HPE	Hypothetical Portfolio Exercise
HQLA	High Quality Liquid Assets
HtM	Held to Maturity
HTTP	Hypertext Transfer Protocol
HVPI	Harmonisierter Verbraucherpreisindex
HY	High Yield
IA	Impact assessment
IAA	Internal Assessment Approach
IADI	International Association of Deposit Insurers
IAIS	International Association of Insurance Supervisors
IAS	International Accounting Standards
IASC	International Accounting Standards Committee
IASB	International Accounting Standards Board
IBAN	International Bank Account Number
ICAAP	Internal Capital Adequacy Assessment Process
ICT	Information and communications technology
ICT-risk	Information and communications technology risk
IFRIC	IFRS Interpretation Committee
ID	Identity
IDS	Intrusion Detection System
IFR	Interchange Fee Regulation
IFRS	International Financial Reporting Standards
IG	Investment Grade
IIA	Inter-Institutional Agreement
ILAAP	Internal Liquidity Adequacy Assessment Process
IM	Instant-Messaging
IM	Internal Models
IMA	Internal Models Approach
IMF	International Monetary Fund
IMM	Internal Model Method
IMV	Initial Market Valuation
IOSCO	International Organization of Securities Commissions
IP	Internet Protocol
IPRE	Income-Producing Real Estate

IPS	Institutional protection scheme
IRB	Internal Rating Based
IRB approach	Internal Ratings-Based approach
IRBA	Internal Ratings-Based Approach
IRC	Incremental Risk Charge
IRC model	Internal model for incremental default and migration risk
IRRBB	Interest rate risk in the banking book
IRT	Internal Resolution Team
IRT	Internal Risk Transfer
ISDA	International Swaps and Derivatives Association
ISDN	Integrated Services Digital Network
ISIN	International Securities Identification Number
ISMA	International Security Management Association
ISMS	Information security management system
ISO	Institutional and Sectoral Oversight Division
ISO	International Standards Organisation
IT	Information Technology
ITG	IFRS Transition Resource Group for Impairment of Financial Instruments
ITIL	Information Technology Infrastructure Library
ITS	Implementing Technical Standard
ITU	Internationale Fernmeldeunion
IVSC	International Valuation Standards Council
IWF	Internationaler Währungsfonds
JC	Joint Committee
JTD	Jump-to-default
JST	Joint Supervisory Team
KIRB	Capital under IRB Approach
KMU	Klein- und mittelständische Unternehmen
KPI	Key Performance Indicator
KRI	Key Risk Indicator
KSA	Kreditrisiko-Standardansatz
KWG	Kreditwesengesetz
L&R	Loan & Receivables
LaR	Liquidity at Risk

LBO	Leveraged Buyout
LCP	Liquidity Contingency Plan
LCR	Liquidity Coverage Ratio
LDP	Low Default Portfolio
LEI	Legal Entity Identifier
LEIROC	Legal Entity Identifier Regulatory Oversight Committee
LEL	Lifetime Expected Credit Loss
LGD	Loss Given Default
LIBOR	London Interbank Offered Rate
LiqV	Liquiditätsverordnung
LME	Liability Management Exercise
LoLR	Lender of Last Resort
LR	Leverage Ratio
LSI	Less Significant Institution
LTI	Loan-to-income
LTRO	Longer-term Refinancing Operations
LTV	Loan-to-value
LVaR	Liquidity Value at Risk
M	Maturity
MaRisk	Minimum requirements for risk management
MAWP	Multi-annual work programme
MBS	Mortgage Backed Security
MCD	Mortgage Credit Directive
MDA	Maximum Distributable Amount
MDB	Multilateral Development Bank
MFA	Multi-Factor-Authentication
MFI	Monetäres Finanzinstitut
MiFID	Markets in Financial Instruments Directive
MiFIR	Markets in Financial Instruments Regulation
MLD	Money Laundering Directive
MLR	Money Laundering Regulation
MMF	Money Market Fund
MoU	Memorandum of Understanding
MPE	Multiple Point of Entry

MREL	Minimum Requirement for Own Funds and Eligible Liabilities
MRO	Main Refinancing Operation
MSN	Microsoft Network
MTF	Multilateral Trading Facility
MTN	Medium Term Note
MtM	Mark-to-market
NAV	Net Asset Value
NCA	National Competent Authority
NCI	Non-controlling Interest
NCWO	No creditor worse off principle
NDA	Non Disclosure Agreement
NDF	Non Deliverable Forward
NFC	Non-Financial Counterparty
NFCs	Non-financial counterparties
NIF	Note issuance facility
NII	Net Interest Income
NIM	Net Interest Margin
NPA	Non-performing assets
NPAT	Net Profit After Tax
NPE	Non-Performing Exposure
NPL	Non-Performing Loans
NPR	Net Present Value
NR	Not-Rated
NRA	National Resolution Authority
NSA	National Supervisory Authority
NSFR	Net Stable Funding Ratio
OAS	Option adjusted Spread
O-SII	Other systemically important institutions
OBS	Off-Balance Sheet
OCI	Other Comprehensive Income
OCR	Overall Capital Requirement
ODF	Option dated Forwards
OECD	Organisation for Economic Cooperation and Development
OFR	Own Funds Requirements

OGA	Organismus für gemeinsame Anlagen
OGAW	Organismen für gemeinsame Anlagen in Wertpapieren
OGC	Office of Government Commerce
OJ	Official Journal
OL	Other Liabilities
OLR	Originated Loans and Receivables
OMT	Outright Monetary Transactions
OMTOS	Open Market Tender Operations System
OpRisk	Operational Risk
ORM	Operational Risk Management
ORMF	Operational Risk Management Framework
OTC	Over the Counter
OTFs	Organised Trading Facilities
P&L	Profit and Loss
PAD	Payments Accounts Directive
PC	Personal Computer
PD	Probability of Default
PEPs	Politically exposed persons
PFE	Potential Future Exposure
PII	Professional indemnity insurance
PIN	Personal identification number
PISP	Payment Initiation Service Provider
PIT	Point-in-time
PKI	Public-Key-Infrastruktur
PLAC	Primary Loss Absorbing Capital
POG	Product oversight and governance
PONV	Point of Non-Viability
POS	Point of Sale
Pp	Percentage points
PRIIPs	Packaged retail investment and insurance-based investment products
PSA	Partial Standardised Approach
PSD2	Payment Services Directive (revised)
PSE	Public Sector Entity
PSPs	Payment service providers

PSPP	Public Sector Purchase Programme
PvP	Payment-versus-Payment
QCCP	Qualifying Central Counterparty
QE	Quantitative Easing
QIS	Quantitative Impact Study
QV	Querverweis
RAF	Risk Appetite Framework
RAS	Risk Assessment System
RBA	Rating-Based Approach
RCAP	Regulatory Consistency Assessment Programme
RCP	Risk Covering Potential
RCSA	Risk and Control Self-Assessment
Repo	Repurchase agreement or transaction
RFB	Ring-Fenced Bank
RFI	Request for Information
RIA	Regulatory Impact Assessment
RMBS	Residential Mortgage Backed Securities
ROA	Return on Assets
ROE	Return on Equity
ROI	Return on Investment
RoRC	Return on Regulatory Capital
RPC	Risk position from collateral
RPT	Risk position from transaction
RRAO	Residual Risk Add-On
RSF	Required Stable Funding
RSA	Revised Standardised Approach
RUF	Revolving Underwriting Facility
RTS	Regulatory Technical Standards
RWA	Risk Weighted Assets
SA	Standardised Approach
SAC	Standards Advisory Council
SA-CCR	Standardised Approach for Counterparty Credit Risk
SBRF	Single Bank Resolution Fund
SCAP	Supervisory Capital Assessment Program

ERLÄUTERUNGEN ZUR BENUTZUNG DES PRAXISWÖRTERBUCHS

SCR	Solvency Capital Requirement
SCRA	Standardised Credit Risk Assessment Approach
SCV file	Single Customer View file
SDD	Simplified Customer Due Diligence
SECCI	Standard European Consumer Credit Information form
SEP	Supervisory Examination Programme
SEPA	Single Euro Payments Area
SES	Stressed Capital Add-On
SFA	Supervisory Formula Approach
SFM	Supervisory Formula Method
SFT	Securities Financing Transactions
SI	Significant Institution
SIC	Standing Interpretations Committee of the IASC
SIV	Structured Investment Vehicle
SM	Standardised Method
SME	Small and medium-sized Enterprise/Entity
SMP	Securities Markets Programme
SMTP	Simple Mail Transfer Protocol
SOA	Service-oriented architecture
SON	Supervisory Oversight and NCA Relations Division
SPE	Special Purpose Entity
SPE	Single Point of Entry
SPV	Special purpose vehicle
SQF	Statement of fees
SRB	Systemic Risk Buffer
SRB	Single Resolution Board
SREP	Supervisory Review and Evaluation Process
SRF	Single Resolution Fund
SRM	Single Resolution Mechanism
SRP	Systemrisikopuffer
SRP	Supervisory Review Process
SRT	Significant Risk Transfer
SoFFin	Sonderfonds Finanzmarktstabilisierung
SolvV	Solvabilitätsverordnung

ERLÄUTERUNGEN ZUR BENUTZUNG DES PRAXISWÖRTERBUCHS

SRB	Single Resolution Board
SSL	Secure Sockets Layer
SSM	Single Supervisory Mechanism
SSPE	Securitisation Special-Purpose Entity
SSS	Securities Settlement System
STE	Short Term Exercise
STS	Simple, Transparent, Standardised
STS	Standardised transparent securitisation
SVaR	Stressed Value at Risk
SWIFT	Society for Worldwide Interbank Financial Telecommunication
SWOT	Strengths, Weaknesses, Opportunities, Threats
T1	Tier 1
T2	Tier 2
TAN	Transaktionsnummer
TARGET	Trans-European Automated Real-time Gross settlement Express Transfer system
TBTF	Too big to fail
TCE	Tangible Common Equity
TCP	Transmission Control Protocol
TCR	Total Capital Ratio
TEU	Treaty on European Union
TK	Telekommunikation
TLAC	Total Loss Absorbing Capacity
TLS	Transport Layer Security
TLTRO	Targeted longer-term Refinancing Operations
TOI	Total Operating Income
TREA	Total Risk Exposure Amount
TRG	Transition Resource Group for Revenue Recognition
TRIM	Targeted Review on Internal Models
TRUF	Transferable Revolving Underwriting Facilities
TSA	The Standardised Approach
TSCR	Total SREP capital requirement
TTC	Through-the-Cycle
UCC	Unconditionally Cancellable Commitments

ERLÄUTERUNGEN ZUR BENUTZUNG DES PRAXISWÖRTERBUCHS

UCITS	Undertakings for Collective Investment in Transferable Securities
UK	United Kingdom
UL	Unexpected Loss
UMS	Unified Messaging Service
US-GAAP	US-General Accepted Accounting Principles
USA	United States of America
USB	Universal Serial Bus
VaR	Value at Risk
VRDN	Variable Rate Demand Note
VPI	Verbraucherpreisindex
WechselG	Wechselgesetz
WLAN	Wireless Local Area Network
WWU	Wirtschafts- und Währungsunion
XBRL	eXtensible Business Reporting Language
ZGP	Zentrale Gegenpartei

IV.

Englisch – Deutsch
(Begriffe mit Facherläuterungen)

A

ABS
(QV: **Asset Backed Securities**)

Absolutely entitled
uneingeschränkte Nutzungserlaubnis/Verfügungserlaubnis, *f.*
Der Begriff beschreibt die Verfügungsberechtigung über ein gemeinsames Konto.

Acceptance
Wechselakzept, *m.*
Akzeptierter Wechsel, m.

Acceptance credit
Akzeptkredit, *m.*
Ein vom Kunden als Aussteller auf seine Bank gezogener Wechsel, der von dieser akzeptiert wird.

Access to the files
Akteneinsicht, *f.*
Einsicht in Akten an ihrem derzeitigen Ort, durch Mitnahme oder Anfertigung von Ablichtungen.

Accountability
Rechenschaftspflicht, *f.*

Accounting conveniences
Bilanzierungshilfen, *pl., f.*
Bilanzposten in der handelsrechtlichen Rechnungslegung, die die Bilanzierungskriterien nicht erfüllen, jedoch angesetzt werden dürfen, um eine periodengerechte Erfolgsermittlung zu gewährleisten.

Accounting practices
Buchhaltungsgepflogenheiten, *f.*

Accounting Year
(QV: **Fiscal Year**)

Accrued expenses
zeitanteilige Aufwendungen, *pl., f.*

Accrued income
zeitanteilige Erträge, *pl., m.*

Accrued interest
Stückzinsen, *pl., m.*
angefallene, aber noch nicht bezahlte Zinsen

Accuracy
Genauigkeit, *f.*
Die Genauigkeit ist der prozentuale Wert einer Abweichung in Bezug zum Sollwert. Die Genauigkeit ist ein dimensionsloser Wert, der in Prozent angegeben wird.
Der Begriff Genauigkeit kommt in vielen technischen Anwendungen vor; in der Mechanik und in der Konstruktion, der Elektronik, Mess- und Nachrichtentechnik, der Analog- und Digitaltechnik. Es handelt sich aber immer um die Toleranzgrenzen von technischen Parametern oder Kenngrößen. Ermittelt wird die Genauigkeit in der Regel aus dem Quotienten der Abweichung und dem Sollwert. Beträgt beispielsweise die Abweichung 1

und ist der Sollwert 100, dann ist die Genauigkeit 99 %.[1]

Accuracy of the model

Prognosegüte, *f.*

Aussage über die Qualität eines internen Risikosteuerungsmodells durch die Ermittlung eines täglich durchzuführenden Backtestings (QV: **Backtesting**)

Accurately

genau, präzise

Achieve a level playing field

Erreichung gleicher Wettbewerbsbedingungen, *f.*,

Acquisition against payment

entgeltlicher Erwerb, *m.*
Erwerb durch das Verlangen eines Leistungsäquivalents

(to) act in an agency capacity

Finanzkommissionsgeschäft betreiben
Anschaffung und Veräußerung von Finanzinstrumenten im eigenen Namen für fremde Rechnung

Act on Building and Loan Associations

Gesetz über Bausparkassen, *n.*

Additional Liquidity Monitoring Metrics (ALMM)

Zusätzliche Kennzahlen zur Liquiditätsbeobachtung, *f.*
Neben den neuen aufsichtlichen Liquiditätsvorgaben LCR (QV: **Liquidity Coverage Ratio**) und NSFR (QV: **Net Stable Funding Ratio**) erheben die Bankenaufseher ab dem Jahr 2016 weitere Kennzahlen zur Liquiditätslage der Institute. Diese Kennzahlen zur Liquiditätsbeobachtung enthalten keine konkreten (Mindest-)Vorgabe, wleche einzuhalten sind, sondern dienen lediglich der ergänzenden Information für die Bankenaufsicht.

Additional Tier 1 Capital

zusätzliches Kernkapital, *f.*
Über das harte Kernkapital (QV: **Core Tier 1 Capital**) hinaus ist die Anrechnung zusätzlicher Kernkapitalbestandteile zum gesamten Kernkapital (QV: **Tier 1 Capital**) unter bestimmten Umständen zulässig. Diese hybriden Kapitalinstrumente müssen einen Anforderungskatalog von 14 Kriterien erfüllen, u. a. darf es keine Laufzeitbegrenzung geben und die Kündigung der Kapitalbestandteile darf nur mit Zustimmung der zuständigen Aufsichtsbehörde erfolgen.

---

[1] Vgl. http://www.itwissen.info/ (20.02.2015).

Add-on

Zuschlag, *m.*
Sicherheitszuschlag bei der Ermittlung notwendiger Eigenmittel

Adequacy

Adäquanz, *f.*
Angemessenheit: Wird im Bankrecht im Zusammenhang mit den Mindesteigenmittel-Vorschriften verwendet, um die Angemessenheit der Kapitalausstattung hinsichtlich der Risikolage zu regeln.

Adequacy of own funds

Eigenmittelausstattung, *f.*
Ausstattung von Instituten mit bankaufsichtsrechtlich anerkannten Eigenmitteln

Adequate explanation

angemessene Erläuterung, *f.*
Nach Art. 16 Abs. 1 Richtlinie 2014/17/EU hat der Kreditgeber oder der Kreditvermittler angemessene Erläuterungen zu den angebotenen Kreditverträgen und etwaigen Nebenleistungen zu geben, damit der Verbraucher in die Lage versetzt wird, zu beurteilen, ob die vorgeschlagenen Kreditverträge und die Nebenleistungen seinen Bedürfnissen und seiner finanziellen Situation gerecht werden. Diese Verpflichtung ergibt sich nicht nur für Wohnimmobilienkredite sondern nach Art. 5 Abs. 5 der Richtlinie 2008/48/EG für Verbraucherkredite. Der deutsche Gesetzgeber hat dies bereits in § 491a Abs. 3 BGB umgesetzt.

Adhere to strategy

Die Strategie einhalten.

ADI

(QV: **Available Distributable Items**)

Adjustment

Anpassung, *f.*

Administrative assistance

Amtshilfe, *f.*
Hilfeleistung einer Behörde für eine andere Behörde

Administrative court

Verwaltungsgericht, *n.*
In der Regel das erstinstanzliche Gericht der Verwaltungsgerichtsbarkeit

Administrator

Verwalter, *m.*

Advanced Internal-Rating Based Approach

fortgeschrittener auf internen Ratings basierender Ansatz zur Quantifizierung der Eigenmittelanforderungen für Kreditrisiken, *m.*
Dieser Ansatz zur Ermittlung der Eigenmittelanforderungen für Kreditrisiken ermöglicht es den Banken, über die institutsindividuelle Schätzung der Ausfallwahrscheinlichkeiten (QV: **Probability of Default**)

hinaus weitere Parameter selbst zu erheben. Weitere zu schätzende Parameter sind die Verlustquote (QV: **Loss Given Default**) sowie die Höhe der Kreditinanspruchnahme zum Ausfallzeitpunkt (QV: **Exposure at Default**). Damit geht der Advanced IRB Approach über den Basis IRB-Ansatz (QV: **Internal Rating Based Approach**) hinaus. Zur Anwendung dieses Ansatzes ist die Zustimmung der zuständigen Bankenaufsichtsbehörde erforderlich.

Advanced Measurement Approach (AMA)

fortgeschrittener Messansatz zur Quantifizierung der Eigenmittelanforderungen für operationelle Risiken, *m*.

Der Advanced Measurement Approach ist ein über den Basisindikatoransatz (QV: **Basis Indicator Approach**) und Standardansatz (QV: **Standardized Approach (Operational Risk)**) hinausgehender Ansatz zur Quantifizierung operationeller Risiken. Beim AMA sind im Gegensatz zu den beiden einfacheren Ansätzen keine festen Vorgaben zur Quantifizierung der operationellen Risiken vorgegeben. Mit der Entwicklung und Umsetzung dieses Ansatzes ist es den Instituten möglich, die zur Unterlegung erforderlichen anrechenbaren Eigenmittel zu verringern. Vor Anwendung des AMA Ansatzes müssen Kreditinstitute ein Zulassungsverfahren bei der zuständigen Bankenaufsichtsbehörde durchlaufen.

Advanced method

fortgeschrittene Methode, *f.*

Advisory service

Beratungsdienstleistungen, *pl., f.* Die Beratungsdienstleistungen werden in Art. 4 Abs. 21 Richtlinie 2014/17/EU als die Erteilung individueller Empfehlungen an einen Verbraucher in Bezug auf ein oder mehrere Geschäfte im Zusammenhang mit Kreditverträgen, die eine von der Gewährung eines Kredits und von der Kreditvermittlungstätigkeit getrennte Tätigkeit darstellen.

Affiliate

Niederlassung, *f.* Rechtlich unselbständige Zweigstelle von Unternehmen.

Schwesterunternehmen, *n.*

Unternehmen, die ein gemeinsames Mutterunternehmen haben.

Affiliated

angeschlossen

Im Sinne der Einlagensicherungsrichtlinie 2014/49/EU bedeutet angeschlossene Kreditinstitute, die Institute, die einem Einlagensicherungssystem angehören.

Aggregate Amount

aggregierter Betrag *m.*

Betrag, den die Abwicklungsbehörde bei der Entscheidung zugrunde legt, dass berücksichtigungsfähige Verbindlichkeiten im Rahmen des Bail-in (QV: **bail-in**) abzuschreiben oder umzuwandeln sind.

Aggregate deposit

Gesamtheit der Einlagen, *f.*
Nach Art. 6 Abs. 1 Richtlinie 2014/49/EU haben die Einlagensicherungssysteme höchstens 100.000 Euro oder den Gegenwert in anderen Währungen pro Einleger bei dem entsprechenden Institut insgesamt abzusichern. Der Begriff der Gesamtheit der Einlagen bezieht sich auf die Addition der Einlagen des Einlegers bei dem jeweiligen Institut.

Aggregate indebtedness

Gesamtverschuldung, *f.*
Verschuldung eines Kreditnehmers bei mehreren Kreditinstituten

Aggregate large exposure limit

Großkreditgesamtobergrenze, *f.*
Grenze für die Summe aller Großkredite eines Instituts

Aggregate large exposure limit in overall business

Gesamtbuch-Großkreditgesamtobergrenze, *f.*
Grenze für die Summe aller Großkredite aus dem Anlage- und Handelsbuch eines Instituts.

Aggregate large exposure limit on the banking book

Anlagebuch-Großkreditgesamtobergrenze, *f.*
Grenze für die Großkredite aus dem Anlagebuch eines Instituts.

ALMM

(QV: **Additional Liquidity Monitoring Metrics**)

Algorithmic Trading

Algorithmischer Handel, *m.*
Handel mit einem Finanzinstrument, bei dem ein Computeralgorithmus die einzelnen Auftragsparameter automatisch bestimmt, z. B. ob der Auftrag eingeleitet werden soll, Zeitpunkt, Preis bzw. Quantität des Auftrags oder wie der Auftrag nach seiner Einreichung mit eingeschränkter oder gar keiner menschlichen Beteiligung bearbeitet werden soll, unter Ausschluss von Systemen, die nur zur Weiterleitung von Aufträgen zu einem oder mehreren Handelsplätzen, zur Bearbeitung von Aufträgen ohne Bestimmung von Auftragsparametern, zur Bestätigung von Aufträgen oder zur Nachhandelsbearbeitung ausgeführter Aufträge verwendet werden (Art. 4 RL 2014/65/EU).

Alternative funding arrangements

alternative Finanzierungsregeln, *pl., f.*
Nach Art. 10 Abs. 9 Richtlinie 2014/49/EU haben die nationalen

Einlagensicherungsysteme über angemessene alternative Finanzierungsregelungen zu verfügen, die ihnen eine kurzfristige Finanzierung zur Erfüllung der gegen sie erhobenen Forderungen erlauben. Als verfügbare Finanzmittel soll den Einlagensicherungssystemen gemäß Erwägungsgrund 34 Richtlinie 2014/49/EU auch die Möglichkeit gegeben werden, Bargeld, Einlagen, Zahlungsverpflichtungen und risikoarme Schuldtitel zu besitzen, die kurzfristig liquidiert werden können. Bei der Festlegung der Höhe der Beiträge zu den Einlagensicherungssystemen sollte dabei dem Konjunkturzyklus, der Stabilität des Einlagen entgegennehmenden Sektors und den bestehenden Verbindlichkeiten des Einlagensicherungssystems gebührend Rechnung getragen werden.

Alternative risk drivers
alternative Risikotreiber, *pl., m.*

Alternative Standardised Approach
alternativer Standardansatz, *m.*

AMA
(QV: **Advanced Measurement Approach**)

Amendments
Änderungen, *pl., f.*

Amortisation table
Tilgungsplan, *m.*
Der Tilgungsplan, der nach Art. 10 Abs. 2 i) Richtlinie 2008/48/EG mit dem Verbraucherkreditvertrag dem Verbraucher mit zu übergeben ist, hat aufzulisten, welche Zahlungen in welchen Zeitabständen zu leisten sind und welche Bedingungen für diese Zahlungen gelten. Auch sind in diesem Plan die einzelnen periodischen Rückzahlungen nach der Darlehenstilgung, die nach dem Sollzinssatz berechneten Zinsen und gegebenenfalls allen zusätzlichen Kosten aufzuschlüsseln. In dem Fall eines Kreditvertrags, bei dem kein fester Zinssatz vereinbart wurde oder die zusätzlichen Kosten geändert werden können, ist in dem Tilgungsplan in klarer und prägnanter Form anzugeben, dass die Daten im Tilgungsplan nur bis zur nächsten Änderung des Sollzinssatzes oder der zusätzlichen Kosten gemäß dem Kreditvertrag Gültigkeit haben.

Amount of loans and advances
Kreditvolumen, *n.*
Gesamtheit der gewährten Kredite

AMS
(QV: **Analysis and Methodological Support Division**)

AnaCredit
(QV: **Analytic Credit Dataset**)

Analysis and Methodological Support Divison

Abteilung innerhalb der Generaldirektion III der EZB, welche sich mit Analysen und Methoden der Aufsicht von LSIs befasst, *f.*
Diese Division innerhalb der Generaldirektion III der EZB zur Beaufsichtigung der weniger bedeutenden Institute (QV: **Less Significant Institution**) befasst sich mit der Entwicklung von LSI-spezifischen Methoden und der Analyse von Risikofaktoren innerhalb dieser Institute.

Analytic Credit Dataset (AnaCredit)

Granulare Kreditdatenbank, *f.*
Die offiziell als »Statistische Verordnung zur mehrstufigen Einführung eines harmonisierten granularen Kreditmeldewesens auf ESZB-Ebene« bezeichnete granulare Kreditdatenbank soll sowohl der Bankenaufsicht als auch der Notenbankpolitik dienen. Hierzu besteht eine Pflicht für alle Kreditinstitute, eine Vielzahl granularer Kreditdaten regelmäßig an die Aufsichtsbehörden zu melden.

Ancilliary service

Nebenleistung, *f.*
Die Nebenleistung ist nach Art. 4 Abs. 4 Richtlinie 2014/17/EU oder nach Art. 4 Abs. 3 Richtlinie 2008/48/EG eine Dienstleistung, die dem Verbraucher im Zusammenhang mit dem Kreditvertrag angeboten wird.

Ancillary service provider

Anbieter von Nebendienstleistungen, *m.*
Unternehmen, dessen Haupttätigkeit im Besitz oder in der Verwaltung von Immobilien, der Verwaltung von Datenverarbeitungsdiensten oder einer ähnlichen Tätigkeit besteht, die im Verhältnis zur Haupttätigkeit eines oder mehrerer Institute den Charakter einer Nebentätigkeit hat.

Ancillary services undertaking

das Anbieten von Nebendienstleistungen, *m.*

Annex

Anhang, *m.*

Announcement

Bekanntmachung, *f.*
öffentliche amtliche Verlautbarung

Annual Financial Statement

(QV: **Financial Statement**)

Annual percentage rate of charge (APRC)

effektiver Jahreszins, *m.*
Der effektiver Jahreszins ist nach Art. 4 Abs. 15 Richtlinie 2014/17/EU und nach Art. 4 i) Richtlinie 2008/48/EG die Gesamtkosten des Kredits für den Verbraucher, ausgedrückt als jährlicher Prozentsatz des

Gesamtkreditbetrags, soweit zutreffend einschließlich der Kosten gemäß Art. 17 Abs. 2 Richtlinie 2014/17/EU bzw. Art. 19 Abs. 2 Richtlinie 2008/48/EG, die auf Jahresbasis die Gleichheit zwischen den Gegenwartswerten der gesamten gegenwärtigen oder künftigen Verpflichtungen (in Anspruch genommene Kreditbeträge, Tilgungszahlungen und Entgelte) des Kreditgebers und des Verbrauchers herstellen.

Annual target level

jährliche Zielausstattung, *f.*

Der Begriff der jährlichen Zielausstattung bedeutet nach der EBA Leitlinien[2] der Betrag der Beiträge, den das Einlagensicherungssystem plant, in einem spezifischen Jahr von seinen Mitgliedinstituten einzusammeln.

Any party authorised to draw on the accounts

Verfügungsberechtigter, *m.*

Inhaber der rechtlichen Macht, über einen Gegenstand Verfügungen treffen zu können.

Appeal

Rechtsmittel, *f.*

Rechtsbehelf zur Kontrolle von Gerichtsentscheidungen durch ein anderes Gericht

Applicable accounting framework

geltender Rechnungslegungsrahmen, *m.*

Applicable credit assessment

verwendungsfähige Bonitätsbeurteilung, *f.*

Eine Bonitätsbeurteilung, die von einer vom Institut benannten anerkannten Ratingagentur vergeben wurde.

Application

Antrag, *m.*; Anwendung, *f.*

Application for approval

Zulassungantrag, *m.*

Antrag zur Nutzung bankinterner Modelle zur Berechnung der bankaufsichtlichen Eigenmittelanforderungen

Application for authorisation

Erlaubnisantrag, *m.*

Antrag zum Betreiben von Bank- oder Finanzdienstleistungsgeschäften

Application requirements

Verwendungsanforderungen, *pl., f.*

Anforderungen zur Nutzung bankinterner Ratingsysteme

---

[2] EBA Konsultationspapier EBA/CP/2014/35 vom 10. November 2014 zu den Methoden für die Errechnung der Beiträge für das Einlagensicherungssystem nach der Einlagensicherungsrichtlinie 2014/49/EU.

appointed representatives
benannte Vertreter, *pl., m.*
Der benannte Vertreter ist nach Art. 31 Abs. 1 iVm Art. 4 Nr. 8 Richtlinie 2014/17/EU eine natürliche oder juristische Person, die eine Vermittlungstätigkeit ausübt und die im Namen und unter der unbeschränkten und vorbehaltlosen Verantwortung nur eines einzigen Kreditvermittlers handelt.

Appraisal
Bewertung der Immobilie, *f.*
Nach der EBA Stellungnahme zur verantwortungsvollen Kreditvergabe[3] ist mit dem Begriff der Bewertung der Immobilie eine umfassende Bewertung der Eigenschaftsmerkmale der zu beleihenden Immobilie gemeint, die in eine Stellungnahme über den Wert der Sicherheit resultiert.

Appraiser
Immobiliengutachter, *m.*
Nach Art. 19 Abs. 1 Richtlinie 2014/17/EU sind die Immobiliengutachter unabhängige Bewerter, die den Wert der Immobilie für die Beleihung feststellen. Die §§ 5–7 der deutschen BelwertV entsprechen diesbezüglich bereits den bisherigen europäischen Vorgaben.

Approach
Ansatz, *m.*

Approval criteria
Zulassungsvoraussetzungen, *pl., f.*
Bedingungen für die Nutzung bankinterner Risikomodelle

Approval examination
Zulassungsprüfung, *f.*
Überprüfung der Zulassungsvoraussetzungen für die Nutzung bankinterner Ratingsysteme oder Risikomodelle

Approval to use the IRBA
Erlaubnis zur Nutzung bankinterner Ratingsysteme für die Berechnung der Eigenmittelanforderungen (Internal Rating Based Approach), *f.*

APRC
(QV: **Annual percentage rate of charge**)

Arbitrage possibility
Möglichkeit zur Streitschlichtung im schiedsgerichtlichen Verfahren, *f.*
Neben der üblichen Rechtsdurchsetzung vor Zivilgerichten sehen insbesondere internationale Verträge oft die Zuständigkeit von (privaten) Schiedsgerichten vor.

Arrears
Rückstände, *pl, m.;* Zahlungsverzug, *m.*
Der Umgang des Kreditnehmers bei Zahlungsverzug des Hypothekarkreditnehmers wird in den EBA-Leitlinien zu Zahlungsverzug und

---
3   EBA-Op-2013-02 vom 13. Juni 2013.

Vollstreckungsmaßnahmen geregelt[4].

Assessing credit risks
Bewertung von Kreditrisiken, *f.* Beurteilung von Kreditrisiken im Rahmen des Risikomanagements einer Bank

Assessment basis
Bemessungsgrundlage, *f.* Bezugsgröße u. a. für die Berechnung bankaufsichtlicher Anforderungen bzw. als Basisgröße für das bankaufsichtliche Meldewesen

Assessment of Corporate Governance
Bewertung der Unternehmensführung, *f.*

Asset-backed commercial paper programme (ABCP programme)
Programm forderungsgedeckter Geldmarktpapiere, *n.* Geldmarktpapiere mit einer usprünglichen Laufzeit von maximal einem Jahr

Asset Backed Securities (ABS)
forderungsbesicherte Wertpapiere, *pl., n.*
In Form sog. ABS-Papiere werden originäre (Kredit-)forderungen verbrieft und so am Kapitalmarkt handelbar gemacht. Dadurch ist es dem Kreditgeber möglich, bisher illiquide Vermögensgegenstände zu transferieren und dadurch einerseits Liquidität, bspw. zur Kreditvergabe, zu generieren und andererseits das eigene Kreditrisiko zu mindern und dadurch die Eigenmittelanforderungen zu entlasten.

Asset-based proxy (indicator)
Indirekter Indikator, der auf den Aktiva einer Bilanz basiert, *m.*

Asset bubble
Vermögensblase, *f.*

Asset encumbrance
belastete Vermögensgegenstände/ Vermögenswerte, *pl., m.*
Unter Asset Encumbrance werden alle Formen der Belastung von Vermögenswerten verstanden. Durch den wachsenden Anteil besicherter Refinanzierung wird im Insolvenzfall ein immer größerer Teil der Vermögensgegenstände einer Bank konkreten Investoren vorrangig zugeteilt (Asset Encumbrance). Infolgedessen werden Gläubiger unbesicherter Anleihen in der Insolvenz des Emittenten letztlich auf die Zuteilungsquote aus einer relativ kleinen und meist weniger werthaltigen Insolvenzmasse verwiesen. Seit Jahresende 2014 besteht daher eine Meldepflicht für Institute hinsichtlich der belasteten Vermögensgegenstände.
Gemäß Art. 100 der europäischen Bankenregulierungsrichtlinie (QV:

---

[4] EBA/CP/2015/12 vom 1. Juni 2015

CRR) haben die Institute die belasteten und unbelasteten Vermögensgegenstände vierteljährlich an die Aufsicht melden (QV: **ITS on supervisory reporting**). Die Berechnung hat grundsätzlich zu erfolgen auf der Basis von Median-Werten, die mindestens auf der Basis der letzten vier Quartalswerte berechnet werden müssen. Darüber hinaus ist dieser Sachverhalt im Rahmen der Säule 3 offenzulegen (Art. 443 CRR). In diesen Zusammenhang hat die EBA einen Offenlegungsstandard sowie ergänzend dazu noch Leitlinien zu Offenlegung (QV: **Guidelines on disclosure of encumbered and unencumbered assets**) erarbeitet (QV: **Unencumbered assets**).

Asset items

Bilanzaktiva, *n.*
Aktiva, die einem Adressenausfallrisiko unterliegen

Asset liability mix

Struktur des Vermögens und der Verbindlichkeiten, *f.*

Asset management

Anlageverwaltung, *f.*
Anschaffung und Veräußerung von Finanzinstrumenten für eine Gemeinschaft von Anlegern, die natürliche Personen sind, mit Entscheidungsspielraum bei der Auswahl der Finanzinstrumente, sofern dies ein Schwerpunkt des angebotenen Produktes ist und zu dem Zweck erfolgt, dass diese Anleger an der Wertentwicklung der erworbenen Finanzinstrumente teilnehmen.
Vermögensverwaltung, *f.*
Treffen von (Finanz-)Anlageentscheidungen durch eine dritte Person, die als Vermögensverwalter fungiert.

Asset management company

Vermögensverwaltungsgesellschaft, *f.*
Gesellschaft, die die Anlage-/Vermögensverwaltung betreibt

Asset management company, foreign

Investmentgesellschaft, ausländische
Ausländische Gesellschaft, die die Anlage-/Vermögensverwaltung betreibt, *f.*

Asset management vehicle

für die Vermögensverwaltung (*f.*) gegründete Zweckgesellschaft, *f.*
Eine Zweckgesellschaft ist eine juristische Person für den Zweck der Ausgliederung von Vermögenswerten. Sie wurde eigens für die Übernahme bestimmter oder aller Vermögenswerte, Rechte und Verbindlichkeiten eines oder mehrerer in Abwicklung befindlicher Institute oder eines Brückeninstituts (QV: **bridge institution**) errichtet. Sie steht ganz oder teilweise im Eigentum einer oder mehrerer öffentlicher Stellen, bei denen es sich auch um die Abwicklungsbehörde oder

ASSET MANAGER

den Abwicklungsfinanzierungsmechanismus handeln kann, und wird von der Abwicklungsbehörde kontrolliert.

Asset manager
Anlage-/Vermögensverwalter, *m.*

Asset quality ratio
Forderungsqualität
Kennzahl, welche die Qualität der Aktiva ausdrückt (z. B. vergebene Kredite nach Sektoren im Verhältnis zu den gesamten vergebenen Krediten). Es bestehen zahlreiche im Detail unterschiedliche Kennzahlen, welche die Qualität der Aktiva messen.

Asset Quality Review (AQR)
Bilanzprüfung, *f.*

Assets
Aktiva, *f.*; Vermögensgegenstände, *pl., m.*
Die Aktivseite der Bilanz wird als »Assets« bezeichnet.

Assignment of Debt
Forderungsabtretung, *f.*; Zession, *f.*
Hierbei handelt es sich um die Übertragung einer Forderung von dem bisherigen Gläubiger (Zedenten) auf einen neuen Gläubiger (Zessionar). Rechtsgrundlage der Zession ist §§ 398 ff. BGB. Die Abtretung einer Forderung dient als Sicherheit im Kreditgeschäft.

Assignment of rights
Forderungsabtretung, *f.*

Assignment process
Zuordnungsprozess, *m.*
(QV: **Mapping**)

At equivalent terms
zu gleichen Bedingungen (*f.*)

At its own diligent discretion
nach pflichtgemäßem Ermessen (*n.*)

Audit association
Prüfungsverband, *m.*

Audit certificate
Bestätigungsvermerk, *m.*
Gesamturteil eines Abschlussprüfers nach der Prüfung eines Jahresabschlusses.

Audit report
Prüfungsbericht, *m.*
Schriftliche Berichterstattung des Prüfers über Verlauf und Ergebnis der Prüfung.

Authentication (Access to systems and data)
Zugangs und/oder Zugangsberechtigungsverfahren *f.*
Unter der Authentifizierung versteht man eine Aufgaben- und Benutzerabhängige Zugangs- und/oder Zugriffsberechtigung. Die Authentifizierung hat den Zweck Systemfunktionen vor Missbrauch zu schützen. In der Kommunikation soll die

Authentifizierung sicherstellen, dass der Kommunikationspartner auch derjenige ist, für den er sich ausgibt.[5] Bei der Authentifizierung wird zwischen einseitiger und gegenseitiger Authentifizierung unterschieden. In der Praxis ist meistens die einseitige Authentifizierung üblich, wobei beispielsweise beim Login der Benutzer sein Passwort eingibt und damit nachweist, dass er wirklich der angegebene Benutzer ist. Als Sicherheitsdienst für die einseitige Identifikation dient der Empfängernachweis, durch den die Benut-zer-Identität und damit auch der Benutzungsberechtigung gegenüber dem System nachgewiesen werden. Dazu dienen hauptsächlich Passwörter, Passwortverfahren, persönliche ID-Nummern, kryptografische Techniken sowie Magnet- oder Chip-Ausweiskarten. Eine strenge Benutzerauthentifizierung kann zertifikatbasiert mit Smartcard oder USB-Token, auf denen ein privater Schlüssel (QV: **Encryption**) abgelegt ist, erfolgen.

Eine effektive Erhöhung der Authentifizierungssicherheit wird auch durch eine Multi-Factor Authentication (MFA) erreicht, bei dem mehrere Authentifizierungstechniken miteinander kombiniert werden. Darüber hinaus gibt es Authentisierungssysteme die mit biometrischen Daten arbeiten und Mehrfaktorensysteme, die auf USB-Token setzen. Sicherer als die einseitige Authentifizierung ist die gegenseitige, bei der alle Kommunikationspartner ihre Identität nachweisen müssen, bevor untereinander vertrauliche Daten ausgetauscht werden. So sollte beispielsweise bei Geldautomaten dieser vor Eingabe der PIN-Nummer nachweisen, dass es sich bei dem POS-Terminal um ein echtes Geldterminal handelt und nicht um eine Attrappe.

Authenticity

Authentizität *f.*

Das Schutzziel der Authentizität[6] beschreibt die Echtheit eines Objekts bzw. Subjekts. Sie gewährleistet, dass Daten tatsächlich vom angegebenen Subjekt oder Objekt stammen. Durch Authentifizierungsverfahren (QV: **Authentication – access to systems and data**) wird die Authentizität eines Objektes oder Subjektes überprüfbar. Diese Verfahren verlangen, dass eine vorgegebene Identität eines Subjek-

---

5 Die MaRisk, 10/2012, fordern in AT 7.2, Tz. 1, »Prozesse für eine angemessene IT-Berechtigungsvergabe einzurichten, die sicherstellen, dass jeder Mitarbeiter nur über die Rechte verfügt, die er für seine Tätigkeit benötigt«. Dies wird auch das »Prinzip der minimalen Rechte« genannt.

6 Die Mindestanforderungen an das Risikomanagement (MaRisk) fordern in AT 7.2, Tz. 2, dass die IT-Systeme (Hardware- und Software-Komponenten) und die zugehörigen IT-Prozesse die Integrität, die Verfügbarkeit, die **Authentizität** sowie die Vertraulichkeit der Daten sicherstellen. Vgl. MaRisk 10/2012.

tes oder Objektes mit dessen charakteristischen Eigenschaften übereinstimmt. Beispiel für ein solches Verfahren ist die Kombination eines Benutzernamens (Identität) und eines Passworts (charakteristische Eigenschaft).

Authentizität ist die Echtheit, Zuverlässigkeit und Glaubwürdigkeit einer Mitteilung. Nach heutiger Rechtsauffassung ist die Authentizität nur dann sichergestellt, wenn die Mitteilung, beispielsweise das Schriftstück, mit Original-Unterschrift versehen ist und zwar von autorisierten Personen, die die schriftliche Willenserklärung abgeben dürfen. In einigen Fällen schreibt das Gesetz zur Bestimmung der Authentizität notarielle Beglaubigung, Beurteilung oder Beurkundung vor.

Bezogen auf die Informationstechnik geht es bei der Authentizität um die Verbindlichkeit von Daten, Dokumenten, Informationen oder Nachrichten, die einem Sender sicher zugeordnet werden können. Durch die Authentizität muss sichergestellt werden, dass die Herkunft solcher Information zweifelsfrei nachgewiesen werden kann. Eine Möglichkeit für den Nachweis ist die digitale Signatur (DSig).

Authorisable activities

Erlaubnisgegenstände, *pl., m.*

Sachverhalte, die Inhalt einer Erlaubniserteilung sind

Authorisation

Erlaubnis, *f.*; Zulassung, *f.*

Authorised officer

Handlungsbevollmächtigter, *m.*

Person, dem lediglich Geschäfte erlaubt sind, die in dem Handelsgewerbe vorkommen, in dem er tätig ist.

(to) avail

in Anspruch (*m.*) nehmen

Availability

Verfügbarkeit, *f.*

Unter dem Schutzziel Verfügbarkeit[7] eines Systems versteht man den Zu-stand einer Informationsinfrastruktur, in dem keine Beeinträchtigung der Funktionalität vorliegt. Die Verfügbar-keit gewährleistet, dass authentifizierte und autorisierte Subjekte nicht durch Unautorisierte in der Nutzung eines Systems behindert werden können. Ein Angriff auf die Verfügbarkeit kann z. B. durch massenhaft künstlich erzeugte Aufrufe einer Webseite entstehen, die den Aufruf der Internetseite für alle Besucher verlangsamen (QV: **Denial of Service Attacks**).

---

7 Die Mindestanforderungen an das Risikomanagement (MaRisk) fordern in AT 7.2, Tz. 2, dass die IT-Systeme (Hardware- und Software-Komponenten) und die zugehörigen IT-Prozesse die Integrität, die **Verfügbarkeit**, die Authentizität sowie die Vertraulichkeit der Daten sicherstellen. Vgl. MaRisk 10/2012.

AVAILABLE FINANCIAL RESSOURCES

Die Verfügbarkeit von Daten ist eine wirtschaftliche Komponente in der Datenverarbeitung und der Datenübertragung. Die Verfügbarkeit kann sich gleichermaßen auf Systeme und deren Funktionalität, auf Daten oder Informationen beziehen. Zwischen der Verfügbarkeit und der Leistungssteigerung besteht eine Wechselwirkung. Da bei Ausfall eines Systems ein hoher wirtschaftlicher Schaden entstehen kann, sollten Datenverarbeitungssysteme und Kommunikationswege möglichst redundant ausgeführt sein.

Die Verfügbarkeit wird in mehrere Klassen zwischen einfacher Verfügbarkeit, über Hochverfügbarkeit bis hin zur Non-Stop-Verfügbarkeit eingeteilt, wobei die einfache Verfügbarkeit bei 99,5 % liegt, die Hochverfügbarkeit bei 99,999 % und die Non-Stopp-Verfügbarkeit bei 100 %. Eine Verfügbarkeit von 99,95 % entspricht z. B. einer Ausfallzeit von 4,38 Stunden pro Jahr.

Die Verfügbarkeit umfasst Hardware und Software, Carrier-Netze (Netzprovider, z. B. T-Systems) und den Datentransport, das Betriebssystem und die Datenspeicherung, die Stromversorgung und die Netzwerkkomponenten, die Sicherheit vor unberechtigten Zugriffen und vor Sabotage. Daher steht bei der Verfügbarkeit an erster Stelle die Redundanz, die optimal organisiert sein muss.

Available distributable items

Zur Ausschüttung verfügbare Mittel, *f.*
Dabei handelt es sich im engeren Sinne um Gewinnrücklagen, Gewinne und ausschüttbare Rücklagen aus AT1 Kuponzahlungen.

Available financial means

verfügbare Finanzmittel, *pl., f.*
Als verfügbare Finanzmittel werden in Art. 2 Abs. 1 Nr. 12 Richtlinie 2014/49/EU Bargeld, Einlagen und risikoarme Schuldtitel verstanden, die innerhalb des in Art. 8 Abs. 1 Richtlinie 2014/49/EU genannten Zeitraums liquidiert, also binnen sieben Arbeitstagen ab dem Zeitpunkt, ab dem die einschlägige Verwaltungsbehörde, in Deutschland die BaFin, den Einlagensicherungsfall festgestellt hat. Ferner werden unter dem Begriff der verfügbaren Finanzmittel auch Zahlungsverpflichtungen (s. o.) bis zu der in Art. 10 Abs. 3 Richtlinie 2014/49/EU festgesetzten Obergrenze verstanden.

Available financial ressources

Risikodeckungspotenzial, *n.*
Mit Risikodeckungspotenzial bezeichnet man internes Kapital eines Kreditinstituts, das zur Abdeckung aller wesentlichen Risiken zur Verfügung steht. Für die Komponenten

AVAILABLE FINANCIAL RESSOURCES

des Risikodeckungspotenzials werden im Unterschied zum regulatorischen Kapitalbegriff (QV: **Own funds**) keine aufsichtlichen Vorgaben gemacht.

B

Back office

für die Abwicklung zuständige Organisationseinheiten, *pl., f.*

Eines der wesentlichen Prinzipien des Risikomanagements operationeller Risiken ist die sog. Funktionstrennung. Geschäftsinitiierende Einheiten (Markt bzw. Handel) sind organisatorisch von den abwickelnden Einheiten (Back Office) zu trennen, wobei die Trennung grundsätzlich bis auf Ebene der Geschäftsleitung zu vollziehen ist.

Back-testing

Backtesting, *n.*; Rückvergleich, *m.*

Prozess zur Evaluierung einer Strategie, Theorie oder eines Modells oder rückwärtiger Vergleich der Risikoprognose mit der hypothetischen Portfoliowertänderung.

Bad debts

problembehaftete Forderungen, *pl., f.*

Bail-in

Bail-in, *m.*

Umwandlung von Verbindlichkeiten in Eigenkapital oder Herabschreibung von Verbindlichkeiten. Die Herabschreibung von Verbindlichkeiten erfolgt mit dem Ziel, den Nettovermögenswert des in Abwicklung befindlichen Instituts auf null zu setzen. Mit der Umwandlung von Verbindlichkeiten in Eigenkapital soll das harte Kernkapital des in Abwicklung befindlichen Instituts oder des Brückeninstituts (QV: **bridge institution**) gestärkt werden. Insbesondere die Umwandlung von Fremdkapital in Eigenkapital kann mit der Ausgabe neuer Anteile, anderer Eigentumstitel oder anderer Kapitalinstrumente, einschließlich Vorzugsaktien und anderer bedingt wandelbarer Instrumente verbunden werden. Das Bail-in-Instrument wird nicht auf Verbindlichkeiten angewendet, die abgesichert, besichert (QV: **secured liability**) oder auf andere Weise garantiert sind. Daneben werden noch weitere Kategorien vom Bail-in ausgenommen, wie z. B. bestimmte Verbindlichkeiten gegenüber Beschäftigten aus Lohnverhältnissen, Rentenleistungen oder vorrangige Verbindlichkeiten gegenüber Steuer- und Sozialversicherungsbehörden. Diejenigen Verbindlichkeiten, die nicht aus dem Anwendungsbereich des Bail-in ausgenommen sind und somit gekürzt oder umgewandelt werden können, stellen die berücksichtigungsfähigen Verbindlichkeiten dar (QV: **eligible liabilities**).

Übernahme der Verluste bei drohender Zahlungsunfähigkeit durch die Kapitalgeber, *f.*

Im Rahmen eines »Bail-in« werden die bestehenden Eigen- und Fremdkapitalgeber bei Rettungsmaßnahmen zur Existenzsicherung (Sanierung) oder Abwicklung eines Unternehmens herangezogen. Das Instrument des »Bail-in« ist im Zuge der Finanzmarktkrise in den Fokus der Öffentlichkeit geraten, nachdem wiederholt eine Rettung von Instituten durch Steuermittel erfolgte, während die Fremdkapitalgeber keinen entsprechenden Beitrag leisten mussten. Auf der Basis aufsichtsrechtlicher Vorgaben (QV: **Total Loss Absorbing Capacity**) (QV: **Minimum Requirement for Own Funds and Eligible Liabilities**) sollen die Institute künftig »Bail-in«-fähige Verbindlichkeiten vorhalten, welche bei einer Schieflage zur Abwicklungen oder Restrukturierungen herangezogen werden.

Bail-out

Maßnahme zur Rettung im Falle drohender Zahlungsunfähigkeit durch Dritte, *f.*

Ein bail-out ist eine Maßnahme zur Rettung eines in Zahlungsschwierigkeit geratenen Unternehmens, i. d. R. eines Kreditinstitutes durch Dritte. Hierbei kommen im Wesentlichen Schulden- und Haftungsübernahmen sowie die Bereitstellung zusätzlichen Eigen- und/oder Fremdkapitals in Frage. Die Rettungsmaßnahmen im Rahmen eines bail-out erfolgen dabei regelmäßig durch Staaten, womit die Rettung zu Lasten der Steuerzahler geht.

Balance Sheet

Bilanz, *f.*

Eine Bilanz ist die stichtagsbezogene Gegenüberstellung der Vermögensgegenstände (QV: **Assets**) und Kapitalpositionen (QV: **Liabilities**) eines Unternehmens.

Balance Sheet Analysis

Bilanzanalyse, *f.*

Im Rahmen einer Bilanzanalyse werden die Vermögens-, Finanz- und Ertragslage eines Unternehmens gewürdigt. Dies geschieht i. d. R. durch standardisierte Kennzahlen, wodurch ein Vergleich mit anderen Bilanzen vorgenommen werden kann.

Balance sheet items

Bilanzpositionen, *pl., f.*

Balance sheet loss

Verlustausweis, *m.*

Balance-sheet ratios

Bilanzkennzahlen, *s., f.*

Balloon payment

Schlußrate

Nach der EBA-Leitlinie zur Kreditwürdigkeitsprüfung[8] ist dies der Restbetrag, der mit der letzten Ratenzahlung für einen nicht vollständig amortisierten Kredit fällig und zu zahlen ist.

---

[8] EBA/GL/2015 11 vom 1. Juni 2015.

Bank for International Settlements (BIS)

Bank für internationalen Zahlungsausgleich (BIZ), *f.*

Die Bank for International Settlements (BIS) ist die weltweit älteste internationale Finanzinstitution. Mitglieder der BIS sind über 60 nationale Zentralbanken, die mehr als 95 % des weltweilten Bruttoinlandsproduktes repräsentieren. Sie wird daher auch als »Bank der Zentralbanken« bezeichnet. Die BIS ist in Basel (Schweiz) angesiedelt. Ziele der BIS sind die Förderung der Geld-, Währungs- und Finanzmarktstabilität. Ebenfalls bei der BIS angesiedelt ist der »Basler Ausschuss für Bankenaufsicht« (QV: **Basel Committee on Banking Supervision, BCBS**), welcher für die Einführung und Sicherstellung möglichst einheitlicher Standards in der weltweiten Bankenaufsicht zuständig ist.

Bank Recovery and Resolution Directive (BRRD)

Richtlinie zur Sanierung und Abwicklung von Kreditinstituten, *f.*

Bei der Richtlinie zur Sanierung und Abwicklung von Kreditinstituten handelt es sich um die Umsetzung der zweiten Säule der sog. Banken Union. Neben einer einheitlichen Aufsicht (QV: **Single Supervisory Mechanism**) und einer einheitlichen Einlagensicherungen (QV: **Deposite Guarantee Scheme**) soll die BRRD dazu beitragen, die Krisenanfälligkeit der europäischen Finanzindustrie zu minimieren, die Sicherheit der Einleger zu erhöhen und die Haftung der Eigen- und Fremdkapitalgeber im Falle einer dennoch auftretenden Krise sicherzustellen. Kern der BRRD-Richtlinie ist die Vorgabe, dass im Falle des Scheiterns eines Finanzinstitutes zunächst die Eigenkapitalgeber und Gläubiger die aufgrund der Schieflage auftretenden Risiken und Verluste zu tragen haben. Im Anschluss daran wird der künftige Abwicklungsfonds der Kreditwirtschaft SBRF (QV: **Single Bank Resolution Fund**) belangt. Ziel ist es, dadurch künftig die Sanierung bzw. Abwicklung maroder Banken ohne finanzielle Beteiligung der Steuerzahler sicherzustellen.

Banking and investment services sector

Banken- und Wertpapierdienstleistungsbranche, *f.*

Banking business

Bankgeschäfte, *pl., n.*

Geschäfte, die ein Unternehmen als Kreditinstitut qualifizieren und einer schriftlichen Erlaubnis der Aufsichtsbehörden bedürfen.

Banking Supervision

Bankenaufsicht, *f.*

Aufgrund der immensen Bedeutung eines funktionierenden Finanzsystems für die Volkswirtschaft bekommt der Beaufsichtigung von Finanzinstitutionen eine hohe Bedeutung zu. Die Beaufsichtigung der Banken in Deutschland erfolgte bis Oktober 2014 durch die Bundesanstalt für Finanzdienstleistungsaufsicht (BaFin) in Zusammenarbeit mit der Deutschen Bundesbank. Seit 4. November 2014 ist die Aufsicht im Rahmen der Umsetzung der Bankenunion auf Basis des SSM (QV: **Single Supervisory Mechanism**) auf die EZB übergegangen. BaFin und Bundesbank bleiben als nationale Aufsichtsbehörden (QV: **National Competent Authority**) aber weiterhin wesentlicher Bestandteil der Bankenaufsicht.

Banking Union

Banken Union, *f.*

Im Zuge der Schuldenkrise einiger Euroländer beschloss die Europäische Union, den Bankensektor künftig einheitlicher zu regulieren. Hierzu sollen eine einheitliche Bankenaufsicht (QV: **Single Supervisory Mechanism**), die einheitliche Restrukturierung und Abwicklung von Banken im Krisenfall (QV: **Single Resolution Mechanism**) sowie eine einheitliche Einlagensicherung (QV: **Deposit Guarantee Schemes Directive**) geschaffen werden.

Bankruptcy remote

Insolvenzgeschützt

Basel II business lines

Geschäftszweige gemäß Basel II Definition, *pl., m.*

Im Basel II Regelwerk wurden für die Einschätzung des operationellen Risikos mehrere Geschäftszweige vorgegeben, für die jeweils unterschiedliche Risikogewichtungen angewendet wurden.

Basel III framework

Basel III Vereinbarung, *f.*

Basel Committee on Banking Supervision (BCBS)

Basler Ausschuss für Bankenaufsicht, *m.*

Der Basler Ausschuss für Bankenaufsicht ist bei der BIS (QV: **Bank for International Settlement**) angesiedelt und besteht aus Vertretern der Bankenaufsichtsbehörden der führenden Industrienationen. Ziel ist die Schaffung möglichst einheitlicher Standard zur weltweiten Bankenaufsicht. So sind die Bankenregulierungsstandards Basel, Basel II und Basel III unter dem Dach der BIS entstanden.

Basel framework

Basel Regelwerk, *s.*

Internationale Standards des Basler Ausschussess zur Bankenregulierung.

Basic equation

Grundgleichung, *f.*
Für die Errechnung des effektiven Jahreszinses gibt Anhang I der Richtlinie 2014/17/EU und Anhang I der Richtlinie 2008/48/EG dieselbe Formel für die Errechnung des effektiven Jahreszinses (s. o.) vor.

Basis Indicator Approach (BIA)

Basisindikatoransatz, *m.*
Beim Basisindikatoransatz handelt es sich um den einfachsten Ansatz zur Quantifizierung operationeller Risiken. Daneben existieren zwei weitere Ansätze, der Standardansatz (QV: **Standardized Approach (Operational Risk)**) sowie der fortgeschrittene Ansatz (QV: **Advanced Measurement Approach**). Verwendet ein Institut den Basisindikatoransatz, so belaufen sich die Eigenmittelanforderungen für operationelle Risiken auf pauschal 15 Prozent des maßgeblichen Indikators, der sich im Wesentlichen aus dem Rohertrag der Gewinn- und Verlustrechnung der Bank ergibt.

Basis risk

Basisrisiko, *n.*
Unterkategorie der Zinsänderungsrisiken im Anlagebuch gemäß den »EBA Guidelines on the management of interest rate risk arising from non-trading activities« (EBA/GL/2015/08).

Basis swaps

Basis Swaps, *pl., m.*

Batch file transfer

Sammelüberweisung, *f.*
Der Begriff Sammelüberweisung wird im Geldwäscherecht in Art. 2 Abs. 8 der Verordnung (EU) 1781/2006 dahingehend definiert, dass dies mehrere Einzelgeldtransfers sind, die für die Übermittlung gebündelt werden.

BCBS

(QV: **Basel Committee on Banking Supervision**)

BCP

(QV: **Business Continuity Plan**)

Benchmark

Benchmark, *f.*; Bezugspunkt, *m.*
Die Benchmark ist nach Art. 3 Abs. 1 Nr. 2 des Verordnungsvorschlages der Europäischen Kommission über Indizes, die bei Finanzinstrumenten und Finanzkontrakten als Benchmark verwendet werden[9] jeder Index, auf den Bezug genommen wird, um den für ein Finanzinstrument oder einen Finanzkontrakt zahlbaren Betrag oder den Wert eines Finanzinstruments zu bestimmen, oder einen Index, der verwendet wird, um die Wertentwicklung eines Investmentfonds zu messen.

---

[9] COM (2013) 641 final, 2013/0314 (COD).

Beneficial owner

wirtschaftlicher Eigentümer, *m*.
Nach Art. 3 Abs. 6 der Richtlinie 2015/849/EU wird der Begriff des wirtschaftlichen Eigentümers dahingehend definiert, dass dies alle natürlichen Personen sind, in deren Eigentum oder unter deren Kontrolle der Kunde letztlich steht, und/oder die natürliche(n) Person(en), in deren Auftrag eine Transaktion oder Tätigkeit ausgeführt wird. Hierzu gehört nach der obigen Definition zumindest folgender Personenkreis bei Gesellschaften: alle natürliche(n) Person(en), in deren Eigentum oder unter deren Kontrolle eine juristische Person – bei der es sich nicht um eine an einem geregelten Markt notierte Gesellschaft handelt, die dem Unionsrecht entsprechenden Offenlegungspflichten bzw. gleichwertigen internationalen Standards, die angemessene Transparenz der Informationen über die Eigentumsverhältnisse gewährleisten, unterliegt – über das direkte oder indirekte Halten eines ausreichenden Anteils von Aktien oder Stimmrechten oder eine Beteiligung an jener juristischen Person, einschließlich in Form von Inhaberaktien, oder durch andere Formen der Kontrolle letztlich steht.

Hält eine natürliche Person einen Aktienanteil von 25 % zuzüglich einer Aktie oder eine Beteiligung von mehr als 25 % am Kunden, so gilt dies als Hinweis auf direktes Eigentum. Hält eine Gesellschaft, die von einer oder mehreren natürlichen Personen kontrolliert wird, oder halten mehrere Gesellschaften, die von derselben natürlichen Person oder denselben natürlichen Personen kontrolliert werden, einen Aktienanteil von 25 % zuzüglich einer Aktie oder eine Beteiligung von mehr als 25 % am Kunden, so gilt dies als Hinweis auf indirektes Eigentum.

BIA

(QV: **Basis Indicator Approach**)

Bid bond

Bietergarantie, Avalkredit, *f*.
(Vertrags)erfüllungsgarantie
Die garantierende Bank stellt sicher, dass ein Bieter die Konventionalstrafe aus einem ausgeschriebenen Vertrag leisten kann, sofern dieser die daraus resultierenden Verpflichtungen nicht erfüllt.

Binding Technical Standards (BTS)

Technische Regulierungsstandards, *m*.
Im Hinblick auf der mit der CRR verbundenen Schaffung eines einheitlichen europäischen Aufsichtsrechts (QV: **Single Rulebook**) wurde die EU-Kommission durch die europäische Aufsichtsverordnung (QV: **CRR**) ermächtigt, im Einzelfall ergänzende technische Regulierungsstandards (Binding Technical Standards – BTS) zu erlassen. Zu unter-

scheiden ist zwischen regulatorischen Standards (Regulatory Technical Standards – RTS), die der inhaltlichen Klarstellung von regulatorischen Sachverhalten dienen, und technischen Implementierungsstandards (Implementing Technical Standards – ITS), welche die technische Ausgestaltung von Melde- oder Offenlegungsanforderungen regeln. Hierzu legt die EBA jeweils einen entsprechenden Entwurf vor. Die formelle Verabschiedung erfolgt durch die EU-Kommission auf Basis einer Rechtsförmlichkeitsprüfung. Gleichzeitig übernimmt diese die Übersetzung in die Europäischen Amtssprachen. Mit der Veröffentlichung im Europäischen Amtsblatt (QV: **Official Journal**) erlangen die BTS unmittelbare europäische Rechtswirkung.

BIS
(QV: **Bank for International Settlement**)
Bank für Internationalen Zahlungsausgleich, Basel, *f.*
Die Bank for International Settlements (BIS) ist die weltweit älteste internationale Finanzinstitution und umfasst als Mitglieder über 60 nationale Zentralbanken, die mehr als 95 % des weltweiten Bruttoinlandsproduktes repräsentieren. Sie wird daher auch als »Bank der Zentralbanken« bezeichnet. Die BIS ist in Basel (Schweiz) angesiedelt. Ziele der BIS sind die Förderung der Geld-, Währungs- und Finanzmarktstabilität. Ebenfalls bei der BIS angesiedelt ist der »Basler Ausschuss für Bankenaufsicht« (QV: **Basel Committee on Banking Supervision, BCBS**), welcher für die Einführung und Sicherstellung möglichst einheitlicher Standards in der weltweiten Bankenaufsicht zuständig ist.

BIS-IADI Core Principles for effective deposit insurance system
gemeinsame Prinzipien des IADI (QV: **IADI**) und der BIS (QV: **BIS**) für effiziente Einlagensicherungssysteme[10], *n.*

Bitcoin
Bitcoin, *m.*
Bitcoin ist ein weltweit verfügbares dezentrales Zahlungssystem und der Name einer virtuellen Geldeinheit.

BMA
(QV: **Business Model Analysis**)

BMS
(QV: **Business Model Analysis**)

Borrower/single borrower (large exposure); client or group of connected clients
Kreditnehmer (Großkredit), *m.*
Derjenige, bei dessen Ausfall (Illiquidität, Insolvenz) das Institut einen Schaden erleidet.

---

10 Siehe http://www.bis.org/publ/bcbs192.pdf

Borrower-related overall exposure

Kreditnehmerbezogene Gesamtposition, *f.*
Gesamtverschuldung eines Kreditnehmers aus Anlage- und Handelsbuchgeschäften des Kreditgebers

Borrower-related total banking book exposure

kreditnehmerbezogene Anlagebuch-Gesamtposition, *f.*
Gesamtverschuldung eines Kreditnehmers aus Anlagebuchgeschäften des Kreditgebers

Borrower-related total trading book exposure

kreditnehmerbezogene Handelsbuchgesamtposition, *f.*
Gesamtverschuldung eines Kreditnehmers aus Handelsbuchgeschäften des Kreditgebers

Borrowing rate

Sollzinssatz, *m.*
Der Sollzinssatz wird durch den Verweis von Art. 4 Abs. 16 Richtlinie 2014/17/EU auf Art. 3 j) der Richtlinien 2008/48/EG dahingehend definiert, als dass dies den als festen oder variablen periodischen Prozentsatz ausgedrückten Zinssatz ist, der auf jährlicher Basis auf die in Anspruch genommenen Kredit-Auszahlungsbeträge angewandt wird.

Bot

(QV: **Robot**)

Boundary range

Abgegrenzte Bandbreite, *f.*
Bereich zwischen Ober- und Untergrenze der Nettozinsspanne (QV: **net interest margin**), innerhalb dessen Standardregeln für die Zinskomponente (QV: **interest component**) gelten. Außerhalb der Bandbreite sind Ausnahmeregelungen möglich.

Branch

Zweigstelle, *f.*
Die Zweigstelle wird in der Verordnung EU Nr. 575/2013 in Art. 4 Ziffer 17 dahingehend definiert, dass dies eine Betriebsstelle ist, die einen rechtlich unselbständigen Teil eines Instituts bildet und sämtliche Geschäfte oder einen Teil der Geschäfte, die mit der Tätigkeit eines Instituts verbunden sind, unmittelbar betreibt. Die Definition in der Einlagensicherungsrichtlinie (2014/49/EU) ist in Art. 2 Abs. 1 Nr. 10 mit dieser identisch (QV: **Subsidiary**).

Breakdown of income and costs

Zusammensetzung Eträge und Aufwendungen, *pl., f.*

Bridge institution
Brückeninstitut, *n*.
Bei dem Brückeninstitut handelt es sich um eine eigene juristische Person. Sie wird eigens für die Entgegennahme und den Besitz bestimmter oder aller Anteile oder anderer Eigentumstitel, die von einem in Abwicklung befindlichen Institut ausgegeben wurden, oder bestimmter oder aller Vermögenswerte, Rechte oder Verbindlichkeiten eines oder mehrerer in Abwicklung befindlicher Institute im Hinblick auf die Aufrechterhaltung kritischer Funktionen und der Veräußerung des Instituts oder Unternehmens gegründet. Sie steht ganz oder teilweise im Eigentum einer oder mehrerer öffentlicher Stellen, bei denen es sich auch um die Abwicklungsbehörde oder den Abwicklungsfinanzierungsmechanismus (QV: **resolution financing arrangement**) handeln kann, und wird von der Abwicklungsbehörde kontrolliert.

Bridging loans
Überbrückungsdarlehen, *n*.
Nach Art. 4 Abs. 23 Richtlinie 2014/17/EU wird ein Überbrückungsdarlehen als ein Darlehensvertrag definiert, welche entweder keine feste Laufzeit hat oder innerhalb von zwölf Monaten zurückzuzahlen ist und der vom Verbraucher zur Überbrückung des Zeitraums während des Übergangs zu einer anderen finanziellen Vereinbarung für die Immobilie genutzt wird.

BRRD
(QV: **Bank Recovery and Resolution Directive**)

BTS
(QV: **Binding Technical Standards**)

BU
(QV: **Business Unit**)

Building and loan association
Bausparkasse, *f*.
Bausparkassen sind Spezialinstitute, welche es den Kunden ermöglichen sollen, durch gezielten Vermögensaufbau und eine spätere Darlehensinanspruchnahme zu einem bereits bei Vertragsabschluss fixierten Zinssatz den Erwerb von Wohneigentum zu finanzieren. Aufgrund der besonderen Institutsform gibt es in vielen Ländern spezielle gesetzliche Grundlagen (QV: **Act on Building and Loan Associations**), welche u.a. das Anlagespektrum der Bausparkassen regeln.

Building societies
genossenschaftliches Spezialkreditinstitut, *n*.
Building Societies sind Kreditinstitute im Sinne des Art. 4 Abs. 1 Nr. 1 der Verordnung (EU) Nr. 575/2013. Der Begriff Building Societies im europäischen Recht

entspricht manchmal der deutschen Übersetzung der Bausparkassen nach § 1 BSpkG, zumeist bezieht er sich aber auf die in Großbritannien und der Republik Irland bestehenden genossenschaftlich organisierten Kreditinstitute, denen nach den jeweiligen Building Societies Act Beschränkungen hinsichtlich ihrer Geschäftstätigkeit und ihrer Refinanzierung auferlegt werden. Im Gegensatz zu den deutschen Bausparkassen sind die Building Societies Genossenschaften und Kreditinstitute mit einem breiteren erlaubten Geschäftsfeld im Bereich der allgemeinen Bankdienstleistungen, während den deutschen Bausparkassen als Spezialkreditinstituten nur das Einsammeln von Spareinlagen und die Gewährung von grundsätzlich grundpfandrechtlich abzusichernden wohnwirtschaftlichen Krediten erlaubt ist.

Build-up period
Aufbauphase, *f.*

Bundling practice
Bündelungsgeschäft, *n.*
Nach Art. 4 Abs. 27 Richtlinie 2014/17/EU ist ein Bündelungsgeschäft das Angebot oder der Abschluss eines Kreditvertrags in einem Paket gemeinsam mit anderen gesonderten Finanzprodukten oder -dienstleistungen, bei dem der Kreditvertrag separat von dem Verbraucher abgeschlossen werden kann, jedoch nicht zwangsläufig zu den gleichen Bedingungen, zu denen er mit den Nebenleistungen gebündelt angeboten wird. Im Gegensatz zu dem verbotenen Koppelungsgeschäft (s. o.) ist das Bündelungsgeschäft nach Art. 12 Abs. 1 Richtlinie 2014/17/EU erlaubt. In diesem Fall müssen aber die Kosten der einzelnen gebündelten Verträge separat ausgewiesen werden.

Business Continuity Plan (BCP)
Unternehmensfortführung im Krisenfall, *f.*
Der Business Continuity Plan (BCP), auch als Disaster Recovery Plan (DRP) bezeichnet, ist eine Dokumentation in der die geplanten Verfahren und Abläufe beschrieben sind, mit der das Business während und nach einer längeren Unterbrechung fortgesetzt werden kann. Mit dem Business Continuity Plan wird sichergestellt, dass ein Unternehmen auch bei interner oder externer Bedrohung, bei Einbruch oder äußeren Einflüssen wie Unfällen, Feuer oder Unwetter weiterhin kontinuierlich seine Produkte und Dienstleistungen produzieren und vertreiben kann.[11]

---

11 Vgl. http://www.disasterrecovery.org/index.html (20.02.2015). Zu den Gemeinsamkeiten und Unterschieden der beiden Begrifflichkeiten, siehe auch: http://www.isaca.org/Groups/Professional-English/business-continuity-disaster-recovery-planning/Pages/ViewDiscussion.aspx?PostID=72 (20.02.2015).

Disaster-Recovery (DR) umfasst alle Maßnahmen zur Wiederherstellung der Datenbestände nach einem Katastrophenfall und zur kurzfristigen Wiederaufnahme der Geschäftstätigkeit.[12] Da für die Wiederaufnahme der Geschäftstätigkeit nicht alle unternehmensbezogenen Datenbestände zwingend erforderlich sind, befasst sich das Disaster Recovery auch mit Strategien in denen die Unternehmensdaten und Applikationen nach ihrer Wichtigkeit kategorisiert werden. Die DR-Strategien richten sich nach den Geschäftsanforderungen und können u. a. die Verfügbarkeit (QV: **Avialability**) oder die Kosten optimieren. Bestimmte Datenbestände haben dabei höhere Prioritäten als andere. So müssen bestimmte Daten für Online-Transaktionen unmittelbar nach dem Recovery wieder verfügbar sein.

Business day
Geschäftstag, *m*.
Geschäftstage (auch Bankarbeitstage) sind jene Tage, an denen Banken und Wertpapierbörsen im jeweiligen Land geöffnet haben, um Geld- und Kapitalmarkthandel zu betreiben.

Business environment
Geschäftsumfeld, *n*.
Im Rahmen des SREP-Prozesses erfolgt die Analyse des Geschäftsumfelds, um die Plausibilität der Geschäftsstrategie/strategische Annahmen zu beurteilen.

Business environment assessment
Ökonomische Umweltanalyse, *s., f.*
Analyse der volkswirtschaftlichen Entwicklung eines Standortes zu ökonomischen Umweltfaktoren.

Business estimates by the institution
institutsinterne Schätzungen, *pl., f.*
Schätzung von Risikokomponenten bei internen Ratingsystemen

Business indicator (BI)
Geschäftsindikator, *m*.
Im Entwurf des Basler Ausschusses wurde mit dem Business Indicator (BI) ein neuer Indikator für das operationelle Risiko einer Bank definiert. Dieser besteht aus einer Zinskomponente, einer Dienstleistungskomponente und einer finanziellen Komponente.

Business line
Geschäftszweig/-feld, *n*.

Business line mapping
Geschäftsfeldzuordnung, *f*.

Business line trading and sales
Geschäftsfeld Handel, *n*.

Business model
Geschäftsmodell, *n*.

---

12 Vgl. http://www.disasterrecoveryplantemplate.org/ (20.02.2015).

Business Model Analysis (BMA)

Geschäftsmodellanalyse, *f.*
Die Aufsichtsbehörden führen im Rahmen des SREP-Prozesses regelmäßig eine Geschäftsmodellanalyse durch. Hierzu werden insbesondere die Tragfähigkeit des aktuellen Geschäftsmodells sowie die Nachhaltigkeit der Geschäftsstrategie beurteilt. Die Analyse des Geschäftsmodells ist eine (neue) Aufgabe der Bankenaufseher im SSM (QV: **Single Supervisory Mechanism**). Im Rahmen des SREP (QV: **Supervisory Review and Evaluation Process**) muss die Bankenaufsicht ein Bild von der Nachhaltigkeit des Geschäftsmodells einer Bank machen und in diesem Zusammenhang die Robustheit und Zukunftsfähigkeit des Geschäftsmodells beurteilen, um ggf. frühzeitig gegensteuernde Maßnahmen ergreifen zu können.

Die »EBA Guidelines on common procedures and methodolgies for the SREP« (EBA/GL/2014/13) schreiben vor, dass die nationalen Aufsichtsbehörden im Rahmen des SREP (QV: **SREP**) eine sog. Geschäftsmodellanalyse durchführen. Dabei soll die Nachhaltigkeit des Geschäftsmodells eines Insituts beurteilt werden.

Business relationship

Geschäftsbeziehung, *f.*
Der Begriff der Geschäftsbeziehung wird in Art. 3 Abs. 9 Richtlinie 2005/60/EG dahingehend definiert, als das dies jede geschäftliche, berufliche oder kommerzielle Beziehung ist, die in Verbindung mit den gewerblichen Tätigkeiten der dieser Richtlinie unterliegenden Institute und Personen unterhalten wird und bei der bei Zustandekommen des Kontakts davon ausgegangen wird, dass sie von gewisser Dauer sein wird.

Business reorganisation plan

Reorganisationsplan, *m.*
In einem Reorganisationsplan werden Maßnahmen festgelegt, die darauf abzielen, innerhalb eines angemessenen Zeitrahmens die langfristige Existenzfähigkeit des Instituts oder des Unternehmens oder von Teilen seiner Geschäftstätigkeit wiederherzustellen. Diese Maßnahmen müssen sich auf realistische Annahmen hinsichtlich der Wirtschafts- und Finanzmarktbedingungen stützen, unter denen das Institut oder das Unternehmen im Sinne tätig sein wird. Der Reorganisationsplan trägt unter anderem dem aktuellen Zustand und den künftigen Aussichten der Finanzmärkte Rechnung und es werden darin Annahmen für den besten sowie den schlechtesten Fall aufgezeigt, einschließlich einer Kombination aus Situationen, anhand deren die größten Anfälligkeiten ausgemacht werden können. Die Annahmen werden

mit angemessenen sektorweiten Referenzwerten verglichen. Ein Reorganisationsplan umfasst mindestens eine eingehende Analyse der Faktoren und Probleme, aufgrund deren das Institut oder das Unternehmen ausgefallen ist oder wahrscheinlich ausfallen wird, und die Umstände, die zu seinen Schwierigkeiten geführt haben, eine Beschreibung der zu treffenden Maßnahmen, die die langfristige Existenzfähigkeit wiederherstellen sollen sowie einen Zeitplan für die Durchführung dieser Maßnahmen. Zu den Maßnahmen, die die langfristige Existenzfähigkeit wiederherstellen sollen, gehören u. a. die Reorganisation, die Änderung operativer Systeme und der Infrastruktur, Aufgabe von Verlustgeschäft, Umstrukturierung bestehender Tätigkeiten, die wettbewerbsfähig gemacht werden können sowie die Veräußerung von Vermögenswerten oder Geschäftsbereichen.

Business unit
Geschäftsbereich, *m.*
Geschäftsbereich bezeichnet in der CRR getrennte organisatorische oder rechtliche Einheiten, Geschäftsfelder oder geografische Standorte.

Buy-to-let
Darlehen zum Erwerb von zu vermietendem Wohnraum, *n.*
Diese Darlehen zum Erwerb von zu vermietendem Wohnraum werden europarechtlich nicht geregelt, allerdings wird den Mitgliedstaaten in Art. 3 Abs. 3 b) Richtlinie 2014/17/EU die Freiheit explizit gegeben, diese Darlehen gesondert zu regeln. Hintergrund dafür sind die für diese Darlehen existierenden spezifischen Regelungen in Großbritannien.

By way of derogation
abweichend von
Mit dem Begriff *abweichend von* wird das juristische Ausnahmeprinzip geregelt, grundsätzlich gilt eine Reglung, es sei denn abweichend davon, wird etwas anderes geregelt.

C

Calculation

Berechnung, *f.*

Calculation method

Rechenmethode, *f.*
Der Begriff der Rechenmethode wird in den EBA Leitlinien[13] als die Methode der Errechnung der Beiträge des Mitgliedsinstitutes für das Einlagensicherungssystem definiert.

Calibration

Kalibrierung, *f.*
Festlegung der Größe von Variablen; meist auf Basis von umfangreichen statistischen Tests.

Callable

kündbar

CAMELS Rating

Ratingverfahren, *n.*
Verfahren zur Bonitätsanalyse von Banken, das die Bereiche Kapitaladäquanz (Capital adeaquacy), Qualität der Aktiva (Asset quality), Management, Ertragslage (Earnings), Liquidität (Liquidity) und Marktsensitivität (Sensitivity) umfasst.

Cancellable

Kündbar

Candidate proxy indicators

mögliche indirekte Indikatoren, *pl., m.*
Im Rahmen der Überarbeitung von Regelwerken werden oft mehrere in Frage kommende Indikatoren untersucht. Diese werden als candidate »proxy indicators« bezeichnet. QV: **proxy indicator**).

Cap

Obergrenze, *f.*

Capital add-on for the extended liability of members of cooperatives

Haftsummenzuschlag, *m.*
Satzungsmäßige Haftung von Mitgliedern von Genossenschaftsbanken über ihre Geschäftsanteile hinaus für Verbindlichkeiten der Genossenschaft

Capital adequacy ratio

Eigenmittelquote, *f.*
Verhältnis von (Eigen)kapital zu risikogewichteten Aktiva einer Bank.

Capital buffer

Kapitalpuffer, *m.*
Im Hinblick auf eine Stärkung der aufsichtlich notwendigen Eigenmittel wurden in der CRR neben einer Verschärfung von Ausgestaltung und Umfang der aufsichtlich geforderten (Mindest-)Eigenmittel auch noch ergänzende Kapitalanforderungen eingeführt. Die sog. Kapi-

---

[13] EBA Konsultationspapier EBA/CP/2014/35 vom 10. November 2014 zu den Methoden für die Errechnung der Beiträge für die Einlagensicherungssystem nach der Einlagensicherungsrichtlinie 2014/49/EU.

talpuffer stellen fallweise vorzunehmende Zuschläge auf die Höhe der aufsichtlich geforderten Mindesteigenmittelquote dar. Kapitalpuffer kommen zur Anwendung im Falle einer Begrenzung der Geschäftstätigkeit zur Vermeidung von Übertreibungen (QV: **Countercyclical buffer**) und bei als global systemrelevant eingestuften Instituten (G-SIB Capital buffer). Die Einhaltung der anzuwendenden Kapitalpuffer haben die Institute im Rahmen ihrer vierteljährlichen Meldungen zu den aufsichtlichen Eigenmitteln (QV: **ITS on capital reporting**) nachzuweisen. Des Weiteren sind eventuelle antizyklische Kapitalpuffer und G-SIB Kapitalpuffer im Rahmen der Säule 3 offenzulegen. Zu letzterem hat EBA zusätzlich noch Guidelines verabschiedet.

Capital charge
Anrechnungsbetrag, *m.*
Mit Eigenmitteln zu unterlegende Beträge für Risikopositionen eines Instituts.

Capital conservation buffer
Kapitalerhaltungspuffer, *m.*
Dieser über die originären Kapitalanforderungen hinausgehende Kapitalpuffer wurde mit Basel III bzw. der CRD IV (QV: **Capital Requirements Directive**) neu eingeführt. Er soll dazu dienen, dass Banken mehr Eigenkapital bilden, statt dieses nicht an die Eigentümer ausschütten. Der Kapitalerhaltungspuffer beträgt nach vollständiger Einzahlung im Jahr 2019 2,5 % und ist aus hartem Kernkapital (QV: **Core Tier 1 Capital**) zu bilden. Die Rechtsgrundlage des Kapitalerhaltungspuffers ist § 10c KWG, d. h. dieser Puffer ist nicht Bestandteil der CRR (QV: **Capital Requirements Regulation**).

Capital conservation measures
Kapitalerhaltungsmaßnahmen, *pl., f.*

Capital conservation plan
Kapitalerhaltungsplan, *m.*

Capital Expenditure (CAPEX)
Investitionsausgaben, *pl. f.*
Kapitaleinsatz für langfristige Investitionsgüter.

Capital floors
Untergrenzen für die Eigenkapitalanforderungen, *pl., f.*

Capital floors for credit risk exposure
Untergrenzen für die Eigenkapitalanforderungen für das Kreditrisiko, *pl., f.*
(QV: **capital floors**)

Capital impact
Eigenkapitalauswirkung, *f.*
Sachverhalte, die Einfluss auf die bankaufsichtliche Eigenmittelausstattung eines Instituts haben

Capital increase

Kapitalerhöhung, *f.*
Maßnahme zur Erhöhung des unternehmerischen Eigenkapitals, entweder durch die Emission neuer Aktien bei Aktiengesellschaften (effektive Kapitalerhöhung) oder durch die Umwandlung von Rücklagen in Grundkapital (nominelle Kapitalerhöhung).

Capital instruments other than equities

Kapitalinstrumente, die nicht Eigenkapital sind, *pl., n.*

Capital market

Kapitalmarkt, *m.*
Im Gegensatz zum Geldmarkt (QV: **Money Market**) werden auf dem Kapitalmarkt Wertpapiere mit einer Laufzeit über zwölf Monaten gehandelt. Hauptakteure auf den Kapitalmärkten sind Banken, Versicherer und Pensionsfonds. Die Notenbanken sind hier im Gegensatz zum Geldmarkt weniger aktiv.

Capital planning

Kapitalplanung, *s., f.*
Prozess zur Planung des zukünftigen Kapitalbedarfs über einen mehrjährigen Zeitraum.

Capital ratio

Kapitalquote, *f.*
Als Kapitalquote wird das Verhältnis zwischen den (anrechenbaren) Eigenmitteln (QV: **Own Funds**) und den risikogewichteten Aktiva (QV: **Risk Weighted Assets**) bezeichnet. Die CRR (QV: **Capital Requirements Regulation**) unterscheidet zwischen der Kernkapitalquote (QV: **Core Equity Tier 1**) und der Gesamtkapitalquote (QV: **Total Capital Ratio**).

Capital requirements

Eigenkapitalanforderungen, *pl., f.*
Bankaufsichtlich geforderte Mindesteigenmittelausstattung

Capital Requirements Directive (CRD)

Kapitaladäquanzrichtlinie, *f.*; Richtlinie über Eigenkapitalanforderungen, *pl., f.*
Die Richtlinie CRD, welche aktuell in der vierten Fassung als CRD IV veröffentlicht ist, richtet sich im Wesentlichen an die nationalen Aufsichtsbehörden (QV: **National Competent Authority**) der EU-Mitgliedsstaaten. Im Gegensatz zur Verordnung CRR (QV: **Capital Requirements Regulation**) erlangt die CRD mit der Veröffentlichung nicht unmittelbar Gültigkeit, sondern muss zunächst durch eine Gesetzgebung in jedem Mitgliedsland umgesetzt werden. Neben Regelungen zur aufsichtlichen Zusammenarbeit befasst sich die CRD IV mit qualitativen Vorschriften der Säule II zur unternehmensinternen Beurteilung der Kapitaladäquanz ICAAP

(QV: **Internal-Capital-Adequacy-Assessment-Process**) und zum SREP (QV: **Supervisory Review and Evaluation Process**).

Capital Requirements Regulation (CRR)

Verordnung über Eigenkapitalanforderungen, *f.*

Die CRR ist wesentlicher Bestandteil der einheitlichen europäischen Bankenaufsicht (QV: **Single Rule Book**) und im Gegensatz zur CRD (QV: **Capital Requirements Directive**) unmittelbar mit Veröffentlichung anwendbar. Sie richtet sich überwiegend direkt an die Institute und enthält die quantitativen Anforderungen und Offenlegungspflichten nach Basel III, die bis dato als Umsetzung von Basel II in der bisherigen CRD und ihren Anhängen festgeschrieben waren. Die CRR regelt beispielsweise die Eigenmitteldefinition, die Mindesteigenmittel- und die Liquiditätsanforderungen. Weiterhin wird ein Verfahren zur Berechnung und Meldung einer Verschuldungsquote (QV: **Leverage-Ratio**) vorgegeben.

Capital shares

Anteile, *pl.*, *m.*

Capitalisation of shortfall

Kapitalisierung der Unterdeckung, *f.* Nach der EBA Stellungnahme zu den Verhaltensweisen der Behandlung von Darlehensnehmern mit Zahlungsschwierigkeiten bezüglich ihres Hypothekarkreditvertrages[14] wird unter dem Begriff der Kapitalisierung der Unterdeckung verstanden, dass die Zahlungsrückstände auf das Darlehen summiert werden, welches während der normalen Laufzeit der Hypothek zurückgezahlt werden muss.

Capitalised aggregation difference

aktivischer Unterschiedsbetrag, *m.* Ein aus der Konsolidierung von Bilanzen verschiedener Unternehmen entstehender Unterschiedsbetrag, wenn der Beteiligungsbuchwert größer als das anteilige Eigenkapital ist.

Capture

erfassen

Cash

Barmittel, *f.*; Bargeld, *n.* Barmittel bedeutet im Sinne des Geldwäscherechts nach Art. 2 Abs. 2 Richtlinie 1889/2005/EG übertragbare Inhaberpapiere einschließlich Zahlungsinstrumenten mit Inhaberklausel wie Reiseschecks, übertragbare Papiere (einschließlich Schecks, Solawechsel und Zahlungsanweisungen), entweder mit Inhaberklausel, ohne Einschränkung indossiert, auf einen fiktiven Zahlungsempfänger

---

14 EBA Opinion vom 13. Juni 2013 EBA-Op-2013-03.

ausgestellt oder in einer anderen Form, die den Übergang des Rechtsanspruchs bei Übergabe bewirkt, sowie unvollständige Papiere (einschließlich Schecks, Solawechsel und Zahlungsanweisungen), die zwar unterzeichnet sind, auf denen aber der Name des Zahlungsempfängers fehlt, Bargeld (Banknoten und Münzen, die als Zahlungsmittel im Umlauf sind).

Cash assimilated instrument
bargeldnahes Instrument, *n.*

Cash flow
Zahlungsstrom, *m.*

Cash on deposit
Bareinlagen, *pl., f.*
Klassischer Fall der Aufbringung des Stammkapitals einer Kapitalgesellschaft

Cash payment
Barzahlung, *f.*

Categorisation of institutions
Kategorisierung (hier auch: Einteilung) von Instituten, *f.*

CCAR
(QV: **Comprehensive Capital Analysis and Review**)

CCP
(QV: **Central Counter Party**)

CCR (counterparty credit risk) exposure
Adressenausfallrisikoposition, *f.*
Risikoaktiva, die einem Ausfallrisiko unterliegen

CD
(QV: **Certificates of deposit**)

CDO
(QV: **Collateralized Debt Obligation**)

CDS
(QV: **Credit Default Swap**)

Ceiling
Kreditobergrenze, *f.*

Central bank
Zentralbank, *f.*

Central counterparty (CCP)
zentraler Kontrahent, *m.*; zentrale Gegenpartei (ZGP), *f.*
Rechtssubjekt, das an Börsen als Vertragspartei zwischen Verkäufer und Käufer tritt. Eine zentrale Gegenpartei ist ein Unternehmen, das sich nach Abschluss eines Geschäfts zwischen den Käufer und den Verkäufer eines Finanzprodukts schaltet. Die CCP erwirbt vom Verkäufer das Finanzprodukt zu den vereinbarten Konditionen und verkauft dieses zu den gleichen Konditionen an den Käufer weiter. Das ursprüngliche Geschäft zwischen dem Käufer und dem Verkäufer des Fi-

nanzinstrumentes wird somit in zwei voneinander unabhängige Geschäfte aufgeteilt.

Juristische Person, die zwischen den Gegenparteien der auf einem oder mehreren Märkten gehandelten Kontrakte in Finanzinstrumenten tritt und somit als Käufer für jeden Verkäufer bzw. als Verkäufer für jeden Käufer fungiert (Art. 2 VO (EU) Nr. 648/2012).

Central credit register

Evidenzzentrale, *f.*
Zentrale Stelle, bei der anzeigepflichtige Kredite erfasst werden

Central government

Zentralstaat, *m.*

Central Securities Depository (CSD)

Zentralverwahrer für Wertpapiere, *m.*
Zentralverwahrer für Wertpapiere (CSDs) nehmen eine besondere Rolle in der Wertpapierabwicklung ein. Diese auch als Wertpapiersammelbank bezeichneten Institutionen sind spezialisiert auf die Registrierung, Verwahrung und Abwicklung von Wertpapiertransaktionen auf den (europäischen) Finanzmärkten. Zentrale Wertpapierkonten dokumentieren hierbei, welche Wertpapiere sich in wessen Besitz befinden.

Certificates of deposit

Einlagenzertifikate, *pl., n.*

Von Banken emittierte Geldmarktpapiere in Form von Inhaberpapieren. Nach Art. 2 Abs. 3 a) Richtlinie 2014/49/EU ist ein Einlagenzertifikat der Beweis der Existenz eines Einlagenrückzahlungsanspruchs einer auf dieser Urkunden benannten Person.

CET1

(QV: **Core Equity Tier 1**)

Change management

IT-Veränderungsmanagement, *n.*
Hierunter versteht man das Managen sämtlicher Änderungen in einer kontrollierten Art und Weise, einschließlich Standardänderungen und dringender Wartungsmaßnahmen in Bezug auf Geschäftsprozesse, Anwendungen und Infrastruktur.
Damit verbunden sind außerdem Änderungsstandards und -verfahren, die Beurteilung von Auswirkungen, Priorisierung und Genehmigung, dringende Änderungen, Rückverfolgung, Berichterstattung, Abschluss und Dokumentation.
Zielsetzung des IT Change Management ist die Ermöglichung einer schnellen und zuverlässigen Bereitstellung von Änderungen für den Geschäftsbetrieb sowie Minderung des Risikos, was die Beeinträchtigung der Stabilität und Integrität in der geänderten Umgebung anbelangt.[15]

---

[15] Vgl. COBIT 5, 2012, S. 151.

Chapter

Kapitel, *n.*

CIU

(QV: **Collective investment undertaking**)

Claim

Forderung, *f.*; Anspruch, *m.*
Nach dem CFR[16] wird eine Forderung/Anspruch dahingehend definiert, dass dies die Möglichkeit ist etwas aufgrund der Behauptung eines Rechts zu verlangen.

Claims for repayment

Erstattungsforderungen, *pl, f.*
Im Bereich der Einlagensicherung ist die Erstattungsforderung gegenüber dem Einlagensicherungssystem national als Rechtsanspruch auszugestalten (Art. 9 Abs. 1 Richtlinie 2014/49/EU).

Clean-up call option

Rückführungsoption, *f.*

Clearing

Clearing, *n.*
Abwicklung von Transaktionen in Finanzinstrumenten unter Berechnung von Nettoverbindlichkeiten (Positionen), die in der Regel mit der Gewährleistung verbunden ist, dass zur Absicherung des aus diesen Positionen erwachsenden Risikos Finanzinstrumente, Bargeld oder beides zur Verfügung stehen (Art. 2 VO (EU) Nr. 648/2012).

Clearing member

Clearingmitglied, *n.*

Client facing function

direkter Kundenkontakt, *m.*
Die Personen des Kreditvermittlers, die direkten Kundenkontakt haben, sollen in das entsprechende Vermittlerregister eingetragen werden. Mit direktem Kundenkontakt ist die Person gemeint, die dem Verbraucher gegenüber sitzt oder mit ihm am Telefon oder schriftlich Kontakt hat. All diese Personen benötigen den notwendigen Nachweis der Ausbildung, bspw. um Wohnimmobilienkredite vermitteln zu können.

Cliff effects

Klippeneffekte, *pl., m.*
Überproportional große, sprunghafte Veränderung (z. B. sprunghafte Erhöhung der erforderlichenEigenkapitalquote bei Downgrade).

Close Correspondence

enge Übereinstimmung, *f.*

---

16 CFR = Common frame of reference, gemeinsamer Referenzrahmen für ein Europäisches Vertragsrecht, Vorarbeiten für ein europäisches Zivilrecht durch eine Arbeitsgruppe für die Europäische Kommission einzusehen unter http://ec.europa.eu/justice/policies/civil/docs/dcfr_outline_edition_en.pdf

Close link

enge Verbindung, *f.*
Eine enge Verbindung besteht, wenn unmittelbar oder mittelbar über ein oder mehrere Tochterunternehmen oder Treuhänder mind. 20 % des Kapitals oder der Stimmrechte gehalten werden, oder ein Mutter- oder Tochterverhältnis oder ein gleichartiges Verhältnis oder ein Schwesterverhältnis besteht.

Cloud services

Cloud Dienste, *pl., m.*
IT-Infrastruktur, welche in der Regel über das Internet erreichbar ist. Die Cloud kann dabei verschiedene Dienste bereitstellen, wie z. B. virtuelle Rechner, reine Rechenleistung, Software, Streamingdienste oder Speicherkapatzität zur Sicherung von Daten. Bei Cloud-Diensten weiß der Nutzer in der Regel nicht, wo und wie seine Daten gespeichert werden.

COBIT

COBIT, *n.*
COBIT (Control Objectives for Information and Related Technology) ist eine organisationsbezogene und managementorientierte Sicherheitsrichtlinie für die IT-Governance, die von der Information Systems Audit and Control Association (ISACA) entwickelt wurde.
In der Ausprägung COBIT 5 wird ein umfassendes Rahmenwerk bereitgestellt, das Unternehmen dabei unterstützt, ihre Ziele im Rahmen der Governance und des Managements der Unternehmens-IT zu erreichen. Dabei hilft der Standard COBIT 5 den Unternehmen, einen optimalen IT-Wert zu generieren, indem sie für ein ausgeglichenes Verhältnis zwischen der Nutzenrealisierung, der Optimierung von Risiko (auf verschiedenen Ebenen) und der Nutzung von Ressourcen sorgen.
Dabei werden alle funktionalen Zuständigkeitsbereiche von Unternehmen und IT lückenlos integriert und die IT-bezogenen Interessen interner und externer Anspruchsgruppen berücksichtigt. Da es sich bei COBIT 5 um einen generischen Ansatz handelt, ist dieser für Unternehmen aller Größen geeignet.
Das COBIT 5-Rahmenwerk unterscheidet dabei zwischen Governance und Management. Diese beiden Disziplinen sind mit unterschiedlichen Arten von Aktivitäten verbunden, erfordern unterschiedliche Organisationsstrukturen und dienen unterschiedlichen Zwecken.
Die übergreifende Instanz Governance stellt sicher, dass die Anforderungen, Rahmenbedingungen und Möglichkeiten der Anspruchsgruppen evaluiert werden, um ausgewogene und vereinbarte Unternehmensziele zu bestimmen, die es zu erreichen gilt. Sie gibt die Richtung durch die Festlegung von Prioritäten und das Fällen von Entschei-

dungen vor und überwacht die Leistung und Regeleinhaltung gegen vereinbarte Vorgaben und Ziele.
Die ausführende Instanz Management plant, erstellt, betreibt und überwacht Aktivitäten – im Rahmen der von der Governance vorgegebenen Richtung –, um die Unternehmensziele zu erreichen.[17]

Code of ethics

Ehrenkodex, *m.*; Standesregeln, *pl, f.*

Coefficient

Kennzahl, *f.*; Faktor, *m.*; Koeffizient, *m.*

In Form von Koeffizienten werden aufsichtsrechtliche Kennzahlen definiert, um so Banken verschiedener Größe und mit verschiedenen Geschäftsmodellen vergleichbar zu machen.

Cognisant third parties

sachverständige Dritte, *pl., m.*
Parteien mit einer besonderen fachlichen Expertise

Collateral

Sicherheit, *f.*
Nach Art. 2 Abs. 1 a) der Richtlinie 2002/47/EG ist dies eine Sicherheit, die in Form der Vollrechtübertragung oder in Form eines beschränkten dinglichen Sicherungsrechts bestellt wird. Hierbei ist unerheblich, ob diese Geschäfte einem Rahmenvertrag oder allgemeinen Geschäftsbedingungen unterliegen oder nicht.

Collateral arrangement

Sicherungsabrede, *f.*
Vereinbarung in Kreditverträgen über den Sicherungszweck von Kreditsicherheiten

Collateral assignment of receivables

Sicherungsabtretung von Forderungen, *f.*
Rechtsgeschäft als Mittel der Kreditsicherung, das die Sicherung eines Gläubigers wegen seiner (Kredit-)forderung bezweckt, indem der Schuldner dem Gläubiger sicherungshalber eine Forderung abtritt.

Collateral provider

Sicherungsgeber, *m.*
Der Sicherungsgeber ist dem Sicherungsnehmer verpflichtet, eine bestimmte Sicherheit für einen Kredit zu bestellen oder zu belassen.

Collateral taker

Sicherheitennehmer, *m.*
Begünstigter aus der Bestellung einer Sicherheit

Collateralised by real estate

grundpfandrechtlich besichert

---

17 Vgl. COBIT 5, 2012, S. 15 f. Einen umfassenden Überblick sowie viel Detailwissen zu COBIT findet sich in: Gaulke, M. Praxiswissen COBIT – Grundlagen und praktische Anwendung in der Unternehmens-IT, 2. aktualisierte und überarbeitete Auflage, 2014.

Collateralized Debt Obligation (CDO)

verbriefte Kreditforderung, *f.* Strukturiertes Finanzinstrument, dem Wertpapiere unterlegt sind, *n.* Den Wertpapieren unterliegen Kreditforderungen. In Form von CDOs werden originäre Kreditforderungen von Banken wie bspw. Baudarlehen, Konsumentenkredite oder Kreditkartenforderungen zu Wertpapieren verbrieft und somit am Kapitalmarkt handelbar gemacht. Die Verbriefung erfolgt dabei in mehreren Tranchen, so dass das Ausfallrisiko nicht gleichmäßig verteilt ist. Die schlechteren Tranchen erhalten eine höhere laufende Verzinsung, werden bei Zahlungsausfällen aber auch zuerst belastet. Collateralized Debt Obligation sind eine Form von ABS-Papieren (QV: **Asset Backed Securities**).

Collective Investment Undertaking (CIU)

Investmentgesellschaft, *f.*; Organismus für gemeinsame Anlagen (OGA), *m.* Gesellschaften, die liquide Mittel von Anlegern sammeln, um diese nach vorgegebenen Grundsätzen in diversen Anlageklassen zu investieren (QV: **UCITS**)

Colleges of supervisors

Aufsichtskollegien, *pl.*, *n.* Unter einem Aufsichtskollegium versteht man ein Instrument der Aufsichtsbehörden zur grenzüberschreitenden Kooperation. Die Aufsichtskollegien sind ein wesentlicher Bestandteil der Gruppenaufsicht und setzen sich zusammen aus den Mitarbeitern der zuständigen Aufsichtsbehörden im Herkunftsstaat (QV: **home state**) und in den Aufnahmestaaten (QV: **host state**).

Combined buffer requirement

kombinierte Kapitalpufferanforderung, *f.*

Commercial banking

Firmenkundengeschäft, *n.*

Commercial immovable property

Gewerbeimmobilien, *pl.*, *f.*

Commercial paper

Commercial Paper, *n.*

Commercial partnership

Personenhandelsgesellschaft, *f.*

Commercial real estate (property)

Gewerbeimmobilie, *f.*

Commercial register

Handelsregister, *n.*

Commensurate

angemessen, proportional

Commission

Provision, *f.*

Commissions from services

Provisionen aus Dienstleistungen, *pl., f.*

Committee of European Banking Supervisors (CEBS)

Ausschuss der europäischen Aufsichtsbehörden für das Bankwesen, *m.*

Das CEBS mit Sitz in London wurde im Mai 2003 von der Europäischen Kommission als unabhängiges Gremium zur Beobachtung und Überwachung des Bankwesens in der EU eingesetzt. Dieses Gremium war der Vorgänger der European Banking Authority (QV: **European Banking Authority**). Derzeit existiert noch eine Vielzahl von CEBS Leitlinien, die weiterhin gültig sind.

Commodities business

Warengeschäfte, *pl., n.*

Commodities position

Rohwarenposition, *f.*
Offene Positionen in Rohwaren

Commodities risk

Rohwarenrisiko, *n.*; Warenpositionsrisiko, *n.*
Risiko aus offenen Positionen in Rohwaren

Commodity finance

Finanzierung für den Handel mit Rohstoffen, *f.*

Common Equity Tier 1 capital

hartes Kernkapital, *n.*

Das harte Kernkapital ist wesentlicher Bestandteil des aufsichtsrechtlich definierten Kernkapitals (QV: **Tier 1 Capital**). Als hartes Kernkapital dürfen nur nach strengen Regeln definierte Kapitalbestandteile Anrechnung finden. Wesentliche Elemente des 14 Kriterien umfassenden Anforderungskataloges sind, dass das Kapital voll einbezahlt ist und eine Rückzahlung nur bei Liquidation des Institutes erfolgt. Entgegen der früheren Kapitalvorschriften muss ein wesentlicher Anteil der gesamten aufsichtlichen Eigenmittel eines Institutes aus hartem Kernkapital bestehen.

Common Equity Tier 1 capital ratio

harte Kernkapitalquote, *f.*
Gemäß CRR ist eine harte Kernkapitalquote von 4,5 % zu jedem Zeitpunkt grundsätzlich zu erfüllen.

Common Reporting (COREP)

europäisches Solvenzmeldewesen, *n.*
Mit der verbindlichen Vorgabe zur Schaffung eines einheitlichen aufsichtlichen Meldewesens (Common Reporting – COREP) gemäß Art. 95 CRR wurde ein weiterer Schritt auf

dem Weg hin zu einem einheitlichen europäischen Bankenaufsichtsrechts beschritten. Die Ursprünge von COREP gehen auf die europäische Umsetzung von Basel II und II.5 zurück. Seinerzeit wurde noch der Weg von Europäischen Richtlinien gewählt (Capital Requirement Directive – CRD I, II und III). Im Zuge der erforderlichen nationalen Umsetzung konnten eventuelle Wahlrechte genutzt bzw. auf die Einforderung insbesondere granularer Meldebestandteile gänzlich verzichtet werden. Mit dem Erlass von verbindlichen Regelungsvorgaben (QV: **ITS on supervisory reporting**) wurde auch das Basel III basierte europäische Solvenzmeldewesen nunmehr weitgehend vereinheitlicht.

Comparability

Vergleichbarkeit, *f.*
Ein Bewertungsaspekt der Aufsicht zur Prüfung der Zuverlässigkeit der institutsinternen ICAAP-Berechnung.

Comparable security

vergleichbare Sicherheit, *f.*
Nach Art. 3 Abs. 2 a) Richtlinie 2014/17/EU gilt die Wohnimmobilienkreditrichtlinie grundsätzlich für grundpfandrechtlich abgesicherte Kredite an Verbraucher, aber auch für Darlehen, die in den einzelnen Mitgliedstaaten mit einer vergleichbaren Sicherheit abgesichert werden (s. o. Hypothek). Diese Begrifflich-keit und die Abgrenzung der Darlehen zwischen Hypothekarkrediten und Verbraucherkrediten hat ihren Ursprung in dem Europäischen freiwilligen Verhaltenskodex über die vorvertraglichen Informationspflichten für wohnwirtschaftliche Kredite.[18] Zusätzlich definierte dieser Kodex aber auch die Kredite, die einen wohnwirtschaftlichen Verwendungszweck hatten, auch ohne grundpfandrechtlich gesichert zu sein, als wohnwirtschaftliche Kredite. Diese Unterscheidung auch nach dem Verwendungszweck wurde ebenfalls in der ersten Verbraucherkreditrichtlinie 87/102/EWG nachvollzogen. Erst ab der aktuellen Verbraucherkreditrichtlinie 2008/48/EG und in Folge der Wohnimmobilienkreditrichtlinie 2012014/17/EU wurde das Kriterium des Verwendungszweckes eines Darlehens aufgehoben.

Compensation

Entschädigung, *f.*; Schadensersatz, *m.*
Der Begriff der Entschädigung wird im europäischen Recht nicht definiert, da sich dieser nach den unterschiedlichen nationalen Rechtsordnungen bemisst. Oftmals wird der Begriff fälschlicherweise mit dem Begriff des Strafe/Vertragsstrafe (penalty) verwechselt. Die Entschä-

---

[18] Empfehlung der Europäischen Kommission zum freiwilligen Verhaltenskodex über die vorvertraglichen Informationspflichten zu wohnwirtschaftlichen Krediten vom 31. März 2011. KOM(2011) 142.

digung ist im Gegensatz zu der Vertragsstrafe aber der Ersatz des entstandenen Schadens und keine pauschalierte Sanktion, wie eine Vertragsstrafe.

Competent authority

Zuständige Behörde, *f.*

Compliance

Einhaltung, *f.*

Compliance officer (money laundering)

Geldwäschebeauftragter, *m.*
Von der Geschäftsleitung Beauftragter, der für die Durchführung der Vorschriften zur Bekämpfung und Verhinderung der Geldwäsche und Terrorismusfinanzierung zuständig ist.

Composition of the portfolio

Portfoliozusammensetzung, *f.*

Comprehensive Assessment

Umfassende Bankenprüfung, *f.*

Comprehensive Capital Analysis and Review (CCAR)

Programm zur Erfüllung der Anforderungen des US Federal Reserve Boards (QV: **Federal Reserve System**) zu Kapitalplanung und Stresstest.

Concentration ratios

Konzentrationsmaße, *pl., f.*

Concentration risk

Konzentrationsrisiko, *n.*

Conditional probability of default (PD)

bedingte Ausfallwahrscheinlichkeit, *f.*
Von systematischen Risikofaktoren abhängige Ausfallwahrscheinlichkeit

Conduct risk

Verhaltensrisiko, *n.*
Das bestehende oder künftige Risiko von Verlusten eines Institutes infolge der unangemessenen (vorsätzlichen oder fahrlässigen) Erbringung von Finanzdienstleistungen, einschließlich Fällen vorsätzlichen oder fahrlässigen Fehlverhaltens. (vgl. EBA-Guidelines SREP vom 19.12.2014)

Conduit

Ein Conduit ist ein bestimmter Typ von Zweckgesellschaft, *f.*
Ein Conduit kauft Forderungen an und refinanziert sich durch die Emission von forderungsbesicherten Commercial Papers und ähnlichen Wertpapieren mit meist kurzer oder mittlerer Laufzeit QV: **Special Purpose Vehicle**.

Confidential information

vertrauliche Informationen, *pl., f.*

Confidentiality

Vertraulichkeit, *f.*
Das Schutzziel der Vertraulichkeit[19] verlangt, dass keine unautorisierte Nutzung der Informationsinfrastruktur möglich ist. Zum einen muss dies über Zugriffsberechtigungen gewährleistet werden, zum anderen muss die reine Zugriffskontrolle um Maßnahmen erweitert werden, die den Transportweg der Informationen (z. B. das Internet) entsprechend absichern, so dass keine Information unberechtigt an Dritte gelangt. Dies kann über Verschlüsselungstechnologien (z. B. QV: **Secure Sockets Layer**) erreicht werden. Zu den Schutzobjekten der Vertraulichkeit gehören gespeicherte oder transportierte Nachrichteninhalte und die näheren Informationen über den Kommunikationsvorgang.

Um die Datenverarbeitung und -kommunikation möglichst sicher und effektiv durchführen zu können, ist die Vertraulichkeit unabdingbar. Unter Vertraulichkeit versteht man, dass eine Information nur für Befugte zugänglich ist. Unbefugte haben dagegen keinen Zugang zu einer übertragenen Nachricht oder gespeicherten Information. So sollte beispielsweise nur der Sender und Empfänger eine Nachricht im Klartext lesen können. Um eine Vertraulichkeit zu gewährleisten, müssen die im System gespeicherten oder in den Kommunikationseinrichtungen übertragenen Daten durch Verschlüsselung (QV: **Encryption**) vor unberechtigtem Zugriff geschützt werden.

Consideration

Erwägung, *f.*

Consolidated basis

(QV: **sub-consolidated basis**)
zusammengefasste Basis, *f.*; konsolidierte Basis, *f.*

Consolidated capital adequacy

zusammengefasste Eigenmittelausstattung, *f.*
Eigenmittelausstattung auf konsolidierter Basis

Consolidated Financial Reporting Framework (FINREP)

Europäisches Finanzmeldewesen für Institute mit IFRS-Konzernabschlüssen, *n.*
Mit der Implementierung des Consolidated Financial Reporting Frameworks (FINREP) zum Stichtag 30. September 2014 wurde von der European Banking Authority (QV: European Banking Authority) erstmals ein europaweit standardisiertes Meldewesen für Finanzinformationen europäischer Kreditin-

---

[19] Die Mindestanforderungen an das Risikomanagement (MaRisk) fordern in AT 7.2, Tz.2, dass die IT-Systeme (Hardware- und Software-Komponenten) und die zugehörigen IT-Prozesse die Integrität, die Verfügbarkeit, die Authentizität sowie die **Vertraulichkeit** der Daten sicherstellen. Vgl. MaRisk 10/2012.

stitute mit Konzernabschlüssen nach IFRS (QV: **International Financial Reporting Standards**) eingeführt.

Consolidated situation

konsolidierte Lage, *f.*
Die konsolidierte Lage im Sinne des Artikels 4 Absatz 1 Nummer 47 der Verordnung Nr. 575/2013.

Consolidating supervisor

konsolidierende Aufsichtsbehörde, *f.*

Consolidation definition

Konsolidierungskreis, *m.*
Unternehmen, die bankaufsichtlich zusammengefasst betrachtet werden.

Consultative document

Konsultationsdokument, *n.*
Entwurfsversion eines Dokuments (meist fachlicher oder technischer Standard) auf dessen Basis Stellungnahmen abgegeben werden können.

Consultative paper

Konsultationspapier, *n.*
Entwurf einer neuen Regelung zur Stellungnahme durch die Betroffenen bzw. Interessenvertretungen.

Consumer

Verbraucher, *m.*
Bezüglich der Definition des Verbrauchers wird in Art. 4 Abs. 1 Richtlinie 2014/17/EU auf Art. 3 Richtlinie 2008/48/EG verwiesen. Demnach ist der Verbraucherbegriff in beiden Kreditrichtlinien derselbe, also eine natürliche Person, die bei einem von dieser Richtlinie erfassten Geschäft zu einem Zweck handelt, der nicht ihrer beruflichen oder gewerblichen Tätigkeit zugerechnet werden kann.

Contingency plan

Notfallplan, *m.*

Contingent liability

Eventualverpflichtung, *m.*
Nach Art. 4 Abs. 24 Richtlinie 2014/17/EU wird eine Eventualverpflichtung als ein Kreditvertrag definiert, der als Garantie für ein anderes getrenntes, aber im Zusammenhang stehendes Geschäft dient und bei dem das mit einer Immobilie besicherte Kapital nur in Anspruch genommen wird, wenn ein oder mehrere im Vertrag angegebene Fälle eintreten.

Contingent on sales target

Koppelung an Absatzziele, *f.*
Nach Art. 7 Abs. 4 Richtlinie 2014/17/EU darf die Struktur der Vergütung des mit dem Angebot der Kreditverträge betrauten Personals oder der Kreditvermittler nicht deren Fähigkeit beeinträchtigen, im besten Interesse des Verbrauchers zu handeln. Die Provision darf insbesondere nicht an Absatzziele gekoppelt sein.

Continuing review

kontinuierliche Prüfung, *f.*

Continuous assessment of risks

fortlaufende Risikobewertung, *f.*

Contract broking

Abschlussvermittlung, *f.*
Anschaffung und Veräußerung von Finanzinstrumenten im fremden Namen und für fremde Rechnung

Contractual cross-product netting agreement

vertragliche produktübergreifende Nettingvereinbarung, *f.*

Contractual netting agreement

vertragliche Nettingvereinbarung, *f.*

Contractual subordination

Vertraglich geregelte Nachrangigkeit, *f.*

Contribution rate

Beitragsrate, *f.*
Im Bereich der Einlagensicherung wird unter dem Begriff der Beitragsrate der individuelle Beitrag eines jeden Kreditinstitutes an sein Einlagensicherungssystem bezeichnet, Art. 10 Richtlinie 2014/49/EU.

Contributor

Kontributor, *f.*
Nach Art. 3 Abs. 1 Nr. 7 des Verordnungsvorschlages der Europäischen Kommission über Indizes, die bei Finanzinstrumenten und Finanzkontrakten als Benchmark verwendet werden[20] wird als Kontributor derjenige bezeichnet, der die Eingabedaten (s. o.) zur Erstellung der Benchmark (s. o.) beiträgt.

Control

Kontrolle, *f.*

Conversion

Umwandlung, *f.*; Umrechnung, *f.*

Conversion factor

Konversionsfaktor, *m.;* Umrechnungsfaktor, *m.*
Umrechnungsfaktor zur Ermittlung von Anrechnungsbeträgen für die Unterlegung von Risikopositionen mit Eigenmitteln

(to) convert

umstellen
Im Bereich der Fremdwährungsdarlehen ist im europäischen Darlehensrecht geregelt, dass der Verbraucher unter gewissen Voraussetzungen gemäß Art. 23 Abs. 1 a) Richtlinie 2014/17/EU bei einen Wohnimmobilienkredit das Recht hat, den Kreditvertrag auf eine alternative Währung umzustellen.

Convertible bond

Wandelanleihe, *f.*
Ein festverzinsliches Wertpapier, das während eines festgelegten Zeitraums in eine bestimmte Anzahl von

---

20 COM (2013) 641 final, 2013/0314 (COD).

Unternehmensaktien umgewandelt werden kann.

Cooperative bank

Genossenschaftsbank, *f.*

Cooperative society, registered

Genossenschaft, eingetragene, *f.*

Core Capital

(QV: **Tier 1 Capital**)

Core Equity Tier 1 (CET1)

hartes Kernkapital, *n.*
QV: **Common Equity Tier 1.**

Core equity tier 1 capital

hartes Kernkapital, *m.*
Unter Basel III wurde der Begriff im Hinblick auf Banken in der Rechtsform einer Aktiengesellschaft definiert. Demnach sind unter Hartem Kernkapital ausschließlich die von einer Bank emittierten Stammaktien zu verstehen, welche die 14 vom Baseler Ausschuss vorgegebenen Kriterien erfüllen. In der CRR ist der Begriff dagegen weiter gefasst. Hier versteht man unter Hartem Kernkapital all diejenigen Kapitalinstrumente, welche die von Basel vorgegeben 14 Klassifizierungskriterien erfüllen. Die CRR vermeidet explizit die Nennung des Begriffs »Stammaktie«. Dagegen ist in der CRR zusätzlich verfügt, dass die Europäische Bankenaufsichtsbehörde (QV: **EBA**) je Mitgliedstaat eine Liste derjenigen Kapitalinstrumente erstellt, pflegt und veröffentlicht, welche die Voraussetzung zur Einstufung als Hartes Kernkapital erfüllen.

COREP

(QV: **Common Reporting**)

Corporate Bond

Unternehmensanleihe, *f.*
Ein Corporate Bond ist eine Schuldverschreibung eines Unternehmens. Insb. große, international tätige Konzerne refinanzieren sich zumindest teilweise über solche Unternehmensanleihen als Alternative zum Bankkredit.

Corporate finance

Unternehmensfinanzierung und -beratung, *f.*

Corporate governance

Unternehmensführung, *f.*

Corporation

Unternehmen, *n.*

Correlation table

Entsprechungstabelle, *f.*

Correlation trading portfolio

Korrelationshandelsportfolio, *n.*

Correspondent relationship

Korrespondenzbank-Beziehung, *f.*
Nach Art. 3 Abs. 8 der 4. Geldwäscherichtlinie (2015/849/EU) bedeutet der Begriff der Korrespondenzbank-Beziehung die Erbringung

von Bankdienstleistungen durch eine Bank als Respondenzbank für eine andere Bank als Korrespondenzbank, hierzu zählen unter anderem die Unterhaltung eines Kontokorrent- oder eines anderen Bezugskontos und die Erbringung damit verbundener Leistungen wie die Verwaltung von Barmitteln, internationale Geldtransfers, Scheckverrechnung, Dienstleistungen im Zusammenhang mit Durchlaufkonten und Devisengeschäfte, die Beziehungen zwischen Kreditinstituten und Finanzinstituten sowohl mit als auch untereinander, wenn ähnliche Leistungen durch ein Korrespondenzinstitut für ein Respondenzinstitut erbracht werden, dies umfasst unter anderem auch Beziehungen die für Wertpapiergeschäfte oder Geldtransfers aufgenommen wurden.

Cost of equity (COE)
Eigenkapitalkosten, *pl., f.*

Council of the European Union
Rat der Europäischen Union, *m.*

Counter guarantee
(QV: **Guarantee**)
Rückbürgschaft, *f.*

Counterbalancing capacity
Liquiditätsdeckungspotenzial, *n.*
Die Fähigkeit eines Instituts, als Reaktion auf Stressszenarien über einen kurzen, mittleren oder längeren Zeitraum zusätzlich Liquidität vorzuhalten oder Zugang zu zusätzlicher Liquidität zu erhalten. (vgl. EBA-Guidelines SREP vom 19.12.2014)

Countercyclical capital buffer
antizyklischer Kapitalpuffer, *m.*
Zur Begrenzung von regionalen bzw. sektoralen Überhitzungserscheinungen können die zuständigen Behörden von den betroffenen Instituten im Bedarfsfall einen Aufschlag auf die Mindest-Eigenmittelvorgaben einfordern.
Dieses durch die CRR zusätzlich geschaffene regulatorische Instrument soll dazu dienen, im Rahmen der makroprudentiellen Analyse identifizierte unerwünschte ökonomische Sachverhalte durch die indirekte Einschränkung der Kreditvergabe der Institute aufgrund von zusätzlichen Kapitalzuschlägen einzudämmen. Derartige Eigenmittelzuschläge sind auch im Rahmen des Säule 3-Berichtes offenzulegen. Näheres ist in einem speziellen technischen Regulierungsstandard (QV: **RTS** on disclosure of information related to the countercyclical buffer) geregelt. Dieser beinhaltet je ein Offenlegungsformat für die einheitliche Darstellung der Höhe des institutsspezifischen antizyklischen Puffers sowie der geographischen Herkunft der Kreditbeziehungen, welche der Einforderung für diesen Puffer zugrunde liegen.

(to) counterfeit

Geld fälschen

Nach Art. 1 Abs. 2 Verordnung (EU) Nr. 1338/2001 bedeutet der Begriff Geld fälschen die betrügerische Fälschung oder die Verfälschung von Euro-Banknoten oder -Münzen, gleichviel auf welche Weise. Darunter fällt auch das betrügerisches Inumlaufbringen von falschen oder verfälschten Euro-Banknoten oder -Münzen, das Einführen, Ausführen, Transportieren, Annehmen oder Sichverschaffen von falschen oder verfälschten Euro-Banknoten oder -Münzen in Kenntnis der Fälschung und in der Absicht, sie in Umlauf zu bringen. Ferner wird unter dem Begriff Geld fälschen auch das betrügerische Anfertigen, Annehmen, Sichverschaffen oder Besitzen von Gerätschaften, Gegenständen, Computerprogrammen und anderen Mitteln, die ihrer Beschaffenheit nach zur Fälschung oder zur Verfälschung von Euro-Banknoten oder -Münzen geeignet sind, oder Hologrammen oder anderen der Sicherung gegen Fälschung dienenden Bestandteilen von Euro-Banknoten oder -Münzen verstanden.

Counterintuitive results

Ergebnisse entgegen der Erwartung, *pl., n.*

Counterparty

Gegenpartei, *f.*

Counterparty Credit Risk (CCR)

Gegenparteiausfallrisiko, *n.*, Kontrahentenrisiko, *n.*

Counterparty Credit Risk Multiplier (CCRM)

Gegenparteiausfallrisiko-Multiplikator, *m.*

Coupon deferral risk

Kupon- bzw. Zinsausfallrisiko, *n.*

Court of registration

Registergericht, *n.*
Bezeichnung für Amtsgerichte, die öffentliche Register führen

Court order to initiate insolvency proceedings

Eröffnungsbeschluss, *m.*
Beschluss des Insolvenzgerichtes zur Eröffnung eines Insolvenzverfahrens

Covenant

(QV: **Credit covenant**)
Nebenbestimmung, *f.*
Klauseln oder (Neben-)Abreden in Kreditverträgen

Cover asset

Deckungswert, *m.*
Wert zur Deckung von Pfandbriefen nach dem Pfandbriefgesetz

Cover pool administrator

Sachwalter, *m.*

Vom zuständigen Gericht benannte Person, der für die ordnungsgemäße Bedienung der Pfandbriefe im Insolvenzfall einer Pfandbriefbank zuständig ist.

Cover pool monitor

Treuhänder, *m.*

Für die Überwachung der Einhaltung der Deckungsvorschriften von Pfandbriefen eingesetzte Person

Coverage level

Deckungssumme, *f.*

Die Deckungssumme im Bereich der Einlagensicherung beläuft sich seit der Richtlinie 2009/14/EG auf 100.000 Euro, die von dem jeweiligen Einlagensicherungssystem pro Einleger abzusichern sind.

Coverage ratios

Deckungsquoten, *pl., f.*

Covered bonds

gedeckte Schuldverschreibungen, *pl., f.*

Covered deposits

gedeckte Einlagen, *pl., f.*

Der Begriff der gedeckte Einlagen wird in Art. 2 Abs. 2 Ziff. 5 Richtlinie 2014/49/EU als den Teil erstattungsfähiger Einlagen, der die in Art. 6 Richtlinie 2014/49/EU genannte Deckungssumme nicht übersteigt, definiert. Dies sind nach Art. 6 Abs. 1 Richtlinie 2014/49/EU der Gesamtbetrag der Deckungssumme für die Gesamtheit der Einlagen desselben Einlegers in Höhe von 100.000 Euro und nach Art. 6 Abs. 2 die Einlagen, die unter die zeitlich beschränkte maximale Deckungssumme (s. o.) fallen. Bei Einlagen auf einem Gemeinschaftskonto wird der auf jeden Einleger entfallende Anteil an der Einlage bei der Berechnung der Obergrenze herangezogen (Art. 7 Abs. 1,2 i. V. m. Art. 6 Abs. 1 Richtlinie 2014/49/EU) Die Obergrenze gilt dabei für die Gesamtheit der Einlagen bei ein und demselben Kreditinstitut ungeachtet der Anzahl, der Währung und der Belegenheit der Einlagen in der Union.

CRD

(QV: **Capital Requirements Directive**)

CRD IV

europäische Kapitaladäquanzrichtlinie, *f.*

Die europäische Verankerung der Verlautbarungen des Baseler Ausschusses zu Basel III vollzog sich in Form des CRD IV-Pakets (CRR/CRD IV). Dieses setzt sich zusammen aus der neu gefassten Verordnung (EU) Nr. 575/2013 des Europäischen Parlaments und des Rates vom 26. Juni 2013 über Aufsichtsanforderungen an Kreditinstitute und Wertpapierfirmen und zur

Änderung der Verordnung (EU) Nr. 646/2012 (QV: **CRR**) sowie der überarbeiteten Richtlinie 2013/36/EU des Europäischen Parlaments und des Rates vom 26. Juni 2013 über den Zugang zur Tätigkeit von Kreditinstituten und die Beaufsichtigung von Kreditinstituten und Wertpapierfirmen zur Änderung der Richtlinie 2002/87/EG und zur Aufhebung der Richtlinien 2006/48/EG und 2006/49/EG (Capital Requirements Directive IV – CRD IV). Die finalen Rechtstexte wurden im Europäischen Amtsblatt (QV: **Official Journal**) am 26.06.2013 publiziert. Das CRD IV-Paket ist am 28.06.2013 (CRR) bzw. am 17.07.2013 (CRD IV) in Kraft getreten. Als Datum der erstmaligen Anwendung wurde der 01.01.2014 festgelegt. Die CRD IV im engeren Sinne beinhaltet die europäische Umsetzung der Baseler Säule 2. Unmittelbare Rechtswirkung entfaltet sie durch die im Rahmen des CRD IV-Umsetzungsgesetzes vom 28.03.2013 vorgenommen nationalen Anpassungsmaßnahmen.

Credibility

Glaubwürdigkeit, *f.*

Credit agreement

Kreditvertrag, *m.*
Der Kreditvertrag ist nach Art. 4 Abs. 3 Richtlinie 2014/17/EU und nach Art. 4 c) Richtlinie 2008/48/EG ein Vertrag, bei dem ein Kreditgeber einem Verbraucher einen in den Geltungsbereich der Richtlinie fallenden Kredit in Form eines Zahlungsaufschubs, eines Darlehens oder einer sonstigen ähnlichen Finanzierungshilfe gewährt oder zu gewähren verspricht.

Credit Assessment

Bonitätsbeurteilung, *f.*; Kreditwürdigkeitsprüfung, *f.*
Beurteilung der Bonität bzw. Kreditwürdigkeit eines Kreditnehmers bzw. Kreditantragstellers.

Credit card business

Kreditkartengeschäft, *n.*

Credit Conversion Factor (CCF)

Kreditumrechnungsfaktor, *m.*

Credit covenant

(Neben-)Abrede im Rahmen eines Kreditvertrages, *f.*
Diese speziellen Klauseln werden von Kreditinstituten häufig bei der Vergabe von Krediten an große Unternehmen vereinbart. So wird bspw. bei der Unterschreitung einer bestimmten Eigenkapitalquote der Kredit fällig gestellt oder die Konditionen werden neu vereinbart. Durch Covenants versuchen Banken, das Ausfallrisiko (QV: **Default Risk**) zu reduzieren, da sich die Institute als Kreditgeber bereits weit vor Eintritt der Zahlungsunfähigkeit (QV: **Inability to Repay**) die Einflussnahme auf die Geschäftspolitik ermöglichen.

Credit Default Swap (CDS)

Kreditausfall-Swap, *m.*
Ein Credit Default Swap ist ein Kreditderivat, das der Kreditausfallversicherung dient. Mittels eines CDS wird das Bonitätsrisiko eines Schuldners handelbar gemacht. So kann ein Gläubiger sein Ausfallrisiko (QV: **Default Risk**) am Kapitalmarkt versichern, wofür eine Versicherungsprämie (CDS-Spread) zu zahlen ist. Bei Eintritt eines vorab definierten Ereignisses, wie bspw. eines Schuldenschnitts oder der nicht fristgerechten Rückzahlung einer Anleihe (QV: **Credit Event**) zahlt der Versicherungsgeber unmittelbar den ausstehenden Nominalbetrag an den Versicherungsnehmer. CDS-Geschäfte können allerdings auch unabhängig von einem zugrundeliegenden Kreditgeschäft abgeschlossen werden, wodurch auch die Spekulation auf den Ausfall eines Emittenten möglich ist, ohne dass eine originäre Kreditforderung existiert.

Credit derivate
(QV: **Credit Default Swap**)
Kreditderivat, *n.*

Credit disbursement
Kredittilgung, *f.*

Credit duration
Kreditlaufzeit, *f.*

Credit enhancement

Kreditverbesserung, *f.*; Bonitätsverbesserung, *f.*
Wesentliche Bestandteile einer Verbriefungstransaktion zur Verbesserung des Ratings eines forderungsbesicherten Wertpapiers

Credit event

Kreditereignis, *n.*
Der Begriff Credit Event wird in erster Linie im Handel mit Kreditderivaten verwendet. Im Rahmen von Kreditabsicherungsgeschäften versichert sich der Gläubiger bei einem Sicherungsgeber gegen solche Kreditereignisse. Die Absicherung erfolgt i. d. R. durch Kreditausfall-Swaps (QV: **Credit Default Swap**). Tritt ein solches Kreditereignis ein, so ist der Sicherungsgeber zur Zahlung der vereinbarten Versicherungsleistung verpflichtet. Die konkreten Kreditereignisse sind von der International Swaps and Derivatives Associaton (ISDA) definiert und umfassen bspw. Insolvenz, Zahlungsausfall, den Aufschub einer Zahlung und die Umstrukturierung der Verbindlichkeiten.

Credit exposure

Blankovolumen einer Kreditforderung, *n.*
Das Credit Exposure ist die Höhe der ausfallgefährdeten Forderungen an eine Kreditnehmer nach Abzug von Sicherheiten und bereits vorge-

nommenen Wertberichtigungen. Dieses umfasst i. d. R. neben der Inanspruchnahme auch bestehende offene Kreditzusagen.

Credit facility

Kreditlinie, *f.*

Credit institution

Kreditinstitut, *n.*
Ein Kreditinstitut im Sinne des Artikels 4 Absatz 1 Nummer 1 der Verordnung (EU) Nr. 575/2013, also ein Unternehmen, dessen Tätigkeit darin besteht, Einlagen oder andere rückzahlbare Gelder des Publikums entgegenzunehmen und Kredite für eigene Rechnung zu gewähren.

Credit intermediary

Kreditvermittler, *m.*
Der Kreditvermittler ist nach Art. 4 Abs. 5 Richtlinie 2014/17/EU und nach Art. 4 f) Richtlinie 2008/48/EG eine natürliche oder juristische Person, die nicht als Kreditgeber oder Notar handelt und die nicht lediglich einen Verbraucher direkt oder indirekt mit einem Kreditgeber oder Kreditvermittler in Kontakt bringt, und die in Ausübung ihrer gewerblichen oder beruflichen Tätigkeit gegen eine Vergütung, die aus einer Geldzahlung oder einem sonstigen vereinbarten wirtschaftlichen Vorteil bestehen kann, und dabei Verbrauchern Kreditverträge vorstellt oder anbietet, Verbrauchern bei bestimmten Vorarbeiten oder anderen vorvertraglichen administrativen Tätigkeiten zum Abschluss von Kreditverträgen behilflich ist oder für den Kreditgeber mit Verbrauchern Kreditverträge abschließt.

Credit linked note

synthetische Unternehmensanleihe, *f.*

Credit obligation

Kreditverpflichtung, *f.*

Credit performance

Bonitätsentwicklung, *f.*

Credit portfolio

Kreditportfolio, *n.*
Als Portfolio wird die Zusammenfassung der Einzelpositionen zu einer Gesamtposition bezeichnet. In diesem Fall werden die einzelnen Forderungen einer Bank in einem Kreditportfolio gebündelt analysiert, bewertet und gesteuert. Durch die Streuung innerhalb des Portfolios kann die Rendite bei gleichbleibendem Risiko gesteigert oder das Risiko bei konstanter Rendite gesenkt werden.

Credit protection

Kreditbesicherung, *f.*

Credit quality step

Bonitätsstufe, *f.*

Credit rating

Bonitätsbeurteilung, *f.*
Mittels einer Ratingbeurteilung wird die Ausfallwahrscheinlichkeit eines

Kreditnehmers standardisiert beurteilt. Dabei kann zwischen externen und internen Ratingvefahren sowie zwischen »Point in time« Ratings und einem »Rating through the cycle« unterschieden werden. Grundsätzlich gilt, dass höhere Ausfallrisiken, also schlechtere Ratingnoten mit höheren Risikoaufschlägen belegt werden und somit die Finanzierung für den Kreditnehmer teurer wird.

Credit reference agency
Kreditauskunftei, *f.*
Die Kreditauskunftei ist nach Art. 21 der Richtlinie 2014/17/EU und nach Art. 9 der Richtlinie 2008/48/EG im Rahmen der Kreditwürdigkeitsprüfung vor Vertragsschluss zu konsultieren. Der Begriff der Kreditauskunftei berücksichtigt die in einigen Mitgliedstaaten bestehende öffentlich-rechtliche Struktur einer derartigen Kreditdatenbank.

Credit reserves
Kreditrisikovorsorge, *f.*

Credit risk
Kreditrisiko, *n.*
Das Kreditrisiko ist eine der wesentlichen Risikoarten von Finanzinstituten. Dabei werden unter diesem Begriff verschiedene Risiken im Rahmen der Kreditvergabe wie das Ausfallrisiko (QV: **Default Risk**), das Emittentenrisiko, das Kontrahentenrisiko, das Spreadrisiko und das Migrationsrisiko subsummiert. Auch das Risiko des Ausfalls einer Gegenpartei.

Credit risk adjustment
Kreditrisikoanpassung, *f.*

Credit risk control
Kreditrisikoüberwachung, *f.*

Credit risk control unit
Adressrisikoüberwachungseinheit, *f.*
Stelle, die für die Ausgestaltung und die Auswahl, die Einführung, die laufende Überwachung sowie das Leistungsverhalten interner Ratingsysteme verantwortlich ist.

Credit risk coverage
Abdeckungsquote Kreditrisiko, *f.*

Credit risk limits
Risikolimite Adressausfallrisiko/Kreditrisiko, *pl., f.*
Festgelegte Limite für Verlustrisiken.

Credit Risk Mitigation (CRM)
Kreditrisikominderung, *f.*
Zur Reduzierung der Kreditrisiken können Banken verschiedene Kreditrisikominderungstechniken anwenden. Neben der Hereinnahme von Sicherheiten sind Kreditderivate (QV: **Credit Default Swap**) eine weit verbreitete Form der Reduzierung des Kreditrisikos (QV: **Credit Risk**). Kreditrisikominderungen wirken sich unter bestimm-

ten Voraussetzungen positiv auf die Eigenmittelunterlegung von Forderungen aus.

Credit risk mitigation (CRM) framework

Rahmenwerk zur Kreditrisikoverminderung, *n.*

Credit risk mitigation techniques

Kreditrisikominderungstechniken, *pl., f.*
Besicherungsverträge, mit denen Risiken von Kreditpositionen reduziert werden

Credit Risk Standard Approach (CRSA)

Kreditrisikostandardansatz (KSA), *m.*

Credit Spread

Aufschlag für das Bonitätsrisiko, *m.*
Der Credit Spread ist der Preis des übernommenen Bonitätsrisikos eines Kreditnehmers. Dabei gilt, dass schlechtere Bonitätsbeurteilungen (QV: **Credit Rating**) zu höheren Bonitätsaufschlägen führen. Der Credit Spread ist eine spezielle Form des Spreads, also der Differenz zwischen einer risikolosen Anlage und der mit dem Preisaufschlag versehenen Investition (QV: **Spread**).

Credit Spread Risk

Kreditspreadrisiko, *n.*
Risiko infolge von Veränderungen des Marktwerts von Schuldverschreibungen aufgrund von Schwankungen des Credit-Spreads (vgl. EBA-Guidelines SREP vom 19.12.2014)

Credit Valuation Adjustment (CVA)

Anpassung der Kreditbewertung, *f.*

Credit Valuation Adjustment risk (CVA risk)

Risiko einer Anpassung der Kreditbewertung, *n.*

Credit worthiness assessment

Kreditwürdigkeitsprüfung, *f.*
Die Kreditwürdigkeitsprüfung wird in Art. 4 Abs. 17 Richtlinie 2014/17/EU dahingehend definiert, dass dies die Bewertung der Annahme ist, dass der Darlehensnehmer seine Verpflichtungen aus dem Kreditvertrag nachgekommen wird.

Creditor

Kreditgeber, *m.*
Der Kreditgeber ist nach Art. 4 Abs. 2 Richtlinie 2014/17/EU und nach Art. 3 b) Richtlinie 2008/48/EG eine natürliche oder juristische Person, die in Ausübung ihrer gewerblichen oder beruflichen Tätigkeit einen in den Geltungsbereich fallenden Kredit gewährt oder zu gewähren verspricht.

Criminal activity

kriminelle Tätigkeit, *f.*
Nach Art. 3 Abs. 4 der Richtlinie 2015/849/EU wird unter dem Be-

griff der kriminellen Tätigkeit als Vortat für die Geldwäsche jede Form der kriminellen Beteiligung an der Begehung der folgenden schweren Straftaten, sowie Handlungen nach den Artikeln 1 bis 4 des Rahmenbeschlusses 2002/475/JI, alle Straftaten, die in Artikel 3 Absatz 1 Buchstabe a des Übereinkommens der Vereinten Nationen von 1988 gegen den unerlaubten Verkehr mit Suchtstoffen und psychotropen Stoffen aufgeführt sind, die Tätigkeiten krimineller Vereinigungen im Sinne von Artikel 1 der Gemeinsamen Maßnahme 98/733/JI des Rates, der Betrug zum Nachteil der finanziellen Interessen der Union im Sinne von Artikel 1 Absatz 1 und Artikel 2 Absatz 1 des Übereinkommens über den Schutz der finanziellen Interessen der Europäischen Gemeinschaften, zumindest in schweren Fällen, die Bestechung und alle Straftaten, einschließlich Steuerstraftaten, im Zusammenhang mit direkten und indirekten Steuern und entsprechend der Definitionen im nationalen Recht der Mitgliedstaaten der EU, die mit einer Freiheitsstrafe oder einer die Freiheit beschränkenden Maßregel der Sicherung und Besserung im Höchstmaß von mehr als einem Jahr oder – in Mitgliedstaaten, deren Rechtssystem ein Mindeststrafmaß für Straftaten vorsieht – die mit einer Freiheitsstrafe oder einer die Freiheit beschränkenden Maßregel der Sicherung und Besserung von mindestens mehr als sechs Monaten belegt werden können, definiert.

Criminal prosecution authority

Strafverfolgungsbehörde, *f.*
Behörde, deren Aufgabe es ist, Straftaten zu verfolgen

Crisis management measure

Krisenmanagementmaßnahme, *f.*
Eine Abwicklungsmaßnahme (QV: **resolution action**) oder die Bestellung eines Sonderverwalters (QV: **temporary administrator**) oder einer Person zur Umsetzung eines Reorganisationsplans (QV: **business reorganisation plan**) bzw. zur Kontrolle über das in Abwicklung befindliche Institut.

Crisis prevention measure

Krisenpräventionsmaßnahme, *f.*
Die Ausübung von Befugnissen zur Anweisung der Beseitigung von Unzulänglichkeiten oder Hindernissen für die Sanierungsfähigkeit, die Ausübung von Befugnissen zum Abbau oder zur Beseitigung von Hindernissen für die Abwicklungsfähigkeit (QV: **resolvability**), die Anwendung von Frühinterventionsmaßnahmen, die Bestellung eines vorläufigen Verwalters oder die Ausübung der Herabschreibungs- oder Umwandlungsbefugnisse (QV: **bail-in**). Befugnisse zum Abbau oder zur Beseitigung von Hindernissen für die

Abwicklungsfähigkeit können u. a. die Aufforderung zum Abschluss von Dienstleistungsverträgen über die Bereitstellung kritischer Funktionen betreffen, die Begrenzung von Risikopositionen, Informationspflichten, Veräußerung bestimmter Vermögenswerte, Einschränkung von Tätigkeiten oder Geschäftsbereichen oder die Änderung der rechtlichen oder operativen Struktur, um die Komplexität zu reduzieren und dadurch sicherzustellen, dass kritische Funktionen (QV: **critical function**) rechtlich und operativ getrennt werden können. Frühinterventionsmaßnahmen sind beispielsweise die Aktualisierung des Sanierungsplans (QV: **recovery plan**) oder Durchführung einer Maßnahme des Plans, Analyse der Situation und Festlegung eines Aktionsprogramms sowie eines Zeitplans hierfür, Einberufung einer Versammlung der Anteilseigner, Entlassung von Mitgliedern der Geschäftsleitung, Erstellung eines Plans für Verhandlungen mit Gläubigern oder für eine Umschuldung, Änderung der Geschäftsstrategie, Änderung der rechtlichen oder operativen Strukturen, Vor-Ort-Kontrollen, um die Abwicklungspläne zu aktualisieren (QV: **resolution plan**), um ggf. die Abwicklung (QV: **resolution**) vorzubereiten und um eine Bewertung von Vermögenswerten und Verbindlichkeiten vornehmen zu können.

Critical functions

kritische Funktionen, *pl., f.*
Tätigkeiten, Dienstleistungen oder Geschäfte, deren Einstellung aufgrund der Größe, des Marktanteils, der externen und internen Verflechtungen, der Komplexität oder der grenzüberschreitenden Tätigkeiten eines Instituts oder einer Gruppe wahrscheinlich in einem oder mehreren Mitgliedstaaten die Unterbrechung von für die Realwirtschaft wesentlichen Dienstleistungen oder eine Störung der Finanzstabilität zur Folge hat, besonders mit Blick auf die Substituierbarkeit dieser Tätigkeiten, Dienstleistungen oder Geschäfte.

CRM

(QV: **Credit Risk Mitigation**)

Cross-border group

grenzüberschreitend tätige Gruppe, *f.*

Cross-currency interest rate swaps

Zinsswaps in mehreren Währungen, *pl., m.*

Cross-default clauses

Verzugsklauseln, wechselseitige, *pl., f.*

Cross-guarantee scheme

Haftungsverbund, *m.*

Cross jurisdictional activity

Grenzüberschreitende Aktivität, *f.*

Cross listing
Zweitlisting, *n.*
Notierung eines Wertpapiers an einer weiteren Börse neben der Heimatbörse. Diese Maßnahme dient der Ansprache von neuen Anlegern und bedingt im Vorfeld eine Kapitalerhöhung, um eine Zersplitterung des Aktienkapitals und Liquiditätsverluste zu vermeiden.

Cross-product netting
produktübergreifendes Netting, *n.*

Cross-reference
Querverweis, *m.*

Cross-subsidisation
Quersubventionierung, *f.*

CRR
(QV: **Capital Requirements Regulation**)
Kapitaladäquanzverordnung, *f.*
Mit der Capital Requirements Regulation (CRR) wurden primär die Basler Anforderungen zur Säule 1 (Eigenmitteladäquanz) und Säule 3 (Aufsichtliche Offenlegungsanforderungen) sowie die neugefassten aufsichtlichen Anforderungen hinsichtlich der Liquidität in europäisches Recht umgesetzt. Mit der Wahl des Rechtskonstrukts »Verordnung« wurden diese Regelungen unmittelbar geltendes europäisches Recht. Dieses Vorgehen entspricht dem Ansinnen der Europäischen Gesetzgeber zur Schaffung eines einheitlichen Europäischen Aufsichtsrechts (Single Rule Book). Die Notwendigkeit einer nationalen Umsetzung entfällt dabei. Im Rahmen der CRR wird die EU-Kommission ermächtigt, für konkrete Sachverhalte ergänzende technische Standards zu erlassen (QV: **BTS**). Diese stellen ebenfalls unmittelbar geltendes europäisches Recht dar.

CRSA
(QV: **Credit Risk Standard Approach**)

CRSA assessment basis
KSA-Bemessungsgrundlage, *f.*

CRSA exposure
KSA-Position, *f.*

CRSA exposure value
KSA-Positionswert, *m.*

CRSA securitisation position
KSA-Verbriefungsposition, *f.*

CSD
(QV: **Central Securities Depository**)

Cumulative Default Rate (CDR)
kumulative Ausfallrate, *f.*

Currency
Währung, *f.*

Currency fluctuation
Währungsschwankung, *f.*
In Art. 23 der Richtlinie 2014/17/EU werden die verbraucherschützenden Vorschriften zur Reduzierung des Wechselkursrisiko bei Fremdwährungskrediten bei wohnwirtschaftlichen Darlehen bspw. geregelt.

Currency futures
Devisenterminkontrakte, *pl., m.*

Currency mismatches
Währungsinkongruenzen, *pl., f.*
z. B. unterschiedliche Währungen bei einem Kredit und dessen Besicherung.

Currency options purchased
gekaufte Devisenoptionen, *pl., f.*

Current financial year
laufendes Geschäftsjahr, *n.*

Current market value (CMV)
aktueller Marktwert, *m.*

Current market value of collateral (CMC)
aktueller Marktwert der Sicherheit, *m.*

Custodian
Treuhänder, *m.*; Verwahrer, *m.*

Customer due diligence
Sorgfaltspflichten gegenüber Kunden, *f.*

Unter dem Begriff der Sorgfaltspflichten gegenüber Kunden im Geldwäschebereich wird gemäß Art. 13 Abs. 1 Richtlinie 2015/849/EU 2015/849/EU die Feststellung der Identität des Kunden und die Überprüfung der Kundenidentität auf der Grundlage von Dokumenten, Daten oder Informationen, die von einer glaubwürdigen und unabhängigen Quelle stammen verstanden. Diese Sorgfaltspflichten umfassen aber auch die Feststellung der Identität des wirtschaftlichen Eigentümers und Ergreifung angemessener Maßnahmen zur Überprüfung seiner Identität, so dass die Verpflichteten davon überzeugt sind zu wissen, wer der wirtschaftliche Eigentümer ist. Im Falle von juristischen Personen, Trusts, Gesellschaften, Stiftungen und ähnlichen Rechtsvereinbarungen schließt dies ein, dass angemessene Maßnahmen ergriffen werden, um die Eigentums- und Kontrollstruktur des Kunden zu verstehen, die Bewertung und gegebenenfalls Einholung von Informationen über den Zweck und die angestrebte Art der Geschäftsbeziehung sowie die kontinuierliche Überwachung der Geschäftsbeziehung, einschließlich einer Überprüfung der im Verlauf der Geschäftsbeziehung ausgeführten Transaktionen, um sicherzustellen, dass diese mit den Kenntnissen der Verpflichteten über den Kunden, seine Geschäftstätigkeit und sein Risikoprofil, einschließlich erforderlichenfalls der Herkunft der Mittel, übereinstimmen, und die Gewährleistung, dass die betreffenden Dokumente, Daten oder Informationen auf aktuellem Stand gehalten werden.

Cyberrisk
Cyberrisiko, *n.*
Cyberrisiko ist ein Risiko, dass Ereignisse aus dem Cyberraum Schäden in IT-Systemen einer Bank verursachen und damit negative Konsequenzen für Geschäftsabläufe und für die Bankkunden haben können.

Cyclicality
Zyklizität, *f.*
Grad, zu dem ein Ereignis zyklisch vorkommt.

D

Daily reports
Tagesberichte, *pl., m.*

Data collection
Datenerhebung, *f.*

Data Loss Prevention (DLP)
Datenverlust-Vorsorge, *f.*
Alle einschlägigen Untersuchungen zeigen eine steigende Tendenz in Bezug auf Datenlecks und Datenverlust. Datenverlust kann bei Übertragungsdaten auftreten, in E-Mails und deren Anhängen, bei Instant Messaging (IM) (QV: **Instant Messaging**), Unified Messaging Service (UMS) oder beim File Transfer (FT), aber auch bei den Daten, die innerhalb der Unternehmen auf USB-Sticks, auf Notebooks oder DVDs gespeichert werden.
Die durch Datenverlust entstehenden Schäden sind enorm und werden von Unternehmen in aller Regel unter-schätzt. Aus diesem Grund ist ein zu-nehmender Datenschutz in Verbindung mit den entsprechenden Mechanismen zu erkennen. Für diese Techniken werden die Bezeichnungen Data Leakage Prevention (DLP), Data Loss Prevention (DLP) oder Data Leakage Protection (DLP) benutzt, die als Überwachungsverfahren das Content Management and Filtering (CMF) einsetzen.
Ziel aller dieser Maßnahmen ist es den unerwünschten Datenabfluss im All-gemeinen sowie den Datendiebstahl und den Verlust an sensitiven und vertraulichen Unternehmensdaten im Besonderen zu verhindern.
Bevor Maßnahmen gegen den Datenverlust eingesetzt werden können, müssen die Schwachstellen erkannt und ausgeschaltet werden. Dafür werden bereits Intrusion Detection Systems (QV: **IDS**) und Intrusion Prevention Systems, Firewalls (QV: **Firewall**) und Virenscanner (QV: **Virus**) zur Abwehr von Angriffen eingesetzt. Entsprechende Systeme untersuchen den eingehenden Datenstrom auf Angriffsmuster. In Zusammenhang mit Data Loss Prevention können die Abwehrkomponenten aber auch ausgehende Datenströme auf Daten hin analysieren, die das Unternehmen nicht verlassen dürfen.
Das Data Leakage Prevention setzt bei der Absicherung der Endgeräte und an der Überprüfung des Datenverkehrs an den Netz-Gateways an, wo es den Datenverkehr über das Simple Mail Transfer Protocol (SMTP) oder HTTP kontrolliert und die Policies und deren Nichtbeachtung überprüft. Zudem überwachen DLP-Programme die Informationsinhalte mit Contentfiltern. Diese Überwachung kann linguistische Analysen einschließen.[21]

---
21 Vgl. ISACA, Data Leak Prevention, 2010.

Data maintenance
Datenpflege, *f.*

Data protection rules
Datenschutzkontrolle, *f.*

Data transfer
Datenübertragung, *f.*

Debt Cut
(QV: **Haircut**)

Debt security, *pl.* -ies
Schuldverschreibung, *f.*, oder Schuldtitel, *m.*
Nach Art. 2 Abs. 1 b) Richtlinie 2004/109/EG sind Schuldverschreibungen oder Schuldtitel oder andere übertragbare Forderungen in verbriefter Form, mit Ausnahme von Wertpapieren, die Aktien gleichzustellen sind oder die bei Umwandlung oder Ausübung der durch sie verbrieften Rechte zum Erwerb von Aktien oder Aktien gleichzustellenden Wertpapieren berechtigen.

Debt service amount
Kapital- und Zinsendienst, *m.*
Mittel, die ein Schuldner in einem bestimmten Zeitraum für Tilgung und Zinsen benötigt.

Debt-service coverage (DSC) ratio
Schuldendienstdeckungsgrad, *m.*
Verhältnis von Zahlungen für Fremdkapital (Zinsen, Tilgung) und freiem Cash Flow.

Debt-servicing capacity
Kapitaldienstfähigkeit, *f.*
Fähigkeit, aufgenommene oder potentielle Schulden vereinbarungsgemäß zurückzuzahlen.

Deduction
Abzug, *m.*

Deduction amount
Abzugsbetrag, *m.*

Deep-out-of-the-money positions
weit aus dem Geld notierte Positionen, *pl., f.*

Default
Ausfall, *m.*
Der Ausfall eines Kreditnehmers führt dazu, dass ausstehende Kreditbeträge nicht zurückgezahlt werden. Die ausstehende Forderung ist daher im Wert zu berichtigen (abzuschreiben). Ist das Engagement besichert, so erfolgt die Verwertung der bestehenden Sicherheiten. Der Ausfall des Krediites ist ein Kreditereignis (QV: **Credit Event**). Hat der Kreditgeber sich gegen Ausfall versichert (QV: **Credit Default Swap**), so kann er nun der Versicherungsgeber in Anspruch nehmen.

Default frequency
Ausfallhäufigkeit, *f.*

Default of an obligor
Schuldnerausfall, *m.*

DELEGATED ACT

Default patterns

Ausfallsmuster, *pl., n.*

z. B. von vergebenen Krediten

Default risk

Ausfallrisiko, *n.*

Das Ausfallrisiko ist eine spezielle Form des Kreditrisikos (QV: **Credit Risk**) und beschreibt den Ausfall des zahlungspflichtigen Kreditnehmers. Die Höhe des Ausfallrisikos ermittelt die Bank bereits vor der Kreditvergabe im Rahmen einer Bonitätseinstufung (QV: **Rating**). Je höher das Ausfallrisiko, umso höhere ist auch der vom Schuldner zu zahlende Kreditzins.

Defaulted exposure

ausgefallene Risikoposition, *f.*

Deferral

Stundung, *f.*

Deferred payment

Stundung, *f.*; Zahlungsaufschub, *m.*

Der Zahlungsaufschub ist eines der Mittel der Kreditgeber, dem Kreditnehmer bei Zahlungsschwierigkeiten entgegenzukommen. Die Einzelheiten der möglichen Mittel des Kreditgebers werden in den EBA Leitlinien zu Zahlungsrückständen und Zwangsvollstreckungen geregelt.[22]

---

[22] EBA/GL/2015/12 vom 1. Juni 2014.

Deferred tax assets

latente Steueransprüche, *pl., m.*

Deferred tax liabilities

latente Steuerschulden, *pl., f.*

Defined benefit pension fund assets

Vermögenswerte aus Pensionsfonds mit Leistungszusage, *pl., m.*

Defined large exposure threshold

Großkreditdefinitionsgrenze, *f.*

Betragsmäßige Höhe, ab der ein Kredit als Großkredit gilt

Degree of coverage

Abdeckungsgrad, *m.*

Aufsichtsrechtlich geforderte Quote, um interne Ratingsysteme zu nutzen

Delegated Act

delegierter Rechtsakt, *m.*

Im Rahmen der CRR wurden der EU-Kommission weitreichende Rechtssetzungsbefugnisse eingeräumt. Neben der Verabschiedung von technischen Durchführungsstandards (QV: BTS) wurde sie ermächtigt, sog. delegierte Rechtsakte zu erlassen. Dies dient insbesondere dazu, die europäische Regulierung an eventuelle technische Änderungen an den Baseler Vorgaben ohne großen formellen Aufwand anzupassen oder bei Verabschiedung der CRR offengelassene Detailregelungen im Nachgang endgültig zu regeln.

Delineate
beschreiben, umreißen

Delivery risk
Lieferrisiko, *n.*

Denial of Service attacks
Dienstblockade-Attacken, *pl., f.*
Denial of Service (DoS) sind Dienstverweigerungen, die im Internet zur Beeinträchtigung von Webservices[23] führen, und die, als DoS-Attacke ausgeführt, einen angegriffenen Server oder eine Website außer Betrieb setzen können.
DoS-Angriffe werden durch Überlastung von Servern ausgelöst, so beispielsweise durch die Bombardierung eines Mail-Servers mit einer Flut an Mails, durch millionenfache Anfragen an einen Server oder durch Überflutung eines Netzwerks mit Datenpaketen. In allen Fällen können die Funktionen wegen Überlastung der Server oder Netze nicht mehr hinreichend ausgeführt werden. Die Server sind nicht mehr erreichbar, die Netze können zusammenbrechen.

DoS-Attacken zielen in der Regel nicht auf den Zugang zum Netzwerk, System oder zu den Datenbeständen, sondern haben das Ziel einen Dienst einzuschränken, zu blockieren oder unbenutzbar zu machen. Dazu werden die zur Verfügung stehenden Programme oder Netzwerk-Ressourcen außerordentlich überbelastet, manchmal auch kollektiv von tausenden Nutzern.

Denomination
Nennwert, *m.*

Department
Organisationseinheit, *f.*

Dependencies
Abhängigkeit, *pl., f.*

Deposit
Einlage, *f.*; (Kunden-)Einlage, *f.*
Die von Kunden bei der Bank angelegten Gelder werden als Deposits bezeichnet und auf der Passivseite der Bankbilanz (Verbindlichkeiten gegenüber Kunden) ausgewiesen. Eine Einlage im Sinne der Einlagensicherungsrichtlinie 2014/49/EU ist nach Art. 2 Abs. 1 Ziff. 3 ein Guthaben, das sich aus auf einem Konto verbliebenen Beträgen oder aus Zwischenpositionen im Rahmen von normalen Bankgeschäften ergibt und vom Kreditinstitut nach den geltenden gesetzlichen und vertraglichen Bedingungen zurückzuzahlen ist, einschließlich einer Festgeldeinlage

---

23 Ein Webservice ist ein Dienst, der heterogen in Websystemen verteilt und in beliebigen Anwendungen benutzbar ist. Webservices sind damit sich selbst beschreibende und eigenständig agierende Software-Komponenten, die sich auch untereinander aufrufen können. Bekannte Webservices werden beispielsweise durch Google oder Amazon betrieben, wo auf das Internet bezogene Dienstleistungen angeboten werden. Vgl. http://www.itwissen.info/definition/lexikon/Webservice-WS-web-services.html (20.02.2015).

und einer Spareinlage, jedoch ausschließlich von Guthaben, wenn seine Existenz nur durch ein Finanzinstrument im Sinne des Art. 4 Ziff. 17 der Richtlinie 2004/39/EG nachgewiesen werden kann. Dies gilt nicht wenn es sich dabei um ein Sparprodukt handelt, das durch ein auf eine benannte Person lautendes Einlagenzertifikat verbrieft ist und das zum 2. Juli 2014 in einem Mitgliedstaat besteht und es nicht zum Nennwert rückzahlbar ist oder es nur im Rahmen einer bestimmten, vom Kreditinstitut oder einem Dritten gestellten Garantie oder Vereinbarung rückzahlbar ist.

Deposit business
Einlagengeschäft, *n.*

Deposit Guarantee Scheme (DGS)
Einlagensicherungssystem, *n.*; Sicherungseinrichtung, *f.*
Einlagensicherungssysteme erstatten einen beschränkten Betrag an Einleger, deren Bank zusammenbricht. Aus Sicht der Einleger sichert dies einen teil ihres Vermögens. Vor dem Hintergrund der Stabilität des Finanzsystems soll dieses Versprechen panische Reaktionen bzw. einen sog. Bank-Run verhindern.
Die europäische Einlagensicherung wird und wurde durch die Richtlinie 94/19/EG, die durch die Richtlinie 2009/14/EU geändert und zuletzt durch die Richtlinie 2014/49/EU ersetzt worden ist geregelt. Unter dem Begriff des Einlagensicherungssystems fällt die gesetzliche Einlagensicherung, die durch die national anerkannten Einlagensicherungssysteme der EU Mitgliedstaaten garantiert werden muss. Unter dem Begriff der Einlagensicherungssysteme fallen aber auch die amtlich anerkannten Institutssicherungssysteme (Art. 2 Abs. 1 Richtlinie 2014/49/EG) und die amtlich anerkannten vertraglichen Einlagensicherungssysteme (Art. 1 Abs. 2 b) Richtlinie 2014/49/EG). Europarechtlich zwingend vorgegeben ist dabei, dass Einlagen von Einlegern im Sinne der Richtlinie (Art. 5 Abs. 1 Richtlinie 2014/49/EU) grundsätzlich bis 100.000 Euro durch die jeweiligen nationalen Einlagensicherungssysteme abzusichern sind (Art. 6 Abs. 1 Richtlinie 2014/49/EU). Freiwillige Einlagensicherungssysteme, die über den Betrag von 100.000 Euro Einlagen absichern oder auch einen anderen Kreis von Einlegern absichern, werden durch die Richtlinie nicht tangiert (Art. 1 Abs. 3 Richtlinie 2014/49/EU).

Deposit Guarantee Schemes Directive (DGSD)
Richtlinie über Einlagensicherungssysteme, *f.*
Eine einheitliche europäische Einlagensicherung ist Bestandteil der sog.

Banke Union (QV: **Banking Union**). Die europäische Richtlinie über Einlagensicherungssysteme stellt weitergehende harmonisierte Anforderungen an die nationalen Sicherungssysteme. Die neue Einlagensicherungsrichtlinie ist bis zum 3. Juli 2015 in nationales Recht umzusetzen.

Deposit-taking credit institution
Einlagenkreditinstitut, *n*.

Depositor
Einleger, *m*.
Der Begriff des Einlegers wurde erst mit der Richtlinie 2014/49/EU ansatzweise definiert. Im Sinne der Einlagensicherungsrichtlinie ist der Einleger Inhaber oder im Falle eines Gemeinschaftskonto jeder Inhaber einer Einlage (Art. 2 Abs. 1 Nr. 6 Richtlinie 2014/49/EU).

Derivatives
Derivate, *pl.*, *n*.

Derogation
Ausnahme, *f.*; Ausnahmeregelung, *f.*
(QV: **Exception**)

Determining
Bestimmung, *f.*; Festlegung, *f.*

DGS
(QV: **Deposit Guarantee Scheme**)
Einlagensicherungssystem, *n*.

DGS contribution scheme
Einlagensicherungsbeitragssystem, *n*.
Der Begriff des Einlagensicherungsbeitragssystem wird in den EBA Leitlinien[24] als die Finanzierung des Einlagensicherungssystem bezeichnet, nach welchem es von seinen Mitgliedsinstituten ex-ante und ex-post Beiträge einfordert.

DGSD
(QV: **Deposit Guarantee Schemes Directive**)

Dilution risk
Veritätsrisiko, *n*.; Verwässerungsrisiko, *n*.
Das hinsichtlich des Bestands und der Realisierbarkeit einer angekauften Forderung bestehende Risiko, dass der Schuldner der angekauften Forderung nicht verpflichtet ist, in vollem Umfang zu leisten.

Direct Electronic Access
Direkter elektronischer Zugang, *m*.
Erfolgt durch Mitglieder, Teilnehmer oder Kunden eines Handelsplatzes, die einer anderen Person die Nutzung ihres Handelscodes gestatten, damit diese Person Aufträge in Bezug auf Finanzinstrumente elektronisch direkt an den Handelsplatz übermitteln kann (Art. 4 RL 2014/65/EU).

---

[24] EBA Konsultationspapier EBA/CP/2014/35 vom 10. November 2014 zu den Methoden für die Errechnung der Beiträge für das Einlagensicherungssystem nach der Einlagensicherungsrichtlinie 2014/49/EU.

Directive

Richtline, *f.*

EU-Rechtsakt, welcher von den Mitgliedstaaten noch in nationales Recht umgesetzt werden muss, anders als eine Verordnung (QV: **Regulation**), die unmittelbar anzuwenden ist.

Disaster recovery plan (DRP)

Unternehmensfortführung im Krisenfall, *f.*

Der Business Continuity Plan (BCP), auch als Disaster Recovery Plan (DRP) bezeichnet, ist eine Dokumentation in der die geplanten Verfahren und Abläufe beschrieben sind, mit der das Business während und nach einer längeren Unterbrechung fortgesetzt werden kann. Mit dem Business Continuity Plan wird sichergestellt, dass ein Unternehmen auch bei interner oder externer Bedrohung, bei Einbruch oder äußeren Einflüssen wie Unfällen, Feuer oder Unwettern weiterhin kontinuierlich seine Produkte und Dienstleistungen produzieren und vertreiben kann.[25] Disaster-Recovery (DR) umfasst alle Maßnahmen zur Wiederherstellung der Datenbestände nach einem Katastrophenfall und zur kurzfristigen Wiederaufnahme der Geschäftstätigkeit.[26] Da für die Wiederaufnahme der Geschäftstätigkeit nicht alle unternehmensbezogenen Datenbestände zwingend erforderlich sind, befasst sich das Disaster Recovery auch mit Strategien in denen die Unternehmensdaten und Applikationen nach ihrer Wichtigkeit kategorisiert werden. Die DR-Strategien richten sich nach den Geschäftsanforderungen und können u. a. die Verfügbarkeit (QV: **Avialability**) oder die Kosten optimieren. Bestimmte Datenbestände haben dabei höhere Prioritäten als andere. So müssen bestimmte Daten für Online-Transaktionen unmittelbar nach dem Recovery wieder verfügbar sein.

Discernible vulnerabilities

Erkennbare Schwachstellen, *pl., f.*

Disclosure

Offenlegung, *f.*

Disclosure frequency

Offenlegungsintervall, *n.*

Zeitraum, in dem regelmäßig bestimmte Informationen von Instituten zu veröffentlichen sind.

Disclosure medium

Offenlegungsmedium, *n.*

Medium, mit dem regelmäßig bestimmte Informationen zu veröffentlichen sind.

---

25 Vgl. http://www.disasterrecovery.org/index.html (20.02.2015). Zu den Gemeinsamkeiten und Unterschieden der beiden Begrifflichkeiten, siehe auch: http://www.isaca.org/Groups/Professional-English/business-continuity-disaster-recovery-planning/Pages/ViewDiscussion.aspx?PostID=72 (20.02.2015).

26 Vgl. http://www.disasterrecoveryplantemplate.org/ (20.02.2015).

Disclosure requirements

Veröffentlichungspflichten, *pl., f.*

Discount business

Diskontgeschäft, *n.*
Ankauf jeder Art noch nicht fälliger Wechsel und Schecks

Discretionary decision

Ermessensentscheidung, *f.*

Discretionary pension benefits

freiwillige Altersversorgungsleistungen, *pl., f.*

Dispute resolution mechanism

Streitbeilegungsmechnismen, *pl., m.*
Unter dem Begriff der Streitbeilegungsmechanismen fallen die Ombudsmannverfahren, die außergerichtlichen Schlichtungen und Mediationsverfahren.

Distance contract

Fernabsatzvertrag, *m.*
Der Fernabsatzvertrag für Finanzdienstleistungen wird in Art. 2 Abs. 7 der Richtlinie 2011/83/EU dahingehend geregelt, als dass dies ein Vertrag ist, der zwischen dem Unternehmer und dem Verbraucher ohne gleichzeitige körperliche Anwesenheit des Unternehmers und des Verbrauchers im Rahmen eines für den Fernabsatz organisierten Vertriebs- bzw. Dienstleistungssystems geschlossen wird, wobei bis einschließlich zum Zeitpunkt des Vertragsabschlusses ausschließlich ein oder mehrere Fernkommunikationsmittel verwendet wird/werden. Die Richtlinie über Fernabsatz von Finanzdienstleistung 2002/65/EG regelt unabhängig von der Verbraucherrechterichtlinie 2011/83/EU die besonderen Vorschriften eines Fernabsatzvertrages für Finanzdienstleistungen, die zusätzlich zu den sektoralen Richtlinien Anwendung finden.

Distribution

Ausschüttung, *f.*; Verteilung, *f.*; Wahrscheinlichkeitsverteilung, *f.*

Diversification

Diversifikation, *f.*

Division

Abschnitt, *m.*

DLP

(QV: **Data loss prevention**)

Documentary credits

Dokumentenakkreditive, *pl., n.*

Domestic currency

nationale Währung, *f.*

Domestic currency items

Positionen in Landeswährung, *pl., f.*
(QV: **Foreign currency items**)

Domestically systemic important bank (D-SIB)

National systemrelevantes Kreditinstitut, *n.*

Down payment

Anzahlung, *f.*

Nach der EBA Leitlinie zur verantwortungsvollen Kreditvergabe[27] sind mit dem Begriff Anzahlung die Vorauszahlungen vom Käufer für einen Teil des Kaufpreises gemeint, die den Saldo des Darlehens für das erworbene Wohneigentum reduzieren.

Downgrade

Herabstufung, *f.*

Draft

Entwurf, *m.*

Drawdown

Kredit-Auszahlungsbetrag, *m.*

Drawing

Inanspruchname, *f*

DRP

(QV: **Disaster recovery plan**)

D-SIB

(QV: **Domestically systemic important bank**)

Due diligence

Sorgfaltsprüfung, *f.*
Prozess der Überprüfung aller wirtschaftlichen und rechtlichen Fragen zur Bewertung eines Objekts (z. B. Gesellschaft, Immobilie, etc.).

Dummy variable

Scheinvariable, *f.*

Durable medium

dauerhafter Datenträger, *m.*
Der dauerhafte Datenträger wird durch den Verweis von Art. 4 Abs. 18 Richtlinie 2014/17/EU auf Art. 3 m) der Richtlinien 2008/48/EG dahingehend definiert, als dass dies jedes Medium ist, das es dem Verbraucher gestattet, an ihn persönlich gerichtete Informationen derart zu speichern, dass er sie in der Folge für eine den Zwecken der Informationen angemessene Dauer einsehen kann, und das die unveränderte Wiedergabe der gespeicherten Informationen ermöglicht.

Duration-based calculation

durationsbasierte Berechnung, *f.*
(QV: **Maturity-based calculation**)

Duration-based method

Durationsmethode, *f.*
Maß für die mittlere Laufzeit, mit der finanzielle Anlagen mit einem festen Zins gebunden sind.

Duration of credit agreement

Laufzeit des Kreditvertrages, *f.*

---

[27] EBA/GL/2015/11 vom 1. Juni 2015.

E

EAD
(QV: **Exposure at Default**)

Early amortisation provision
Klausel der vorzeitigen Rückzahlung, *f.*
Nach Art. 2 Abs. 17 des Verordnungsvorschlages der Europäischen Kommission COM(2015) 472 final wird der Begriff der Klausel der vorzeitigen Rückzahlung als eine Vertragsklausel definiert, bei der Verbriefung revolvierender Risikopositionen oder bei einer revolvierenden Verbriefung, wonach die Positionen der Anleger bei Eintritt bestimmter Ereignisse vor der eigentlichen Fälligkeit der emittierenden Wertpapiere getilgt werden müssen.

Early intervention measures
Frühinterventionsmaßnahmen, *pl., f.*
Nach Art. 27 bis 30 Richtlinie 2014/59/EU sind dies die von der Abwicklungs-/Aufsichtsbehörde zu ergreifenden Maßnahmen im Rahmen einer absehbaren Gefährdung des Instituts.

Early repayment
vorzeitige Rückzahlung, *f.*
Der Begriff und die Möglichkeit der vorzeitigen Rückzahlung eines Darlehensvertrages werden in Art. 25 der Richtlinie 2014/17/EU für Wohnimmobilienkreditverträge und in Art. 16 der Richtlinie 2008/48/EG für Verbraucherkredite geregelt.

Early repayment fee
Vorfälligkeitsentschädigung, *f.*
Unter dem Begriff der Vorfälligkeitsentschädigung wird der Schaden des Kreditgebers verstanden, den dieser aufgrund der vorzeitigen Rückzahlung des Darlehensbetrages hat. Die Höhe oder die einrechenbaren Komponenten dieses Schadens werden europarechtlich nicht vorgegebenen. Die Vorfälligkeitsentschädigung darf nach Art. 25 Abs. 3 Richtlinie 2014/17/EU nur die angemessene und objektive Entschädigung für die möglicherweise entstandenen, unmittelbar mit der vorzeitigen Rückzahlung des Kredits zusammenhängenden Kosten sein. Nach Art. 16 Abs. 2 Richtlinie 2008/48/EG für Verbraucherkredite ist diese auf 1 % des vorzeitig zurückgezahlten Kreditbetrags gedeckelt, wenn der Zeitraum zwischen der vorzeitigen Rückzahlung und dem Zeitpunkt des vereinbarten Ablaufs des Kreditvertrags ein Jahr überschreitet. Beträgt der Zeitraum weniger als ein Jahr, darf die Entschädigung 0,5 % des vorzeitig zurückgezahlten Kreditbetrags nicht überschreiten.

EBA
(QV: **European Banking Authority**)
Europäische Bankenaufsicht, *f.*

ECAI
(QV: **External Credit Assessment Institution**)

ECB
(QV: **European Central Bank**)

EEA
(QV: **European Economic Area**)

(to) Effect the call
Kündigung, *f.*

Effective expected exposure
erwarteter effektiver Wiederbeschaffungswert, *m.*

Effective expected positive exposure (Effective EPE)
erwarteter effektiver positiver Wiederbeschaffungswert, *m.*

Effective maturitiy (M)
effektive Restlaufzeit, *f.*

Effectiveness
Wirksamkeit, *f.*

EFSF
(QV: **European Financial Stability Facility**)

EIOPA
(QV: **European Insurance and Occupational Pensions Authority**)

EIOPA, European Insurance and Occupational Pensions Authority
Unabhängige Europäische Aufsichtsbehörde für das Versicherungswesen und die betriebliche Altersvorsorge des Europäischen Parlaments, *f.*

EL
(QV: **Expected Loss**)

Electronic money
E-Geld, *n.*
Nach der sogenannten E-Geld Richtlinie 2009/110/EG ist E-Geld nach Art. 2 Ziff. 2 jedes elektronisch, darunter auch magnetisch, gespeicherter monetärer Wert in Form einer Forderung gegenüber dem Emittenten, der gegen Zahlung eines Geldbetrags ausgestellt wird, um damit Zahlungsvorgänge im Sinne des Artikels 4 Nummer 5 der Richtlinie 2007/64/EG durchzuführen und der auch von anderen natürlichen oder juristischen Personen als dem E-Geld-Emittenten angenommen wird.

Eligible capital
anrechenbare Eigenmittel, *pl., n.*

Eligibility criteria
Eignungskriterien, *pl., f.*
Kriterien zur Beurteilung der Eignung z. B. eines Garantiegebers.

Eligibility

Berücksichtigungsfähigkeit, *f.*; Anerkennungsfähigkeit, *f.*

Eligible guarantor

geeigneter Garantiegeber, *m.* Garantiegeber, der die regulatorischen Anforderungen erfüllt.

Eligible hedges

anerkennungsfähige Absicherungsgeschäfte, *pl., n.*

Eligible Liabilities

berücksichtigungsfähige Verbindlichkeiten, *pl., f.* Diese neu zu schaffende Form von Verbindlichkeiten, auch »bail-in«-fähige Verbindlichkeiten genannt (QV: **Bail-in**), soll künftig im Falle einer Schieflage zur Verlustabsorption herangezogen werden. Berücksichtigungsfähige Verbindlichkeiten werden, sofern diese die aufsichtsrechtlichen Voraussetzungen erfüllen, bei der Erfüllung der MREL-Quote (QV: **Minimum Requirement for Own Funds and Eligible Liabilities**) angerechnet. Um eine Restrukturierung mit Gläubigerbeteiligung an Verlusten erfolgreich durchführen zu können, müssen Banken auf Verlangen der Abwicklungsbehörde einen Mindestbetrag dieser berücksichtigungsfähigen Verbindlichkeiten vorhalten. Die Verbindlichkeiten dienen dann zur Verlustbeteiligung im Falle der Abwicklung des Institutes und erfüllen damit das Kriterium der »Bail-in«-Fähigkeit.

Eligible deposits

erstattungsfähige Einlage, *f.* Erstattungsfähige Einlagen sind nach Art. 2 Abs. 1 Nr. 4 Richtlinie 2014/49/EU die Einlagen, die nicht nach Art. 5 Richtlinie 2014/49/EU von einer Deckung ausgenommen sind. Nach Art. 5 Richtlinie 2014/49/EU sind grundsätzlich Einlagen, die andere Kreditinstitute im eigenen Namen und auf eigene Rechnung getätigt haben, die in Art. 4 Abs. 1 Nr. 118 der Verordnung (EU) Nr. 575/2013 definierten Eigenmittel, Einlagen. Die im Zusammenhang mit Transaktionen entstanden sind, aufgrund deren Personen in einem Strafverfahren wegen Geldwäsche im Sinne des Art. 1 Abs. 2 der Richtlinie 2005/60/EG verurteilt worden sind, Einlagen von Finanzinstituten im Sinne des Art. 4 Abs. 1 Nr. 26 der Verordnung (EU) Nr. 575/2013, Einlagen von Wertpapierfirmen im Sinne des Art. 4 Absatz 1 Nummer 1 der Richtlinie 2004/39/EG, Einlagen, von deren Inhaber niemals nach Art. 9 Absatz 1 der Richtlinie 2005/60/EG die Identität festgestellt wurde, wenn diese nicht mehr verfügbar sind, Einlagen von Versicherungsunternehmen und von Rückversicherungsunternehmen im Sinne des Art. 13 Nr. 1 bis 6 der

Richtlinie 2009/138/EG, Einlagen von Organismen für gemeinsame Anlagen (s. o.), Einlagen von Pensions- und Rentenfonds, Einlagen von staatlichen Stellen sowie Schuldverschreibungen eines Kreditinstituts und Verbindlichkeiten aus eigenen Akzepten und Solawechseln sind nicht erstattungsfähig.

Eligible ECAIs
anerkannte Ratingagenturen, *pl., f.*

Eligible providers of unfunded credit protection
berücksichtigungsfähige Gewährleistungsgeber, *pl., m.*
Garanten, die als risikomindernd anerkannt sind

Eligible trading book collateral
berücksichtigungsfähige Handelsbuchsicherheiten, *pl., f.*
Sicherheiten des Handelsbuches, die als risikomindernd anerkannt werden

Eligible unfunded credit protection
berücksichtigungsfähige Gewährleistung, *f.*
Gewährleistungen, die als risikomindernd anerkannt werden.

Emergency liquidity assistance
Notfallliquiditätshilfe *f.*
Die Bereitstellung von Zentralbankgeld durch eine Zentralbank oder die Gewährung einer sonstigen Unterstützung, aus der sich eine Zunahme von Zentralbankgeld ergeben kann, für ein solventes Finanzinstitut oder eine Gruppe solventer Finanzinstitute mit vorübergehenden Liquiditätsproblemen, wobei diese Operation nicht im Zuge der Geldpolitik erfolgt.

EMIR
(QV: **European Market Infrastructure Regulation**)

E-money business
E-Geld-Geschäft, *n.*
Ausgabe und Verwaltung von elektronischem Geld

Encryption
Verschlüsselung, *f.*
Die Verschlüsselung ist die Umsetzung einer verständlichen Information in eine unverständliche: die Umsetzung eines Klartextes in einen Geheimtext. Ziel der Verschlüsselung ist es, die Daten einer mathematischen Transformation zu unterwerfen, damit es einem Angreifer, der die Daten in seinem Besitz bekommt, nicht möglich ist, aus den transformierten Daten die Originaldaten zu gewinnen. Damit die verschlüsselten Daten für ihre legalen Benutzer interpretierbar werden, müssen diese durch eine inverse mathematische Transformation wieder die Originaldaten erhalten können. Die Originaldaten werden als Klartext, die transformierten Daten als Schlüsseltext bezeichnet. Die ma-

thematische Transformation des Klartextes in den Geheimtext ist die Verschlüsselung, die inverse Transformation in den Klartext die Entschlüsselung. Sinn der Verschlüsselung ist die Wahrung der Vertraulichkeit (QV: **Confindentiality**) von Daten, Informationen und Datenbeständen in Datennetzen, Datenbanken und Rechnern.[28]

Encumbered

belastet

Encumbrance

Belastung, *f.*

Endorsement

Begebungsvermerk, Indossament, *m.* Schriftlicher Übertragungsvermerk auf einem Wertpapier zur Übertragung der mit dem Wertpapier verbrieften Rechte.

Enforceability

Durchsetzbarkeit, *f.*

Enforcement event

Verwertungsfall, *m.*; Beendigungsfall, *m.*
Nach Art. 2 Abs. 1 l) der Richtlinie 2002/47/EG ist der Verwertungs- bzw. Beendigungsfall eine Vertragsverletzung oder jedes Ereignis, das die Vertragsparteien kraft Vereinbarung einer Vertragsverletzung

gleichstellen, bei deren/dessen Eintreten der Sicherungsnehmer vertraglich oder kraft Gesetzes zur Verwertung bzw. Aneignung der Finanzsicherheit bzw. zur Aufrechnung infolge Beendigung berechtigt ist. Im Rahmen der Einlagensicherung wird dieser Vertrag nach den EBA Leitlinien[29] dahingehend weiter definiert, dass im Falle der Nichteinhaltung der Zahlung nach dem Zahlungsverpflichtungsvertrag nach Verstreichen der gesetzten Frist das Einlagensicherungssystem dann berechtigt ist, gemäß den Bedingungen des Finanzsicherheitenvertrages und im Einklang mit Art. 2 Abs. 1 l) der Richtlinie 2002/47/EG oder von Rechts wegen, den Verwertungsfall zu vollziehen. Dies berechtigt das Einlagensicherungssystems, die Aktiva mit niedrigem Risiko als gestellte Sicherheiten zu realisieren, durch Verkauf oder Aneignung, ohne dass es einer vorherigen Ankündigung oder gerichtlichen Genehmigung bedarf.

Enhanced customer due diligence

Verstärkte Sorgfaltspflichten gegenüber dem Kunden, *pl., f.*
Nach Art. 18 Richtlinie 2015/849/EU kann ein Mitgliedstaat bei Bereichen mit höheren Geldwäscheri-

---

[28] Vgl. http://www.itwissen.info/definition/lexikon/Verschluesselung-encryption.html (22.02.2015).

[29] EBA Konsultationspapier EBA/CP/2014/27 vom 25. September 2014 zu den Zahlungsverpflichtungen nach der Einlagensicherungsrichtlinie 2014/49/EU.

siken verstärkte Anforderungen an die Sorgfaltspflicht gegenüber dem Kunden vorschreiben.

Entry into force

Inkrafttreten, *n.*

Entry threshold

Eintrittsschwelle, *f.*
Mindestumfang des Gesamtportfolios hinsichtlich der Nutzung interner Ratingsysteme.

Equity

Aktie, *f.*; Beteiligung, *f.*; Eigenkapital, *n.*

Equity exposure

Beteiligungsposition, *f.*
(QV: **Exchange traded equity exposure; Private equity exposure**)

Equity holding

Beteiligungsgesellschaft, *f.*
Unternehmen, dessen Zweck darin besteht, Beteiligungen an anderen Unternehmen zu verwalten.

Equity relase credit

Immobilienverzehrkreditverträge, *pl., m.*; Umkehrhypothekarkreditverträge, *pl., m.*
Nach Art. 3 Abs. 2 a) sind Immobilienverzehrkredite Darlehensverträge bei denen der Kreditgeber pauschale oder regelmäßige Zahlungen leistet oder andere Formen der Kredittilgung vornimmt und damit im Gegenzug einen Betrag aus dem künftigen Erlös des Verkaufs einer Wohnimmobilie erhält oder ein Recht an einer Wohnimmobilie erwirbt, und erst dann eine Rückzahlung fordert, wenn im Leben des Verbrauchers ein oder mehrere festgelegte Ereignisse eintreten, außer der Verbraucher verstößt gegen die Vertragsbestimmungen, was dem Kreditgeber erlaubt, den Kreditvertrag zu kündigen.

Equity returns

Beteiligungserträge, *pl., m.*

Equity risk

Beteiligungsrisiko, *n.*

Equivalence

Gleichheit, *f.*

Equivalent

Gleichwertig

ERF

(QV: **European Reporting Framework**)

ESA, European Supervisory Authorities

Europäische Aufsichtsbehörden, *pl., f.*

ESCB central banks

Zentralbanken des ESZB, *pl., f.*
Nationale Zentralbanken, die Mitglieder des Europäischen Systems der Zentralbanken (ESZB) sind, und die Europäische Zentralbank (EZB).

ESFS
(QV: **European System of Financial Supervision**)

ESFS, European System of Financial Supervision
Europäisches Finanzaufsichtssystem, *n.*

ESIS, European Standardised Information Sheet
Europäische Standardisierte Informationsblatt, *n.*
Das Europäische Standardisierte Informationsblatt ist das Medium, mit welchem der Verbraucher vor dem Abschuss eines Wohnimmobilienkreditvertrages nach Art. 14 Abs. 8 Richtlinie 2014/17/EU zu informieren ist. Dieses inhaltlich durch die Mitgliedstaaten unveränderbares Informationsblatt ist durch die Kreditgeber auszufüllen und dem Verbraucher unverzüglich (s. o.), nachdem er seine Angaben zum Kreditwunsch gemacht hat, zu übergeben. Das Muster für dieses ESIS wird in Anhang II der Richtlinie 2014/17/EU vorgegeben. Seinen Ursprung hat dieses ESIS in dem Europäischen Verhaltenskodex zu vorvertraglichen Informationspflichten für wohnwirtschaftliche Kredite, den die europäischen kreditwirtschaftlichen Verbände mit Zustimmung der Europäischen Kommission im Jahr 2001 erstellt und vorgeschlagen haben.

Nach der EBA Stellungnahme zur verantwortungsvollen Kreditvergabe[30] ist mit dem Begriff Eigenkapital die Differenz zwischen dem Schätzwert der Immobilie und den Gesamtforderungen gegen das Eigentum gemeint.

ESM
(QV: **European Stability Mechanism**)

ESMA
(QV: **European Securities and Markets Authority**)

ESRB
(QV: **European Systemic Risk Board**)

Essential information
Grundlegende Informationen, *pl., f.*

Estimate
Schätzwert, *m.*

Estimation
Schätzung, *f.*

EU parent financial holding company
EU-Mutterfinanzholdinggesellschaft, *f.*
Eine EU-Finanzmutterholdinggesellschaft im Sinne des Artikels 4 Absatz 1 Nummer 31 der Verordnung (EU) 575/2013, also eine Mutterfinanz-

---

30 EBA-Op-2013-02 vom 13. Juni 2013.

holdinggesellschaft in einem Mitgliedstaat, die nicht Tochterunternehmen eines in einem Mitgliedstaat zugelassenen Instituts oder einer anderen, in einem Mitgliedstaat errichteten Finanzholdinggesellschaft oder gemischten Finanzholdinggesellschaft ist.

EU parent institution
EU-Mutterinstitut, *n*.

EU parent mixed financial holding company
gemischte Mutterfinanzholdinggesellschaft, *f*.

European Banking Authority (EBA)
Europäische Bankenaufsichtsbehörde, *f*.
Die European Banking Authority (EBA) mit Sitz in London ist die zentrale europäische Bankenaufsichtsbehörde. Zum einen wirkt sie mit bei der Fortentwicklung der europäischen Bankenregulierung. Hierbei erarbeitet sie Entwürfe für von der EU-Kommission zu erlassende technische Regulierungsstandards (QV: **BTS**), formuliert Leitlinien (Guidelines) zur Forcierung eines einheitlichen europäischen Aufsichtshandelns und koordiniert die EU-einheitliche Beantwortung von Auslegungsfragen (Q&A-Process). Zum anderen führt sie europaweite Stresstests durch und tritt als Mittler auf bei der Klärung von länderübergreifenden Aufsichtsfragen. Während die Vorläuferinstitution, das ehemalige Committee on European Banking Supervisors (CEBS), rein beratenden Charakter hatte, wurde die EBA als eigenständige europäische Aufsichtsbehörde institutionalisiert mit einer in gewissem Umfang eigenen Entscheidungskompetenz.
Die Europäische Bankenaufsichtsbehörde (EBA) ist eine unabhängige EU-Behörde, deren Aufgabe es ist, ein einheitliche Regulierung und Beaufsichtigung im europäischen Bankensektor zu gewährleisten. Die EBA ist Bestandteil des Europäischen Systems der Finanzaufsicht ESFS (QV: **European System of Financial Supervision**). Die EBA ist unabhängig, jedoch gegenüber dem Europäischen Parlament, dem Rat der Europäischen Union und der Europäischen Kommission rechenschaftspflichtig.

European Banking Committee
Europäischer Bankenausschuss, *n*.

European Central Bank (ECB)
Europäische Zentralbank, *f*.
Die Europäische Zentralbank EZB ist die Notenbank für die Mitgliedsländer des Euro-Währungsraumes. Neben den klassischen Zentralbankaufgaben wie der Sicherstellung der Preisstabilität hat die EZB seit 4. November 2014 zudem die Aufsicht über die Banken der Mitgliedsländer übernommen. Neben der

amerikanischen Notenbank (QV: **Federal Reserve System**) ist sie eine der wichtigsten Zentralbanken der Welt.

European Central Bank – Banking Supervision
Europäische Zentralbank – Bankenaufsicht, *f.*

European Commission
Europäische Kommission, *f.*

European Economic Area (EEA)
Europäischer Wirtschaftsraum, *m.* Freihandelszone zwischen der Europäischen Union (28 Mitgliedstaaten) und der Europäischen Freihandelsassoziation (EFTA: Island, Liechtenstein, Norwegen).

European Financial Stability Facility (EFSF)
Europäische Finanzstabilisierungsfazilität, *f.* Die EFSF war ein Element des bis Mitte 2013 befristeten Euro-Schutzschirms. Der dauerhafte ESM (QV: **European Stability Mechanism**) hat die EFSF ersetzt. Die EFSF reichte gegen klar definierte Auflagen Finanzhilfen an Euro-Mitgliedstaaten aus, um deren Zahlungsfähigkeit zu sichern und damit die Finanzstabilität im Euroraum insgesamt zu schützen. Das Geld für die Kredite lieh sich die EFSF am Kapitalmarkt. Hierfür stellten die Euro-Länder anteilig Garantien bereit.

European Insurance and Occupational Pensions Authority (EIOPA)
Europäische Aufsichtsbehörde für das Versicherungswesen und die betriebliche Altersversorgung, *f.* Analog der Europäischen Bankenaufsichtsbehörde EBA (QV: **European Banking Authority**) ist die EIOPA für die Beaufsichtigung von Versicherungsunternehmen und Pensionsfonds zuständig. Wesentliches Ziel ist dabei die Wahrung der Stabilität und Effizienz des Finanzsystems. Die EIOPA ist eine Behörde mit eigener Rechtspersönlichkeit und Sitz in Frankfurt am Main. Die Aufgaben umfassen dabei die Festlegung von Regulierungs- und Aufsichtsstandards und -praktiken; die Überwachung der Märkte in ihrem Zuständigkeitsbereich und der Schutz der Versicherungsnehmer und Begünstigten. Hierzu werden technische Regulierungs- und Durchführungsstandards ausarbeitet. Gleichzeitig übernimmt die EIOPA Tätigkeiten im Bereich des Verbraucherschutzes.

European Market Infrastructure Regulation (EMIR)
EU-Verordnung über den außerbörslichen Handel mit Derivaten, *f.* Mittels der EU Verordnung 648/2012 (EMIR) sollen systemische Ri-

siken im europäischen Derivatemarkt eingedämmt werden. Hierzu wurde ein einheitlicher aufsichtlicher Rahmens über Zentrale Gegenparteien (QV: **Central Counter Party**) geschaffen und für standardisierte OTC-Derivate wurde eine Clearingpflicht eingeführt. Diese gilt für finanzielle Gegenparteien, die in der Europäischen Union beaufsichtigt werden. Um die Transparenz zu erhöhen, sind Derivategeschäfte an ein Transaktionsregister zudem zu melden.

European Parliament

Europäisches Parlament, *n.*

European Reporting Framework (ERF)

Einheitlicher europäischer Berichtsrahmen, *m.*

Im Juni 2015 veröffentliche die EBA (QV: **European Banking Authority**) Informationen, wonach ein einheitlicher europäischer Rahmen für das Berichtswesen geschaffen werden soll. Das Projekt befindet sich noch in einem sehr frühen Stadium, soll in einer späteren Version aber die bisherigen zersplitterten Meldungen, bspw. hinsichtlich FinRep, CoRep, Bilanzdaten sowie Risikodaten zusammenführen und vereinheitlichen.

European Securities and Markets Authority (ESMA)

Europäische Wertpapier- und Marktaufsichtsbehörde, *f.*

Die Wertpapieraufsichtsbehörde ESMA regelt und überwacht den Handel mit Wertpapieren innerhalb der EU. Sie ist Teil des europäischen Finanzaufsichtssystems und neben der EBA (QV: European Banking Authority) und EIOPA (QV: European Insurance and Occupational Pensions Authority) eine von drei europaweit tätigen Aufsichtsinstitutionen.

European Stability Mechanism (ESM)

Europäischer Stabilitätsmechanismus, *m.*

Der ESM ist ein mit einem Stammkapital von 700 Milliarden Euro versehener Fonds, dessen Zweck es ist, Finanzmittel zu mobilisieren und diese in finanzielle Schwierigkeiten geratenen Mitgliedstaaten der Eurozone zur Verfügung zu stellen, wenn dies unabdingbar ist, um die Stabilität des Euro-Währungsgebietes insgesamt zu wahren. Die Bereitstellung von Mitteln aus dem ESM erfolgt unter strikten wirtschaftspolitischen Auflagen der Geldempfänger. Das Bestreben der Politik ist es, durch den ESM das Vertrauen in die Stabilität der Eurozone nachhaltig zu sichern.

European Supervisory Authorities (ESA)

Die Europäischen Finanzaufsichtsbehörden, *pl., f.*

Die drei im Zuge der Finanzmarktkrise neu gegründeten EU-Behörden EBA (QV: **European Banking Authority**), ESMA (QV: **European Securities and Markets Authority**) und EIOPA (QV: **European Insurance and Occupational Pensions Authority**) werden als Europäische Finanzaufsichtsbehörden bezeichnet.

European Supervisory Handbook

Europäisches Aufsichtshandbuch, *n.*
Handbuch der EBA, welches auch die EZB bei ihrer Aufsichtspraxis innerhalb des SSM beachten muss (QV: **Single Supervisory Mechanism**).

European System of Financial Supervision (ESFS)

Europäisches Finanzaufsichtssystem, *n.*
Im Jahr 2011 wurde im Lichte der globalen Finanzkrise das neue europäische Finanzaufsichtssystem geschaffen, welches aus den europäischen Finanzaufsichtsbehörden (QV: **European Supervisory Authorities**) EBA (QV: **European Banking Authority**), ESMA (QV: **European Securities and Markets Authority**) und EIOPA (QV: **European Insurance and Occupational Pensions Authority**) besteht. Außerdem zählen der Europäische Ausschuss für Systemrisiken ESRB (QV: **European Systemic Risk Board**) sowie der gemeinsame Ausschuss der Europäischen Aufsichtsbehörden und die nationalen Aufsichtsbehörden zum ESFS.

European Systemic Risk Board (ESRB)

Europäischer Ausschuss für Systemrisiken, *m.*
Der ESRB übernimmt in der europäischen Aufsichtsarchitektur die markoprudenzielle Aufsicht, d. h. die Stabilität des gesamten Finanzsystems wird von diesem Gremium überwacht. Er besteht aus einem Verwaltungsrat, einem Lenkungsausschuss, einem beratenden Fachausschuss und einem beratenden wissenschaftlichen Ausschuss. Der ESRB überwacht das gesamte Finanzsystem, warnt frühzeitig vor Risiken im System und gibt Empfehlungen zur Abwehr dieser Risiken. Seine Warnungen und Empfehlungen können an einen Mitgliedstaat oder mehrere Mitgliedstaaten gerichtet sei, an eine oder mehrere der Europäischen Finanzaufsichtsbehörden oder an nationale Aufsichtsbehörden.

Evaluation process

Bewertungsprozess, *m.*

Event risk
Ereignisrisiko, *n*.

Event type category
Ereigniskategorie, *f*.

Examination
Prüfung, *f*.

Ex-ante financial target level
ex-ante Zielausstattung, *f*.
Die ex-ante Zielausstattung im Bereich der Einlagensicherung ist in Art. 10 Abs. 2 Richtlinie 2014/49/EU auf 0,8 % der Höhe der gedeckten Einlagen seiner Mitglieder festgelegt worden, die bis zum 3. Juli 2024 anzusparen sind.

Exception
Ausnahme, *f*.
(QV: **Derogation**)

Excess cover
Überdeckungsgrad, *m*.
Übersicherung im Rahmen der Emission von Pfandbriefen, die durch Realkredite gesichert werden.

Excess return
Überrendite, *f*.

Excess spread
Nettozinsmarge, *f*.; Zinsüberschuss, *m*.

Exchange rate volatility
Schwankungsbreite (Volatilität) eines Wechselkurses, *f*.

Exchange traded equity exposure
börsengehandelte Beteiligungsposition, *f*.
(QV: **Equity exposure; Private equity exposure**)

Executive board
Vorstand, *m*.; Geschäftsleitung, *f*.

Expected credit losses
Erwartete Kreditausfälle, *pl.*, *m*.

Expected exposure
erwarteter Wiederbeschaffungswert, *m*.

Expected Loss (EL)
erwarteter Verlust, *m*.
Der erwartete Verlust ist ein Begriff aus der Kreditrisikosteuerung. Er wird aus dem ausfallgefährdeten Kreditvolumen (QV: **Exposure at Default**), der Ausfallwahrscheinlichkeit (QV: **Probability of Default**) und der Verlustquote (QV: **Loss Given Default**) ermittelt, indem die drei o.g. genannten Größen multiplikativ verknüpft werden. EL = PD x LGD.

Expected loss amount
erwarteter Verlustbetrag, *m*.
Erwarteter Verlustbetrag = EL x Risikopositionswert (QV: **Exposure Value**)

Expected loss model

Auf erwarteten Verlusten beruhendes Wertminderungsmodell, *n*.
Nach IFRS 9 künftig anzuwendende Drei-Stufen-Methode zur Beurteilung von Kreditrisiken. Wertminderungen werden danach deutlich früher als nach dem bisherigen Incurred Loss model erfasst.

Expected positive exposure (EPE)

erwarteter positiver Wiederbeschaffungswert, *m*.

Expenditure

Aufwand, *m*.

Expert judgement

Expertenmeinung, *f.*

Expiring business unit

auslaufender Geschäftsbereich, *m*.
Geschäftsbereich, in dem das Institut weder neue Kreditrisikopositionen durch den Abschluss neuer Geschäfte eingeht noch einzugehen beabsichtigt.

Explicit guarantee

ausdrückliche Garantie, *f.*

Export credit agency (ECA)

Exportversicherungsagentur, *f.*

Ex post risk sensitivity

rückblickende Risikosensitivität, *f.* Messung der Risikosensitivät im Nachhinein (mittels Erfahrungswerten zur Risikoverwirklichung).

Exposure

Risikoposition, *f.*; Wiederbeschaffungswert, *m*.

Exposure at Default (EAD)

Kreditinanspruchnahme bei Ausfall, *f.*; Forderungshöhe bei Ausfall, *f.*
Das Exposure at Default (EAD) ist die erwartete Höhe der Forderungen zum Zeitpunkt des Ausfalls. Damit werden sowohl bestehende Forderungen wie auch künftige (zusätzliche) Inanspruchnahmen durch den Kreditnehmer zum Ausfallzeitpunkt berücksichtigt.

Exposure category

Forderungskategorie, *f.*
Zuordnung einer Forderung zu einer bestimmten Exposureklasse

Exposure category, credit assessment-related

Forderungskategorie, bonitätsbeurteilungsbezogene, *f.*
Zuordnung einer Forderung zu einer Exposureklasse mit einem bestimmten, von der Bonität abhängigen Risikogewicht.

Exposure class

Forderungsklasse, *f.*; Risikopositionsklasse, *f.*
Jede Risikopostion wird einer Risikopositionsklasse zugeordnet.

Exposure in default
ausgefallene Positionen, *pl., f.*

Exposure in distress
notleidende Forderung, *f.*

Exposure indicator
Indikator für die Ausgesetztheit, *m.* Indikator, aus dem eine Aussage darüber abgeleitet wird, zu welchem Grad ein Unternehmen oder ein Geschäftsbereich operationellem Risiko ausgesetzt ist (QV: **operational risk exposure**).

Exposure secured with real estate
Position, die mit Liegenschaften/ Immobilien besichert ist.

Exposure value
Risikopositionswert, *m.*

Exposures in the form of collective investment undertakings (CIU)
Investmentanteile, *pl., m.* Wertpapiere, die das Eigentumsrecht an einem Vermögen eines Investmentfonds verbriefen.

Exposures secured by real estate property
durch Immobilien besicherte Positionen, *pl., f.*

External Credit Assessment Institution (ECAI)
in der EU anerkannte Ratingagentur, *f.* Hierbei handelt es sich um externe Ratingagenturen (QV: **Rating Agency**), welche durch die EBA (QV: **European Banking Authority**) zur Bewertung von Risiken auf Finanzmärkten formal anerkannt worden sind. Eine solche anerkannte externe Ratingeinstufung ist Voraussetzung zur Anerkennung der Schuldverschreibungen als notenbankfähige Sicherheit.

External credit ratings
Externe Bonitätsbeurteilungen (Ratings), *pl., f.*

External service provider
Auslagerungsunternehmen, *n.* Unternehmen, auf das ein Institut (wesentliche) Teile ausgelagert hat

F

Facility grade

Fazilitätsklasse, *f.*

Die Fazilitätsklasse bezeichnet eine Risikokategorie innerhalb der Fazilitäts-Ratingskala eines Ratingsystems, der Risikopositionen auf der Grundlage von festgelegten und eindeutigen Ratingkriterien zugeordnet werden und von der eigene Schätzungen der Verlustquote bei Ausfall abgeleitet werden.

Fallback solution

Rückfalllösung, *f.*

Feasibility

Machbarkeit, *f.*
Durchführbarkeit eines Prozesses oder Verfahrens.

Feasibility of strategy

Durchführbarkeit einer Strategie, *f.*

Fee and commission income

Provisionsertrag, *m.*

Fed

(QV: **Federal Reserve System**)

Federal agency

bundesunmittelbare Anstalt, *f.*
Öffentlich-rechtliche Verwaltungseinrichtung des Bundes, die mit der Wahrnehmung öffentlicher Aufgaben betraut ist.

Federal Financial Supervisory Authority

Bundesanstalt für Finanzdienstleistungsaufsicht (BaFin), *f.*

Federal Gazette

Bundesanzeiger, *m.*

Federal Government

Bundesregierung, *f.*

Federal Ministry of Finance

Bundesministerium der Finanzen, *n.*

Federal Ministry of Justice

Bundesministerium der Justiz, *n.*

Federal Reserve System (Fed)

Zentralbanksystem der Vereinigten Staaten von Amerika, *n.*
Das oft nur als US-Notenbank bezeichnete Federal Reserve System umfasst zwölf in den USA existierende Federal Reserve Banks und ist u. a. für die Geldpolitik der Vereinigten Staaten zuständig. Damit ist es mit der Europäischen Zentralbank (QV: **European Central Bank**) für den Euroraum zu vergleichen, auch wenn die Aufgaben und Kompetenzen teilweise unterschiedlich ausgeprägt sind.

Fee-based business

Gebührengeschäft, *n.*
Geschäft mit Dienstleistungen, für die eine gesonderte Gebühr verrechnet wird.

Fee business
(QV: **fee-based business**)

Finance leasing
Finanzierungsleasing, *n.*
Typisches Leasing, bei dem das Investitionsrisiko vom Leasinggeber auf den Leasing-Nehmer überwälzt wird.

Finance leasing agreement
Finanzierungsleasingvertrag, *m.*
Vertrag über Finanzierungsleasing

Financial awareness
Finanzkompetenz, *f.*

Financial collateral
Finanzsicherheiten, *pl., f.*
Barguthaben, Wertpapiere, Geldmarktinstrumente und sonstige Schuldscheindarlehen

Financial collateral arrangement
Finanzsicherheitenvertrag, *m.*
Unter diesem Begriff wird gemäß den EBA Leitlinien[31] der Vertrag bezeichnet, in dem eine Rechtsübertragung bzgl. der Finanzsicherheit bzw. eine Sicherungsvereinbarung geregelt wird.

Financial collateral comprehensive method
umfassende Methode zur Berücksichtigung finanzieller Sicherheiten, *f.*
Zur Berücksichtigung von Kursvolatilitäten werden Volatilitätsanpassungen am Marktwert der Sicherheit gemäß bestimmten Vorgaben vorgenommen. (QV: **Financial collateral simple method**)

Financial collateral simple method
einfache Methode zur Berücksichtigung finanzieller Sicherheiten, *f.*
Anwendung grundsätzlich nur zulässig, wenn die risikogewichteten Positionsbeiträge nach dem Standardansatz berechnet werden. (QV: **Financial collateral comprehensive method**)

Financial component
Finanzielle Komponente, *f.*
Teil des Geschäftsindikators (QV: **Business Indicator**); setzt sich aus Nettogewinn bzw. -verlust des Handels- und des Bankbuchs zusammen.

Financial conglomerate
Finanzkonglomerat, *n.*
Unternehmensgruppe, der mindestens ein Unternehmen der Versicherungsbranche sowie mindestens ein Unternehmen der Banken- bzw. Wertpapierdienstleistungsbranche angehört.

---

[31] EBA Konsultationspapier EBA/CP/2014/27 vom 25. September 2014 zu den Zahlungsverpflichtungen nach der Einlagensicherungsrichtlinie 2014/49/EU.

Financial conglomerate enterprise

Finanzkonglomeratsunternehmen, *n.* Unternehmen eines Finanzkonglomerats

Financial Counterparty

Finanzielle Gegenpartei, *f.* Kundenklassen gemäß EU-Verordnung EMIR: Kreditinstitute, Wertpapierfirmen, OGAW, Versicherungsunternehmen, Rückversicherungsunternehmen, Einrichtungen der betrieblichen Altersversorgung und alternative Investmentfonds (Art. 2 VO (EU) Nr. 648/2012).

Financial customer

Finanzkunde, *f.*

Financial holding company

Finanzholding-Gesellschaft, *f.* Finanzunternehmen, deren Tochterunternehmen ausschließlich oder hauptsächlich Institute oder Finanzunternehmen sind und die mindestens ein Einlagenkreditinstitut oder ein Wertpapierhandelsunternehmen zum Tochterunternehmen haben.

Financial institution

Finanzinstitut, *n.*

Financial instrument

Finanzinstrument, *n.*

Financial loss

finanzieller Verlust, *m.*

Financial market

Finanzmarkt, *m.* Finanzmarkt ist ein übergeordneter Begriff für verschiedene Märkte, an denen Handel mit Kapital stattfindet. Damit sind sowohl Geld- und Kapitalmärkte, Kreditmärkte wie auch Devisenmärkte unter dem Finanzmarkt zu subsummieren.

Financial market stabilisation agency

Bundesanstalt für Finanzmarktstabilisierung, *f.*

Financial ratios

Finanzkennzahlen, *pl., f.*

Financial reporting

Finanzberichterstattung, *f.*; Jahresabschluss, *m.*

Financial reporting standards

Rechnungslegungsvorschriften, *pl., f.*

Financial sector

Finanzbranche, *f.*; Finanzsektor, *m.*

Financial sector entity

Unternehmen der Finanzbranche, *n.*

Financial Stability Board (FSB)

Finanzstabilitätsrat, *m.* Der Finanzstabilitätsrat ist ein mit Vertreter von Zentralbanken, Finanzministerien, Aufsichtsbehörden und internationalen Organisationen besetztes Gremium, welches auf internationaler Ebene die Arbeit der nationalen Finanzaufsichtsbehörden sowie der Institutionen, die internationale Regulierungsstandards für das Finanzwesen setzen, koordiniert.

Financial-statement-based
Auf Jahresabschlüssen basierend, *pl., m.*

Financial Statements
Jahresabschluss, *m.*
Durch den Jahresabschluss wird das kaufmännische Geschäftsjahr rechnerisch abgeschlossen und in strukturierter Form aufbereitet. Gesetzliche Grundlage des deutschen Jahresabschlusses ist im Wesentlichen das Handelsgesetzbuch (HGB), während für die internationale Rechnungslegung die Vorschriften der IFRS-Regelwerke (QV: **International Financial Reporting Standards**) maßgeblich sind.

Financial Transaction Tax (FTT)
Finanztransaktionsteuer, *f.*
Gemeinsames Vorhaben einiger EU-Staaten, eine Steuer auf börsliche und außerbörsliche Finanztransaktionen zu erheben. Verhandlungen sind noch nicht abgeschlossen.

Finished property
fertiggestellte Immobilien, *pl., f.*

FINREP
(QV: **Financial reporting; Consolidated Financial Reporting Framework**)

Fintec
Finanztechnologie, *f.*
Finanztechnologie (auch abgekürzt Fintech bzw. FinTech) ist ein Sammelbegriff für moderne Technologien im Bereich der Finanzdienstleistungen. Fintech ist ein Kofferwort und setzt sich aus den Wörtern financial services und technology zusammen.

Firewall (FW)
Firewall, *f.*
Unter einer Firewall (FW) versteht man eine Netzwerkkomponente, über die ein privates Netzwerk, ein Unternehmensnetz oder ein einzelner Computer an ein öffentliches Netzwerk gekoppelt wird: also ein gesichertes Netzwerk an ein ungesichertes. Der Begriff Firewall wird primär allerdings in Verbindung mit dem Internet verwendet, wobei die Übertragungsschnittstellen hin zum öffentlichen Netzwerk alle bekannten Dienste umfassen können: ISDN, DSL-Techniken, Modem und andere.
Die Aufgabe von Firewalls ist es, durch verschiedene Mechanismen die Sicherheit im Unternehmensnetz zu erhöhen. Dazu gehören ein möglichst ungestörter Zugriff auf das öf-

fentliche Netzwerk, die Verhinderung eines unberechtigten Zugriff auf das eigene Netzwerk, die Beschränkung von extern nutzbaren Diensten, die Beschränkung auf eine begrenzte Zahl von Frontend-Prozessoren, die Authentifizierung (QV: **Authentication**) und Identifikation sowie die Verschlüsselung (QV: **Encryption**).
Eine Firewall stellt daher den einzigen Zugang des eigenen Netzes zum öffentlichen Netzwerk dar. Sie besteht in der Regel aus mehreren Hard- und Software-Komponenten, die je nach Benutzeranforderung an die Dienste und die Sicherheit individuell konfiguriert wird. Durch die Konzentration des Zugangs auf eine einzelne Komponente wird das Sicherheitsmanagement (Security Management), ebenso wie die Überwachungs- und Kontrollfunktionen, wesentlich vereinfacht.

First-loss positions, retained
Erstverlustpositionen, zurückbehaltene, *f.*
(schlechtester) Teil einer Verbriefungstransaktion, die vom Originator (zurück-)behalten wird.

First loss tranche
Erstverlusttranche, *f.*

First-priority claim
Erstrangiger Anspruch, *m.*

First-to-default credit derivate
Erstausfall-Kreditderivat, *n.*

Fiscal year
Geschäftsjahr, *n.*
Der Zeitraum, den eine Berichtsperiode im Rahmen des Jahresabschlusses (QV: **Financial Statement**) umfasst. In der Regel umfasst ein Geschäftsjahr zwölf Monate. Diese müssen aber nicht zwingend mit dem Kalenderjahr übereinstimmen.

FIU, financial intelligence unit
zentrale Meldestelle, *f.*
Nach Art. 21 Richtlinie 2005/60/EG hat jeder Mitgliedstaat eine Zentrale Meldestelle zur wirksamen Bekämpfung der Geldwäsche und der Terrorismusfinanzierung einzurichten. Diese Zentrale Meldestelle hat die Aufgabe offen gelegte Informationen, die potenzielle Geldwäsche oder potenzielle Terrorismusfinanzierung betreffen oder aufgrund nationaler Vorschriften oder Regelungen erforderlich sind, entgegenzunehmen und soweit zulässig, um solche Informationen zu ersuchen, sie zu analysieren und sie an die zuständigen Behörden weiterzugeben.

(Five)-bucket structure
Struktur mit fünf Größenklassen, *f.*
Im Entwurf des Basler Ausschusses sind fünf Größenklassen für den Geschäftsindikator (QV: Business In-

dicator) vorgesehen. Je nach Größenklasse kommen unterschiedliche Gewichtungen zum Einsatz.

Fixed borrowing rate
fester Sollzinssatz, *m.*
Der feste Sollzinssatz wird in Art. 3 h) Richtlinie 2008/48/EU und Art. 4 k) Richtlinie 2008/48/EG dahingehend definiert, wenn der Kreditgeber und der Verbraucher im Kreditvertrag einen einzigen Sollzinssatz für die gesamte Laufzeit des Kreditvertrags oder mehrere Sollzinssätze für verschiedene Teilzeiträume der Gesamtlaufzeit vereinbaren, wobei ausschließlich ein bestimmter fester Prozentsatz zugrunde gelegt wird. Sind in dem Kreditvertrag nicht alle Sollzinssätze festgelegt, so gilt der Sollzinssatz nur für diejenigen Teilzeiträume der Gesamtlaufzeit als vereinbart, für die die Sollzinssätze ausschließlich durch einen bei Abschluss des Kreditvertrags vereinbarten bestimmten festen Prozentsatz festgelegt wurden.

Fixed bucketing thresholds
fixierte Einteilung von Schwellenwerten, *f.*
z. B. bei Risikogewichten.

Fixed interest rate
Festzinssatz, *m.*

Fixed penalty order
Strafbefehl, *m.*

Vereinfachtes Verfahren zur Bewältigung der leichten Kriminalität

Flat risk weights
Einheitliche Risikogewichte, *pl., n.*
(z. B. 75 % für alle mit Wohnimmobilien besicherten Kredite).

Floating interest rate
variabler Zinssatz, *m.*

Floating Rate Note (FRN)
variabel verzinste Anleihe, *f.*
Diese Form der Schuldverschreibung wird variabel verzinst. Bei Emission des Wertpapiers wird ein Aufschlag (QV: **Spread**) auf einen Referenzzins vereinbart. Üblicherweise handelt es sich bei diesem Referenzzins in Europa um den Euriborsatz für drei oder sechs Monate. Die Verzinsung orientiert sich dann an diesem Referenzzins zuzüglich des vereinbarten Aufschlages und wird regelmäßig angepasst. Floating Rate Notes ermöglichen es durch die variable Verzinsung, das Zinsänderungsrisiko (QV: **Interest Rate Risk**) zu reduzieren.

Floor
Untergrenze, *f.*

Fluctuation of the exchange rate
Wechselkursschwankungen, *pl., f.*
Bei Wohnimmobilienkrediten in Fremdwährungen (s. o.) sieht das europäische Recht gesonderte Schutzvorschriften für den Ver-

braucher vor, neben konkreten Warnhinweisen in der Werbung nach Art. 11 Abs. j) Richtlinie 2014/17/EU, der Erläuterung von Fremdwährungskrediten in den Allgemeinen Informationen nach Art. 13 Abs. 1 f) Richtlinie 2014/17/EU hat der Kreditgeber die spezifischen Anforderungen für die Vergabe von Fremdwährungskrediten nach Art. 23 Richtlinie 2014/17/EU zu erfüllen.

Follow-up examination

Nachschauprüfung, *f.*

Forbearance

Gläubigerzugeständnisse an den Schuldner aufgrund finanzieller Schwierigkeiten, *pl., n.*; Stundungsvereinbarung, *f.*
Die Banken können den Kreditnehmern im Einzelfall entweder vorübergehend die Unterlassung von Kreditleistungen einräumen, um einen Kredit nicht notleidend werden zu lassen oder die Kreditbedingungen zu diesem Zweck auch dauerhaftgewähren. Dies dient zum einen dazu, dem Kreditnehmer in einer wirtschaftlich angespannten Situation eine Erleichterung bei der Erbringung des Kapitaldienstes zu gewähren. Zum anderen erlaubt es den Banken aber auch, auf eine Wertberichtigung von zahlungsgestörten Krediten zumindest vorläufig zu verzichten. Aufgrund letzterem sind die Forbearance-Aktivitäten in der Finanzmarktkrise stärker in den Fokus der Aufseher geraten. So haben die Institute vierteljährlich ihre »forborne loans« an die Aufsicht zu melden und diese im Zuge des Säule 3-Berichterstattung auch offenzulegen.

Forbearance period

Tilgungsstreckung, *f.*

Forecast

Einschätzung, *f.*

Forecast of competitors' plans

Einschätzung der Wettbewerber, *f.*

Forecast probability of default (PD)

prognostizierte Ausfallwahrscheinlichkeit, *f.*
Prognostizierte Wahrscheinlichkeit, dass ein Kreditnehmer ausfällt

Forecasting quality

Prognosegüte, *f.*
Maß der Übereinstimmung zwischen prognostizierten und realisierten Werten einer ökonomischen Variablen

Foreclosure

Zwangsvollstreckungsmaßnahmen, *pl., f.*

Foreign currency

Fremdwährung, *f.*

Foreign currency dealing

Sortengeschäft, *n.*
Handel mit Sorten

Foreign currency items

Positionen in ausländischer Währung, *f.*
(QV: **Domestic currency items**)

Foreign currency loan

Fremdwährungskredit, *m.*
Ein Fremdwährungskredit ist nach Art. 4 Abs. 28 Richtlinie 2014/17/EU ein Kreditvertrag, bei dem der Kredit auf eine andere Währung lautet als die, in der der Verbraucher sein Einkommen bezieht oder die Vermögenswerte hält, aus denen der Kredit zurückgezahlt werden soll, oder auf eine andere Währung als die Währung des Mitgliedstaats lautet, in welchem der Verbraucher seinen Wohnsitz hat.

Foreign exchange risk

Fremdwährungsrisiko, *n.*

Forward asset purchase

Terminkauf von Aktiva, *m.*
Vereinbarung, einen bestimmen Vermögenswert zu einem bestimmten Preis zu einem bestimmten Zeitpunkt in der Zukunft zu kaufen.

Forward deposits

Termineinlagegeschäfte, *pl., n.*
Außerbörsliches Geschäft, bei dem heute vereinbart wird, dass in der Zukunft an einem bestimmten Termin eine bestimmte Termingeldeinlage getätigt wird.

Forward foreign exchange transactions

Devisentermingeschäfte, *pl., n.*
Verbindliche Vereinbarungen, eine Währung gegen eine andere Währung zu einem im Moment des Geschäftsabschlusses vereinbarten Termin und festgelegten Kurs zu tauschen.

Forward rate agreements

Zinsausgleichsvereinbarungen, *pl., f.*
Zinsinstrumente, bei denen zum Abschlusstag zwischen zwei Vertragsparteien ein Zinssatz vereinbart wird und gleichzeitig eine Ausgleichszahlung zum Abrechnungszeitpunkt vorgesehen ist.

Forward securities transactions

Wertpapiertermingeschäfte, *pl., n.*
Wertpapiergeschäfte, bei denen zwischen dem Vertragsabschluß und der Erfüllung des Vertrages eine größere Zeitspanne liegt

Fraud

Betrug, *m.*

Free contingency reserves

freie Vorsorgereserven, *pl., f.*
Nicht an akute Risiken gebundene Vorsorgereserven

Free deliveries

Vorleistungen, *pl., f.*

Free of interest
zinsfrei

FRN
(QV: **Floating Rate Note**)

FSB
(QV: **Financial Stability Board**)

FTT
(QV: **Financial Transaction Tax**)

Full harmonisation
abschließende Harmonisierung, *f.*
Die abschließende Harmonisierung als das Gegenteil der Mindestharmonisierung erlaubt den Mitgliedstaaten keine Abweichung von dem geregelten Standard, anders als die Mindestharmonisierung (s. o.).

Full implementation of IRBA
Austrittsschwelle, *f.*
Ende der Umsetzungsphase bei der Zulassung bankinterner Ratingsysteme

Fully and completely secured
vollständig besichert

Funded credit protection
Besicherung mit Sicherheitsleistung, *f.*

Funding
Finanzierungsanforderungen, *pl., f.*;
Refinanzierung, *f.*
Die Finanzierungsanforderungen beschreiben die Art und Weise der Finanzierung der Einlagensicherungssysteme bspw. in Art. 10 Richtlinie 2014/49/EU.

Funding gap
Refinanzierungslücke, *f.*

Funding risk
Finanzierungsrisiko, *n.*
Das Risiko, dass das Institut mittel- und langfristig über keine stabilen Finanzierungsquellen verfügt, was das bestehende oder künftige Risiko in sich birgt, dass das Institut seinen finanziellen Verpflichtungen wie Zahlungen und benötigten Sicherheiten, die mittel- oder langfristig fällig sind, gar nicht oder nicht ohne inakzeptable Erhöhung seiner Finanzierungskosten nachkommen kann.

Funding risk limit
Limites Refinanzierungsrisiko, *f.*

Funding structure
Refinanzierungsstruktur, *f.*

Funds for general banking risk
Fonds für allgemeine Bankrisiken, *m.*

Future margin income
zukünftiges Margeneinkommen, *n.*

Futures exchange
Terminbörse, *f.*

Futures market
Terminmarkt, *m.*

FW

(QV: **Firewall**)

FX lending

Fremdwährungskredite, *pl., m.*

Kredite an Kreditnehmer in einer anderen Währung als dem gesetzlichen Zahlungsmittel des Landes, in dem der Kreditnehmer ansässig ist, unabhängig von der Rechtsform der Kreditfazilität (z. B. Einräumung eines Zahlungsaufschubs oder einer sonstigen Finanzierungshilfe).

FX lending risk

Fremdwährungskreditrisiko, *m.*

Das bestehende oder künftige Risiko in Bezug auf die Erträge und Eigenmittel des Instituts infolge von Fremdwährungskrediten an nicht abgesicherte Kreditnehmer.

FY lending

Fremdwährungskredit, *m.*

Kredit an einen Kreditnehmer in einer anderen Währung als dem gesetzlichen Zahlungsmittel, in dem der Kreditnehmer ansässig ist (vgl. EBA-Guidelines SREP vom 19.12.2014).

G

Gains on sales
Verkaufsgewinne, *pl., m.*

Gambling services
Glückspieldienste, *pl., m.*
Nach Art. 3 Abs. 14 der 4. Geldwäscherichtlinie (2015/849/EU) sind Glückspieldienste als Dienste definiert, die einen geldwerten Einsatz bei Glücksspielen erfordern, wozu auch Spiele zählen, die eine gewisse Geschicklichkeit voraussetzen, wie Lotterien, Kasinospiele, Pokerspiele und Wetten, die an einem physischen Ort oder auf beliebigen Wege aus der Ferne, auf elektronischem Wege oder über eine andere kommunikationserleichternde Technologie und auf individuelle Anfrage eines Diensteempfängers angeboten werden.

General credit line commitments
Zusagen von Kreditrahmenkontingenten, *pl., m.*

General guarantee of indebtedness
Garantie für Verbindlichkeiten, *f.*
z. B. Bürgschaft.

General meeting
Generalversammlung, *f.*; Hauptversammlung, *f.*

General partner
persönlich haftender Gesellschafter, *m.*

General partnership
Offene Handelsgesellschaft, *f.*

General principles
allgemeine Grundsätze, *pl., m.*

General risk
allgemeines Risiko, *n.*

General value adjustment
Pauschalwertberichtigung, *f.*
Berücksichtigung latenter Forderungs- und Kreditrisiken

General Wrong-Way risk
allgemeines Korrelationsrisiko, *n.*

German asset management company
Kapitalanlagegesellschaft, *f.*
Unternehmen, das Sondervermögen in Form von Investmentfonds für gemeinschaftliche Rechnung der Anleger verwaltet

German Banking Act
Kreditwesengesetz, *m.*
Das Kreditwesengesetz ist das Gesetz, das in Deutschland die Rechtsgrundlagen für das Betreiben von und die Aufsicht über Kreditinstitute und Finanzdienstleistungsinstitute beinhaltet.

German commercial code
Handelsgesetzbuch, *n.*

German Criminal Code
Strafgesetzbuch, *n.*

Giro business
Girogeschäft, *n.*
Durchführung des bargeldlosen Zahlungs- und Abrechnungsverkehrs.

Global Systemically Important Banks (G-SIBs)
global systemrelevante Banken, *pl., f.*
Die Einstufung als global systemrelevante Bank wird durch den Finanzstabilitätsrat (QV: **Financial Stability Board**) vorgenommen und jährlich aktualisiert. Aktuell sind rund 30 Banken als G-SIB's klassifiziert. Diese Banken müssen höhere Eigenmittelvorschriften erfüllen und damit eine höhere Verlustabsorptionsfähigkeit aufweisen. Darüber hinaus können sie zusätzlichen aufsichtlichen Anforderungen unterliegen, zum Beispiel der Pflicht zur Erstellung von Sanierungs- und Abwicklungsplänen. (QV: **Other systemically important institutions**)

Global systemically important insurer
Global systemrelevantes Versicherungsunternehmen, *n.*

Good repute
guter Leumund, *m.*
Art. 4 Abs. 2 Richtlinie 2002/92/EG sieht für Versicherungsvermittler, Art. 60 Abs. 3 der Richtlinie 2004/39/EG für Mitglieder der Führung der Wertpapierfirmen und Art. 29 Abs. 1 b) Richtlinie 2014/17/EU für Kreditvermittler zwingend den Nachweis des guten Leumundes vor. Mit gutem Leumund wird die Unbescholtenheit des Vermittlers, also keine bestehenden Vorstrafen gemeint.

Goodwill
Geschäfts- oder Firmenwert, *m.*
Der Goodwill ist ein immaterieller Vermögensgegenstand, der je nach Rechnungslegung in bestimmten Fällen bilanziell zu aktivieren und im Zeitverlauf abzuschreiben ist. Als aufsichtsrechtlicher Eigenmittelbestandteil ist dieser Vermögensgegenstand allerdings nicht anerkannt.

Governance
Unternehmensführung, *f.*

Governance practices
Praktiken der Geschäftsführung oder Unternehmensführungsregeln, *pl., f.*
Nach Erwägungsgrund 114 der Verordnung (EU) Nr. 575/2013 ist die Überwachung der Unternehmensführung der einzelnen Institute dahingehend zu vereinfachen und die Marktdisziplin zu verbessern, indem die Institute ihre Unternehmensführungsregelungen öffentlich bekanntmachen.

Governing Council

EZB-Rat, *m.*
Oberstes Beschlussorgan der Europäischen Union. Er besteht aus sechs Direktoriumsmitgliedern und den jeweiligen Präsidenten der nationalen Zentralbanken der 19 Mitgliedstaaten des Euroraums (Stand: Frühjahr 2016).
Die Aufgaben des EZB-Rats im Rahmen des SSM sind der Erlass von Beschlüssen zum allgemeinen Rahmen für Aufsichtsbeschlüsse (z. B. SSM-Rahmenverordnung) sowie der Erlass der vom Aufsichtsgremium vorgeschlagenen Beschlussentwürfe nach dem Verfahren der impliziten Zustimmung.
(QV: **Non-objection procedure**)
(QV: **Supervisory Board**)

Government Bond
(QV: **Sovereign Bond**)

Government Security
(QV: **Sovereign Bond**)

Grade
Ratingstufe, *f.*

Grandfathering

Bestandsschutz, *m.*
Neue aufsichtsrechtliche Regelungen wie bspw. die Verschärfung der Eigenmittelanforderungen führen häufig dazu, dass die davon betroffenen Institute ihre Geschäftsmodelle anpassen müssen. Da dies nicht binnen kurzer Zeit möglich ist, werden die neuen Anforderungen der Aufsicht regelmäßig erst nach einem Übergangszeitraum vollständig wirksam. Während dieses Übergangszeitraumes werden die alten Regeln langsam aufgegeben und neue Regelungen ebenso sukzessive in Kraft gesetzt (bspw. indem bestimmte Eigenmittelbestandteile nur noch zu jährlich abnehmenden Prozentsätzen berücksichtigt werden dürfen). Dieser Zeitraum wird als Grandfathering bezeichnet.

Granularity

Granularität, *f.*; Grobkörnigkeit, *f.*
Die Terminologie Granularität wird zur Charakterisierung von Kreditportfolien verwendet. Je granularer ein Portfolio, d. h. je geringer der Anteil eines einzelnen Kreditnehmers am Gesamtportfolio, desto positiver wirkt sich dies auf das Gesamtrisiko des Portfolios aus. Je höher die Granularität, desto geringer ist somit das Klumpenrisiko.
Die Granularität beschreibt auch einen Bewertungsaspekt der Aufsicht zur Prüfung der Zuverlässigkeit der institutsinternen ICAAP-Berechnung.

Granularity criterion

Granularitätskriterium, *n.*
Kriterium der Kleinteiligkeit der Zusammensetzung einer Gesamtheit (z. B. Kreditportfolio). Im aufsichts-

rechtlichen Retail-Portfolio darf keine Position gegenüber einem einzelnen Kreditnehmer 0,2 % des Gesamtportfolios überschreiten. (Es können nationale Ausnahmen bestehen).

Gross domestic product (GDP)

Bruttoinlandsprodukt (BIP), *n.*

Gross income

Bruttortrag, *m.*
Gesamtertrag (einer Bank) vor Aufwänden; bei Privatpersonen: Bruttoeinkommen.

Grounds for the decision

Begründung, *f.*

Group

Gruppe, *f.*
Die Gruppe wird in Art. 4 Abs. 6 Richtlinie 2014/17/EU eine Gruppe von Kreditgebern definiert, die zum Zweck der Erstellung eines konsolidierten Abschlusses im Sinne der Richtlinie 2013/34/EU zusammengefasst werden.

Group of connected clients

Schuldnergesamtheit, *f.*; Gruppe verbundener Kunden, *pl., f.*
Zusammenfassung von Schuldnern

Group of Governors and Heads of Supervision (GHOS)

Gruppe der Notenbankpräsidenten und Leiter der Aufsichtsbehörden, *pl., f.*

G-SIB

(QV: **Global Systemically Important Banks**)

G-SII buffer

G-SRI Kapitalpuffer, *m.*
(QV: **Global systemically important insurer**)

Guarantee

Garantie(-verpflichtung), *f.*
(QV: **Counter guarantee**)

Guarantee bank

Bürgschaftsbank, *f.*
Institut, das i. d. R. Ausfallbürgschaften für Kredite an Unternehmen übernimmt

Guarantee business

Garantiegeschäft, *n.*
Übernahme von Bürgschaften, Garantien und sonstigen Gewährleistungen für andere

Guarantee event

Garantiefall, *m.*

Guarantees and similar instruments

Garantien und Gewährleistungen, *pl. f.*

Guarantor

Garantiegeber, *m.*

Guidelines

Leitlinien, *pl., f.*

Mit der Schaffung der drei Aufsichtsbehörden EBA, EIOPA und ESMA wurden diesen Institutionen jeweils auch die Befugnis gewährt, konkrete Leitlinien oder Empfehlungen zu erarbeiten und veröffentlichen. Nach Art. 16 Abs. 1 Verordnung (EU) Nr. 1093/2010 richten sich diese Leitlinien der EBA an die zuständigen Behörden und die Finanzinstitute, die nach Art. 16 Abs. 3 dieser Verordnung grundsätzlich verpflichtet sind, alle erforderlichen Anstrengungen zu unternehmen, um diesen Leitlinien und Empfehlungen nachzukommen. Jede zuständige Behörde, in Deutschland die BaFin, ist verpflichtet, binnen zwei Monaten nach der Herausgabe einer Leitlinie oder Empfehlung zu bestätigen, ob sie dieser Leitlinie oder Empfehlung nachkommt oder nachzukommen beabsichtigt. Kommt eine zuständige Behörde der Leitlinie oder Empfehlung nicht nach oder beabsichtigt sie nicht, dieser nachzukommen, hat sie dies der Behörde unter Angabe der Gründe mitzuteilen.

Auch die Finanzinstitute können gegebenenfalls nach Art. 16 Abs. 1 Verordnung (EU) Nr. 1093/2010 verpflichtet werden, auf klare und ausführliche Weise Bericht darüber zu erstatten, ob sie dieser Leitlinie oder Empfehlung nachkommen.

Guidelines on disclosure of encumbered and unencumbered assets

Leitlinien zur Offenlegung von unbelasteten Vermögensgegenständen, *pl., f.*

Die EBA hat im Vorgriff auf den bis zum 01.01.2016 zu entwickelnden Regulierungsstandard zur Offenlegung von gebundenen Vermögensgegenständen (RTS on asset encumbrance disclosure) am 30.06.2014 entsprechende Leitlinien zur Offenlegung erlassen. Diese beinhalten vier Offenlegungstemplates, die an die entsprechenden Reporting-Meldebögen zur Asset Encumbrance angelehnt sind. Die EBA ist gemäß einer Empfehlung des European Systemic Risk Board (ESRB) aufgefordert, nach einem Jahr die Offenlegung daraufhin zu überprüfen, ob eine Erweiterung, wie eine zusätzliche Offenlegung der Asset-Qualität oder eine Erhöhung der Offenlegungsfrequenz auf halbjährlich, als sinnvoll erachtet wird.

H

Hacker

Hacker, *m.*

Unter Hacker versteht man Personen, die sich über öffentliche Netze oder IP-Netze unberechtigten Zugang zu anderen Systemen verschaffen. Hacker haben sicherheitsrelevante Kenntnisse und entwickeln Malware (QV: **Malware**). Ihr Ziel ist die Überwindung von Sicherheitsmechanismen, um Schwachstellen aufzudecken. Nach Überwindung der Sicherheitseinrichtungen haben sie Zugriff auf Netzwerke, virtuelle Maschinen und Datenbestände.[32]

Je nach Zielsetzung spricht man bei den Hackern von White-, Grey- oder Black-Hat-Hackern. White-Hat-Hacker suchen Schwachstellen in Computern und Computernetzen und informieren das entsprechende Unternehmen darüber. Ihr Ziel bleibt einzig die Aufdeckung von Schwachstellen in der Sicherheitsinfrastruktur. Daneben gibt es die Grey-Hat-Hacker, die Sicherheitslücken in den Systemen aufdecken, diese aber zu ihrem Nutzen einsetzen, beispielsweise durch Publizieren der Sicherheitslücken oder indem sie Druck auf die Unternehmensführung ausüben. Die dritte Hackergruppe sind die Black-Hat-Hacker. Die Aktivitäten dieser Hacker zielen auf den Schaden ab. Sie beschädigen oder verfälschen Daten und Programme.[33]

Als Gegenmaßnahmen gegen Hacker empfehlen sich u. a. das regelmäßige Auswechseln von Passwörtern QV: **Authentication**), die Beseitigung von Schwachstellen im System (QV: **Vulnerability**), das Abschalten von nicht genutzten Systemdiensten, die Überwachung von Service-Eingängen und der Einsatz von IDS-Systemen (QV: **Intrusion Detection System**).

Haircut

Schuldenschnitt, *m.;* Abschlag, *m.*

Ein Schuldenschnitt ist die Herabsetzung der Rückzahlungsverpflichtung eines Schuldners um einen bestimmten Prozentsatz. Ziel dieser Maßnahme ist es, nach der Reduzierung der ausstehenden Kredite den Schuldner in die Lage zu versetzen, seine restlichen Verpflichtungen zu erfüllen. Bei einem Haircut um bspw. zehn Prozent erhält der Gläubiger nur noch 90 Prozent seiner nominalen Forderung zurück.

Ebenso wird der Begriff Haircut als Bezeichnung eines Bewertungsabschlages für Wertpapiere verwendet. Bspw. nimmt die EZB (QV: **European Central Bank**) als Zentralbank solche Bewertungsabschläge bei den durch Geschäftsbanken hin-

---

32 Vgl. http://wirtschaftslexikon.gabler.de/Archiv/1408496/hacker-v3.html (21.02.2015).

33 Vgl. http://www.itwissen.info/definition/lexikon/Hacker-hacker.html (21.02.2015).

terlegten Wertpapieren vor, welche als Sicherheit für Pensionsgeschäfte dienen. Ebenso werden Wertpapiere bei der Ermittlung der LCR (QV: **Liquidity Coverage Ratio**) verwendet.
Diese Möglichkeit im Krisenfall, Ansprüche durch staatliche Intervention zu kürzen wird erstmals europarechtlich materiell im Rahmen des »bail-in« (QV: **Bail-in**) in Art. 43 ff der Richtlinie 2014/59/EU für Kreditinstitute und Wertpapierfirmen geregelt.

Harmonised index of consumer prices

harmonisierter Verbraucherpreisindex, *m.*
Der harmonisierte Verbraucherpreisindex (HVPI) ist der vergleichbare Verbraucherpreisindex, den jeder Mitgliedstaat nach Art. 2 a) der Verordnung (EG) Nr. 2494/95 erstellt, daneben existiert der Europäische Verbraucherpreisindex (EVPI) der Verbraucherpreisindex, den die Europäische Kommission (Eurostat) für die Gemeinschaft auf der Grundlage der HVPI der Mitgliedstaaten erstellt, sowie der Verbraucherpreisindex der Europäischen Währungsunion (VPI-EWU) und der Verbraucherpreisindex, den die Europäische Kommission (Eurostat) im Rahmen der Wirtschafts- und Währungsunion auf der Grundlage der HVPI der Mitgliedstaaten erstellt.

Harmonised prudential rules

Einheitliche aufsichtliche Regelungen, *pl., f.*

Hedge

Sicherungsgeschäft, *n.*

Hedgeability

Absicherbarkeit, *f.*

Hedging

Absicherung, *f.*

Hedging sets

Hedging-Sätze, *pl., m.*

Herding behaviour

Herdenverhalten, *n.*
Anleger am Finanzmarkt verhalten sich unter Umständen ähnlich einer Herde. Anleger, die glauben, sie selbst seien schlechter informiert als andere Anleger, ahmen diese in deren Entscheidung nach. Die Folge sind starke Preisschwankungen. Herdenverhalten ist ein Indiz für Marktversagen bzw. asymmetrische Information bei den Marktteilnehmern.

Hidden Reserves

stille Reserven, *pl., f.*
Unter den stillen Reserven versteht man nicht offen in der Bilanz ausgewiesene Vermögensgegenstände. Diese werden aufgrund von Bilanzierungsvorschriften (bspw. Niederstwertprinzip) nicht zu den tatsächlich realisierbaren Marktpreisen

bilanziert, wodurch der aktivierte Wert und der Marktwert voneinander abweichen. Stille Reserven entstehen bspw., wenn Wertpapiere nach dem Kauf im Kurs steigen und keiner Fair Value Bewertung unterliegen.

High Level Expert Group (HLEG)

hochrangige Expertengruppe, *f.*

Die Gruppe unter dem Vorsitz von Erkki Liikanen hat die Aufgabe, Empfehlungen zur Reformierung des EU-Bankensektors zu erarbeiten (vgl. Liikanen-Bericht vom 02. Oktober 2012. Themen u. a. Trennbankenregelung, Sanierung- und Abwicklung, Bail-in Instrumente, Ausbau der Governance und Kontolle der Banken).

High Level Expert Group on Financial Supervision

hochrangige Expertengruppe für Finanzaufsicht, *f.*

Die Gruppe unter dem Vorsitz von Jacques de Larosière forderte eine stärkere Harmonisierung der Regulierung der EU Finanzmärkte (vgl. De Larosière-Report vom 25. Februar 2009)

High Priority LSI

Weniger bedeutendes Institut mit hoher Priorität, *n.*

Innerhalb der LSIs (QV: **Less Significant Instituions**) identifiziert die EZB (QV: **European Cantral Bank**) potenziell relevantere Institute und klassifiziert diese als LSI mit hoher Priorität. Im Sinne des Proportionalitätsprinzips erhöht sich für diese Institute die Intensität der EZB Aufsicht.

High Quality Liquid Assets (HQLA)

hochliquide Aktiva, *pl., f.*; erstklassige liquide Vermögenswerte, *pl., m.*

Als hochliquide Aktiva (HQLA) werden solche Vermögensgegenstände bezeichnet, welche bei der Ermittlung der LCR-Quote (QV: **Liquidity Coverage Ratio**) berücksichtigt werden. Die HQLA werden weiter in sog. Level 1 und Level 2 Aktiva untergliedert.

High Yield Bond

Hochzinsanleihe, *f.*

In Form von Schulverschreibungen verbriefte Verbindlichkeiten, welche aufgrund der minderen Qualität ein hohes Risiko und damit gleichzeitig eine überdurchschnittliche Verzinsung aufweisen, nennt man High Yield Anleihen. Teilweise werden diese Papiere auch als Schrottanleihen (QV: **Junk Bond**) bezeichnet, wobei eine klare Abgrenzung dieser Wertpapiergattungen schwierig ist.

Higher administrative court

Oberverwaltungsgericht, *n.*

(to) Hinge on

Abhängen von; beruhen auf

Holder of a general commercial power of attorney

Prokurist, *m.*

Home member state

Herkunftsmitgliedstaat, *m.*

Home state

Herkunftsstaat, *m.*
Land, in dem ein Unternehmen seinen juristischen Sitz hat.

Horizontal group

horizontale Unternehmensgruppe, *f.*
Gruppe, in der ein Unternehmen mit einem oder mehreren anderen Unternehmen in der Weise verbunden ist, dass sie gemeinsam aufgrund einer Satzungsbestimmung oder eines Vertrages unter einheitlicher Leitung stehen, oder sich ihre Verwaltungs-, Leitungs- oder Aufsichtsorgane mehrheitlich aus denselben Personen zusammensetzen.

Horizontal service

Querschnittsaufgabe, *f.*

Host member state

Aufnahmemitgliedstaat, *m.*

Host state

Aufnahmestaat, *m.*
Staat, in dem ein Institut außerhalb seines Herkunftsstaats eine Zweigniederlassung unterhält oder im Wege des grenzüberschreitenden Dienstleistungsverkehrs tätig wird.

Housing enterprises with a saving facility

Wohnungsunternehmen mit Spareinrichtung, *pl., f.*
Wohnungsbaugenossenschaften mit der Möglichkeit, Spareinlagen ihrer Mitglieder und von deren Angehörigen zu verwalten

HQLA

(QV: **High Quality Liquid Assets**)

Hypothecated property

verpfändete Immobilie, *f.*

Hypothetical capital requirements

Hypothetischer Kapitalbedarf, *m.*
Der durch Anwendung eines Rechenmodells ermittelte hypothetische Kapitalbedarf eines Instituts.

Hypothetical portfolio

hypothetisches Portfolio, *n.*

I

IADI
(QV: **International Association of Deposit Insurers**)

IADI General Guidance for developing differential premium systems
allgemeine Leitlinien der IADI (s. o.) für die Errechnung eines differenzierten Beitragssystems (für die Einlagensicherungsysteme), *pl., f.*

ICAAP
(QV: **Internal Capital Adequacy Assessment Process**)

ICT-risk
(QV: **Information Communication Techniology-risk**)

Idiosyncratic event
isoliertes Ereignis, *n.*
Auf einen einzelnen Kredit (oder eine kleine Gruppe von Krediten) bezogenes Ereignis (Gegenbegriff zu einem systemischen Ereignis).

IFRS
(QV: **International Financial Reporting Standards**)

IFRS 9
(QV: **International Financial Reporting Standards − Financial Instruments**).

ILAAP
(QV: **Internal Liquidity Adequacy Assessment Process**)

Immaterial
unwesentlich

Immediate family members
unmittelbare Familienmitglieder, *pl., f.*
Für die Zwecke von Art. 3 Abs. 8 Richtlinie 2005/60/EG umfasst der Begriff der unmittelbaren Familienmitglieder im Rahmen der gesonderten Geldwäsche-Überprüfungspflichten gem. Art. 2 Abs. 2 Richtlinie 2006/70/EG die folgenden Personen; die Ehepartner, den Partner, der nach einzelstaatlichem Recht dem Ehepartner gleichgestellt ist, die Kinder und deren Ehepartner oder Partner und die Eltern. Die neue sogenannte 4. Geldwäscherichtlinie spricht dagegen in Art. 3 Abs. 10 (2015/849/EU) nicht mehr von »unmittelbaren« Familienmitgliedern im Rahmen der PEP − Überprüfung (s. o.) sondern nur noch von Familienmitgliedern.

Immediately cancellable credit facility
unmittelbar kündbare Kreditlinie, *f.*

Immovable property
Immobilien, *pl., f.*

Immovable property collateral
Immobiliensicherheiten, *pl., f.*

Impaired
ausfallgefährdet; notleidend

Impairment approach
Wertminderungsansatz, *m.*
Methode zur Bilanzierung von Krediten und Rückstellungen.

Impairment provisions
Risikovorsorge, *pl., f.*

Impairment test
Werthaltigkeitsprüfung, *f.*
Oder auch Werthaltigkeitstest, wird immer dann durchgeführt, wenn die Entwicklung des Anlagevermögens Anlass zu einer möglichen Wertberichtigung bietet. Gemäß IAS 36 ist für Geschäfts- oder Firmenwerte und bestimmte immaterielle Vermögenswerte ein jährlicher Werthaltigkeitstest erforderlich.

Implementation plan, authorisable
Umsetzungsplan, genehmigungsfähiger, *m.*
Plan zur Erfüllung zur Erfüllung der bankaufsichtlichen Voraussetzungen zur Nutzung bankinterner Ratingsysteme

Implementing Act
Durchführungsrechtsakt, *m.*

Implementing Technical Standard (ITS)
technischer Durchführungsstandard, *m.*
(QV: **Regulatory Technical Standard**)

IMV
(QV: **Initial Market Valuation**)

In an honorary capacity
Ehrenamtlich

In consultation with
im Benehmen mit

In good times
rechtzeitig vor
Der Begriff rechtzeitig vor Vertragsschluss regelt im vorvertraglichen Bereich den letztmöglichen Übergabezeitpunkt im Rahmen der Pflicht des Kreditgebers, dem Verbraucher das standardisierte Informationsblatt zu übergeben, damit der Verbraucher selbst entscheiden kann, ob er diese Informationen liest oder nicht. Da diese Entscheidung im eigenständigen Ermessen des Verbrauchers liegt, kann die Übergabe der Informationen auch in der so genannten logischen Sekunde vor dem Vertragsschluss erfolgen. Für die wohnwirtschaftlichen Kreditverträge ist dieser Übergabezeitpunkt in Art. 14 Abs. 1 b) Richtlinie 2014/17/EU und für Verbraucherkredite in Art. 6 Abs. 1 Richtlinie 2008/48/EU geregelt.

Inability to repay
Zahlungsunfähigkeit, *f.*
Ist ein Kreditnehmer zahlungsunfähig, so ist die fristgerechte Rückzahlung der Kredite nicht mehr mög-

lich. Somit tritt ein Kreditereignis (QV: **Credit Event**) ein, was wiederum zu entsprechenden Zahlungspflichten im Rahmen von Kreditversicherungsgeschäften (QV: **Credit Default Swap**) führt. Juristisch ist die Zahlungsunfähigkeit neben der Überschuldung ein Insolvenztatbestand.

Inadequate market practice

Unangemessene Marktpraxis, *f.*

Incident (-response) management

Störungsmanagement, *n.*

Da es gegen Datendiebstahl, Infektionen mit Viren (QV: **Virus**) und Würmern (QV: **Worm**) oder gegen unberechtigten Zugriff keine absolute Sicherheit gibt, müssen Unternehmen, wenn sie solche Vorfälle feststellen, entsprechende Werkzeuge bereitstellen, damit die Verantwortlichen angemessen auf solche Vorgänge reagieren können. Diese Thematik ist im Incident-Response verankert, der Reaktion auf Sicherheits-Vorfälle.[34]

Ein Incident ist ein Vorfall; das kann ein Eindringen in ein Sicherheitssystem sein, der unberechtigte Zugriff, der Datendiebstahl, das Ausspähen von Passwörtern oder der Ausfall eines Rechners oder Speichers. Mit dem Incident-Response wird auf diesen Vorfall reagiert. Es ist eine spezi-

elle, auf die Unternehmensbedürfnisse zugeschnittene Vorgehensweise mit der möglichst viele Informationen über sicherheitsrelevante Vorfälle gesammelt und ausgewertet werden. Ziel dieser Maßnahmen ist es einen Datenverlust so gering als möglich zu halten.[35]

Income

Ertrag, *m.*

Income-producing real estate (IPRE) finance

Finanzierung von Liegenschaften zur Generierung von Einkommen, *f.* z. B. Wohnbau zur Vermietung an Dritte.

Incorporated enterprise

Kapitalgesellschaft, *f.*

Incremental default and migration risk

Zusätzliches Ausfall- und Migrationsrisiko, *n.*

Incremental default risk

zusätzliches Ausfallrisiko, *n.*

Incurred loss

Eingetretener Verlust, *m.*

Incurred loss model

Auf bereits eingetretenen Verlusten basierendes Wertminderungsmodell, *n.* (QV: **Expected loss model**).

---

34 Vgl. COBIT 5, S. 179 ff.

35 Vgl. ISO/IEC 20000, 8.2 Incident Management (Störungsmanagement).

Indemnity

Versicherungssumme, *f.*

Indicator

Indikator, *m.*

Indices

Indizes, *pl., m.*

Index ist nach Art. 3 Abs. 1 Nr. 1 des Verordnungsvorschlages der Europäischen Kommission über Indizes, die bei Finanzinstrumenten und Finanzkontrakten als Benchmark verwendet[36] werden, jede Zahl die veröffentlicht oder der Öffentlichkeit zugänglich gemacht wird, die regelmäßig, ganz oder teilweise, durch Anwendung einer Formel oder einer anderen Berechnungsmethode oder durch Bewertung bestimmt wird, sofern diese Bestimmung auf der Grundlage des Werts eines oder mehrerer Basisvermögenswerte oder Basispreise – einschließlich geschätzter Preise – oder sonstiger Werte erfolgt.

Indirect holding

Indirekte Positionen, *pl., f.*

Individual large exposure limit

Großkrediteinzelobergrenze, *f.*
Beschränkung der gewährten Kredite an einen einzelnen Kreditnehmer

Individual large exposure limit in overall business

Gesamtbuch-Großkrediteinzelobergrenze, *f.*
Beschränkung der im Anlage- und Handelsbuch gewährten Kredite an einen Kreditnehmer

Individual large exposure limit on the banking book

Anlagebuch-Großkrediteinzelobergrenze, *f.*
Beschränkung der im Anlagebuch gewährten Kredite an einen Kreditnehmer

Individual value adjustment

Einzelwertberichtigung, *f.*
Korrekturposten, um speziellen Risiken einer einzelnen Forderung Rechnung zu tragen

Inducement

Anreiz, *m.*

Industry average

Branchendurchschnitt (einer Kennzahl), *m.*

Industry practice

Branchenstandard, *m.*; Branchenpraxis, *f.*

Inflows

Zuflüsse, *pl., m.*

---

[36] COM (2013) 641 final, 2013/0314 (COD).

Information Communication Technology-risk (ICT-risk)

informations- und kommunikationstechnologisches Risiko, *n.*

Das Informations- und kommunikationstechnologische (ICT) Risiko, beinhaltet die gegenwärtigen oder künftigen Risiken aus Verlusten die aufgrund des Einsatzes von unzureichender oder fehlerhafter Hardware und Software im Zusammenhang mit technischen Infrastrukturen entstehen, welche die Verfügbarkeit (QV: **Availability**), die Integrität (QV: **Integrity**), die Vertraulichkeit (QV: **Confidentiality**), die Zugriffsmöglichkeiten (QV: **Authenticity**) oder die Sicherheit dieser Infrastrukturen oder der generierten Daten bedrohen.[37]

Information gathering

Informationserhebung, *f.*

Information Security Management System (ISMS)

Informationssicherheit-Managementsystem, *n.*

Ein Informationssicherheits-Managementsystem (ISMS) besteht aus Richtlinien, Maßnahmen und Tools, beherrscht spezifische IT-Risiken (QV: **ICT-Risiko**) und garantiert die geforderte IT-Sicherheit. Sofern das ISMS, z. B. nach der Normenreihe ISO 2700x (QV: **ISO 27000**) zertifiziert wird, erfüllt es die Voraussetzungen für ein qualifiziertes Sicherheitsmanagement.

Ein ISMS-System mit einem Prozess-orientierten Ansatz bildet die Grundlage für ein Unternehmen und dessen Positionierung hinsichtlich der Informationssicherheit. In einem solchen Ansatz sollten die Bedeutung, die Anforderungen und die Ziele der Informationssicherheit festgelegt sein. Des Weiteren sollte die Effektivität des ISMS kontrolliert und das System ständig nachvollziehbar verbessert werden. Bei diesem Prozess-orientierten Ansatz kann jede Aktivität, die Ressourcen nutzt, als Prozess betrachtet werden. Wobei jeder Prozess den Input für den folgenden Prozess bilden kann. Ein ISMS-System muss in allen Hierarchieebenen eines Unternehmens implementiert sein und von Verantwortlichen betreut werden. In der Implementierung eines solchen Systems spiegelt sich die Organisation mit ihren unternehmerischen Anforderungen wider.[38]

---

37 Vgl. Guideline on common procedures and methodologies for the supervisory review and evaluation process (SREP), EBA/GL/2014/13, S. 17.

38 Zu den besonderen Erwartungen seitens der Bankenaufsicht an die IT-Sicherheit von kritischen Infrastrukturen, siehe auch: Held, M./Kokert, J. IT-Sicherheit, BaFin-Journal, November 2013, S. 22–26.

Information Technology Infrastructure Library (ITIL)

ITIL, *f.*

Die Information Technology Infrastructure Library (ITIL) ist ein IT-Rahmenwerk der englischen Office of Government Commerce in UK (OGC) für das Systemmanagement, das das Verfügbarkeitsmanagement und die Störfallerkennung unterstützt.

Die Hauptziele des IT Service Managements sind Kundenorientierung, qualitative Verbesserung der IT-Services und Kostenreduzierung. Dazu bietet ITIL systematische und praxisorientierte Methoden um die Effizienz des IT-Managements zu steigern.

Die einzelnen Service-Bereiche für das IT-Service-Management sind in einem ITIL-Referenzmodell beschrieben. Dieses besteht aus drei Ebenen und zwei Bereichen, dem Service-Support und dem Service-Delivery. In der oberen Ebene unterstützt ITIL das Problem-Management ebenso wie das Service-Level-Management oder das Cost-Management, in der mittleren Ebene das Change-Management, das Capacity-Management oder das CRM-Management und in der unteren Ebene u. a. das Configuration-Management, das Avaibility-Management und das Continuity-Management.

So unterstützt ITIL beispielsweise das Verfügbarkeitsmanagement durch umfassende statistische Auswertungen und die Erfassung von Fehlersituationen. Dadurch können Schwachstellen bei Hardware-Produkten erkannt und beseitigt werden. Darüber hinaus bietet es vorbereitete Lösungen für die Störfallbewältigung.[39]

Initial capital

Anfangskapital, *n.*

Eigenmittelausstattung zum Zeitpunkt der Aufnahme der Geschäftstätigkeit

Initial capital requirement

Anfangskapitalanforderung, *f.*

Initial Market Valuation

erstmalige Marktbewertung, *f.*

Input data

Eingabedaten, *pl., f.*

Nach Art. 3 Abs. 1 Nr. 10 des Verordnungsvorschlages der Europäischen Kommission über Indizes, die bei Finanzinstrumenten und Finanzkontrakten als Benchmark verwendet werden[40] sind Eingabedaten, die vom Administrator zur Bestimmung der Benchmark verwendeten Daten in Bezug auf den Wert eines oder mehrerer Basisvermögenswerte oder Preise, einschließlich geschätzter Preise, oder andere Werte.

---

[39] Vgl. OGC, https://www.axelos.com/best-practice-solutions/itil/what-is-itil (20.02.2015).

[40] COM (2013) 641 final, 2013/0314 (COD).

Input variables
Eingangsvariable, *f.*
Kriterien, die Grundlage bankinterner Ratingverfahren sind

Insider dealing
Insiderhandel, *m.*
Käufe oder Verkäufe von Wertpapieren unter Verwendung interner, noch nicht öffentlicher Informationen, die den Emittenten oder die Wertpapiere selbst betreffen. Ein Insider darf solche Informationen nicht ausnutzen und sie auch keinem Dritten mitteilen (§14 WpHG). Bei Verstoß droht eine Freiheitsstrafe von bis zu fünf Jahren oder eine Geldstrafe (§ 38 WpHG).

Insolvency administrator
Insolvenzverwalter, *m.*

Instalment
Rate, *f.*

Instant-Messaging (IM)
Echtzeit-Kommunikation, *f.*
Instant Messaging (IM) ist ein Protokoll für die Echtzeitkommunikation von Textnachrichten über das Internet zwischen Instant-Messaging-Systemen. Instant Messaging, bekannt als Chat, wurde von der Internet Engineering Task Force (IETF)[41] standardisiert.

---

41 Vgl. https://www.ietf.org/newcomers.html (20.02.2015).

Mittels Instant Messaging können E-Mails und Nachrichten, aber auch Bilder, Audio- und Video-Files ausgetauscht werden. Der Nachrichtenaustausch erfolgt in Echtzeit oder zeitnah und verkürzt die Kommunikationsprozesse. Es gibt diverse IM-Clients. Einer von ihnen ist MSN Messenger von Microsoft, der in Windows Live Messenger (WLM) umbenannt und später in Twitter integriert wurde.
Instant-Messaging-Dienste unterstützen und verwalten Kontaktlisten und ermöglichen es dem Anwender seine Instant Messages durch Einblendung von Hintergrundbildern oder Privatoptionen zum Schutz der persönlichen Daten individuell zu gestalten.
Da Instant-Messaging ein Dienstangebot der Provider ist, gibt es zwischenzeitlich verschiedene kostenlose Apps für Smartphones mit denen man Nachrichten und Bilder in Echtzeit austauschen kann. Die bekannteste App ist die amerikanische WhatsApp.

Institution
Institut, *n.*

Institution's category
Kategorie des Instituts, *f.*
Der Indikator für die Systemrelevanz des Instituts, der dem Institut im Rahmen des SREP je nach seiner Größe und Komplexität sowie ent-

sprechend dem Umfang seiner Geschäfte vergeben wird.

Institution under resolution

in Abwicklung befindliches Institut, *n.*

Ein Institut, ein Finanzinstitut, eine Finanzholdinggesellschaft, eine gemischte Finanzholdinggesellschaft, eine gemischte Holdinggesellschaft, eine Mutterholdinggesellschaft in einem Mitgliedstaat, eine Unions-Mutterholdinggesellschaft, eine gemischte Mutterfinanzholdinggesellschaft in einem Mitgliedstaat oder eine gemischte Unions-Mutterfinanzholdinggesellschaft, in Bezug auf das bzw. die eine Abwicklungsmaßnahme (QV: **resolution action**) getroffen wird.

Institutional and Sectoral Oversight Divison (ISO)

Abteilung innerhalb der Generaldirektion III der EZB, welche sich mit Analysen von landestypischen und sektoralen Verbünden von LSIs befasst, *f.*

Diese Division innerhalb der Generaldirektion III der EZB zur Beaufsichtigung der weniger bedeutenden Institute (QV: **Less Significant Institution**) befasst sich mit der Analyse von länderspezifischen Risiken innerhalb der LSIs. Zudem werden auch sektorale Verbundstrukturen wie bspw. die Genossenschaftsbanken oder der Sparkassensektor auf verbundspezifische Risikofaktoren hin untersucht. Weiterhin hat diese Division die Aufgabe, Kenntnisse über die »high prioritiy LSIs« aufzubauen.

Institutional protection scheme (IPS)

institutsbezogenes Sicherungssystem, *n.*

Institutsbezogene Sicherungssysteme verfolgen gegenüber gesetzlichen oder freiwilligen Einlagensicherungssystemen einen anderen Systemansatz, indem sie primär die Insolvenz eines Kreditinstituts verhindern sollen und nicht auf die unmittelbare Entschädigung der Anleger beschränkt sind. Diese Art von Einlagensicherungssystem ist durch die weite Verbreitung von Sparkassen und Genossenschaftsbanken vor allem in Deutschland populär.

Ein institutsbezogenes Sicherungssystem im Sinne des Art. 2 Abs. 1 Ziff. 2 und Art. 4 Abs. 2 Richtlinie 2014/49/EU ist ein nach Art. 113 Abs. 7 der Verordnung (EU) Nr. 575/2013 genanntes Einlagensicherungssystem. Voraussetzung für dieses System ist, dass die Institute in diesem institutsbezogenen Sicherungssystem eine vertragliche oder satzungsmäßige Haftungsvereinbarung geschlossen haben, die diese Institute absichert und insbesondere bei Bedarf ihre Liquidität und Solvenz sicherstellt, um einen Konkurs

INSURANCE UNDERTAKING

zu vermeiden. Weitere Voraussetzung für die Anerkennung als institutsbezogenes Sicherungssystem ist nach Art. 113 Abs. 7 c) der Verordnung (EU) Nr. 575/2013, dass diese Haftungsvereinbarung sicherstellt, dass das institutsbezogene Sicherungssystem im Rahmen seiner Verpflichtung die notwendige Unterstützung aus sofort verfügbaren Mitteln gewähren kann. Ferner muss dieses System über geeignete und einheitlich geregelte Systeme für die Überwachung und Einstufung der Risiken verfügen, wodurch ein vollständiger Überblick über die Risikosituationen der einzelnen Mitglieder und das institutsbezogene Sicherungssystem insgesamt geliefert wird. Eine weitere Voraussetzung für die Anerkennung als institutsbezogenes Sicherungssystem ist, dass es eine eigene Risikobewertung durchführt, die den einzelnen Mitgliedern mitgeteilt wird. Darüber hinaus hat das institutsbezogene Sicherungssystem jährlich einen konsolidierten Bericht mit der Bilanz, der Gewinn- und Verlustrechnung, dem Lagebericht und dem Risikobericht über das institutsbezogene Sicherungssystem oder einen Bericht mit der aggregierten Bilanz, der aggregierten Gewinn- und Verlustrechnung, dem Lagebericht und dem Risikobericht zum institutsbezogenen Sicherungssystem insgesamt zu erstellen und zu veröffentlichen.

Instruments of ownership

Eigentumstitel, *pl.*, *m*.
Anteile, andere Instrumente zur Übertragung von Eigentumsrechten, Instrumente, die in Anteile oder Eigentumstitel umgewandelt werden können oder ein Recht auf den Erwerb von Anteilen oder anderen Eigentumstiteln begründen, und Instrumente, die einen Rechtsanspruch auf Anteile oder andere Eigentumstitel darstellen.

Insufficient

unzureichend

Insurance

Versicherung, *f*.

Insurance Advisory Council

Versicherungsbeirat, *m*.
Erörtert Fragen aus der Versicherungsaufsicht und berät die BaFin bei der Anwendung und Weiterentwicklung des Aufsichtsrechts

Insurance intermediary

Versicherungsvermittler, *m*.
Vertreter zur Vermittlung von Versicherungen

Insurance sector

Versicherungsbranche, *f*.

Insurance supervision act

Versicherungsaufsichtsgesetz, *n*.

Insurance undertaking

Versicherungsunternehmen, *n*.

Insurance year
Versicherungsjahr, *n.*

Insured loss
Versicherungsfall, *m.*

Intangible assets
immaterielle Vermögensgegenstände, *pl., m.*

Integrity
Integrität, *f.*
Unter dem Schutzziel der Integrität[42] versteht man, dass Daten nicht unautorisiert und unbemerkt manipuliert werden dürfen. Die Integrität verlangt, dass wenn Daten verändert werden, dies im Nachhinein erkennbar sein muss. Um einen unautorisierten Zugriff auf Daten zu unterbinden, müssen Rollen und Rechte vergeben werden, die gewisse Rechte einräumen und andere untersagen. Alle sicherheitsrelevanten Objekte müssen vollständig, unverfälscht und korrekt sein.
Die Integrität von Informationen setzt voraus, dass diese nur von Berechtigten in beabsichtigter Weise verändert und nicht unzulässig modifiziert werden können. Die Integrität von Objekten ist durch die Spezifizierung der Objekte und durch die Berechtigung erfüllt, wenn diese eine Funktion korrekt ausführen.
Bei Informationssystemen (IS) bezieht sich die Integrität auf die Korrektheit und Zuverlässigkeit des Betriebssystems, die verwendete Hardware und die in der Software implementierten Sicherheitsmechanismen, die Konsistenz der Datenstruktur und die Zugriffsmöglichkeit auf die gespeicherten Daten.

Integrity of the model
Eignung des Modells, *f.*
Erfüllung der Voraussetzungen zur Nutzung bankinterner Risikomodelle

Interconnection
Verflechtungsgrad, *m.*
In Annex B Ziff. 15 der Richtlinie 2014/59/EU finden sich Kriterien bezüglich der Erstellung von Abwicklungsplänen und der Relevanz des Verfechtungsgrades im Rahmen der vielfältigen Beziehungen eines Kreditinstitutes mit anderen Finanzinstituten.

Interest-bearing balances
zinsbringende Positionen, *pl., f.*
zinsbringende Positionen, die in der Regel bei einer anderen Finanzinstitution gehalten werden.

Interest component
Zinskomponente, *f.*
Teil des Geschäftsindikators (QV: **Business Indicator**); setzt sich aus

---

[42] Die Mindestanforderungen an das Risikomanagement (MaRisk) fordern in AT 7.2, Tz. 2, dass die IT-Systeme (Hardware- und Software-Komponenten) und die zugehörigen IT-Prozesse die **Integrität**, die Verfüg-barkeit, die Authentizität sowie die Vertraulichkeit der Daten sicherstellen. Vgl. MaRisk 10/2012.

INTEREST RATE RISK IN THE BANKING BOOK (IRRBB)

Zinsertrag minus Zinsaufwand zusammen.

Interest payable
Zinsaufwendungen, *pl., f.*

Interest rate
Zinssatz, *m.*
Ein Zinssatz ist der in Prozent ausgedrückte Preis der Kapitalüberlassung.

Interest rate futures
Zinsterminkontrakte, *pl., m.*
Vertraglich fixierte Vereinbarung, die den Käufer des Zinsterminkontrakts verpflichtet, zu einem bestimmten Termin die definierte Menge eines Wertpapiers zu liefern oder abzunehmen.

Interest rate level
Zinsniveau, *n.*

Interest rate options purchased
gekaufte Zinsoptionen, *pl., f.*

Interest rate prevailing on the market
marktüblicher Zinssatz, *m.*

Interest rate risk
Zinsrisiko, *m.*; Zinsänderungsrisiko, *m.*
Das Zinsänderungsrisiko ist eines der wesentlichen bankbetrieblichen Risiken und meint das Risiko negativer Auswirkungen von Marktzinsschwankungen auf den Erfolg beziehungsweise den Vermögenswert einer Bank. In der Barwertbetrachtung führen Zinsanstiege zu einer Wertminderung von festverzinslichen Positionen und damit zu Verlusten im Zinsbuch. Wesentlicher Treiber dieses Risikos ist der Grad der Fristentransformation, also der Ausnutzung laufzeitbedingter Zinsdifferenzen zwischen Kreditvergabe und Refinanzierung.

Interest Rate Risk arising from non-trading activities
(QV: **Interest Rate Risk in the Banking Book**)

Interest Rate Risk in the Banking Book (IRRBB)
Zinsänderungsrisiken im Anlagebuch, *pl., n.*
Die Zinsänderungsrisiken des Anlagebuches geraten im anhaltenden Niedrigzinsumfeld verstärkt in den aufsichtsrechtlichen Fokus. Zwar fordern die MaRisk bereits seit der Veröffentlichung der ersten Fassung im Dezember 2005 die Berücksichtigung dieser Zinsänderungsrisiken in den interen Risikosteuerungs- und -controllingprozessen, eine Eigenmittelunterlegung analog der Adressenausfallrisiken ist aber bis heute nicht erforderlich. Im Wesentlichen resultieren Zinsänderungsrisiken im Anlagebuch aus der Fristeninkongruenz der Aktiv- und der Passivseite. Da die Refinanzierung klassischerweise deutlich kür-

zeren Zinsbindungen unterliegt, als dies bei der Mittelverwendung (bspw. Kreditvergabe) der Fall ist, drohen bei einem Zinsanstieg entsprechende Ertragseinbrüche.

Interest rate risk position

Zinsrisikoposition, *f.*

Interest rate swaps

Zinsswaps, *pl., m.*

Interest receivable

Zinserträge, *pl., m.*

Interest-subsidised loan

zinsverbilligter Kredit, *m.*
Meist durch öffentliche Förderprogramme reduzierter Zins

Internal approaches

Interne Ansätze, *f.*
Institutsinterne Verfahren zur Ermittlung aufsichtlicher Eigenmittelanforderungen.

Internal Assessment Approach

internes Einstufungsverfahren, *n.*
Gesamtheit der Methoden, Verfahrensabläufe, Steuerungs- und Überwachungsprozeduren sowie Datenerfassungs- und Datenverarbeitungssysteme zur Einschätzung von Adressrisiken bei internen Ratingsystemen.

Internal audit function

Innenrevision, *f.*

Internal Capital Adequacy Assessment Process (ICAAP)

interner Prozess zur Sicherstellung der Risikotragfähigkeit, *m.*
Der ICAAP ist ein aufsichtsrechtlich vorgeschriebener Prozess, welchen jedes Kreditinstitut implementieren muss. Kernpunkt des ICAAP ist die interne Ermittlung der Kapitalbestandteile (internes Kapital/Risikodeckungsmasse) sowie die Quantifizierung der eingegangenen Risiken. Im Ergebnis muss die verfügbare Risikodeckungsmasse die bestehenden Risiken in ausreichendem Maße abdecken, d. h. Risikotragfähigkeit muss gewährleistet sein. Der ICAAP umfasst dabei Verfahren zur Identifizierung, Messung, Steuerung, Kommunikation (Reporting) und Überwachung von Risiken der Bank. Die konkrete Ausgestaltung des Prozesses unterliegt der Methodenfreiheit. In Deutschland finden sich die Anforderungen an den ICAAP in de Mindestanforderungen an das Risikomanagement der Institute (MaRisk) wider.

Internal control framework

Interner Kontrollrahmen, *m.*

Internal estimation procedures

interne Schätzverfahren, *pl., n.*
Verfahren zur Ermittlung von Risikoparametern bei der Nutzung interner Ratingsysteme

Internal hedges
interne Sicherungsgeschäfte, *pl., n.*

Internal Liquidity Adequacy Assessment Process (ILAAP)
interner Prozess zur Sicherstellung der jederzeitigen Zahlungsfähigkeit, *m.*
Analog des bereits mit Basel II eingeführten ICAAP (QV: **Internal Capital Adequacy Assessment Process**) ist der ILAAP ein interner Prozess, der ein permanentes Liquiditätsmonitoring fordert und so die Zahlungsfähigkeit der Institute auch in außergewöhnlichen Situationen sicherstellen soll. Er ergänzt damit die neuen aufsichtsrechtlichen Kennzahlen LCR (QV: **Liquidity Coverage Ratio**) und NSFR (QV: **Net Stable Funding Ratio**). Wie auch der ICAAP wird der ILAAP den qualitativen Anforderungen der Säule II von Basel III zugeordnet und ist somit aufsichtsrechtlich nicht definiert. Damit haben die Institute Methodenfreiheit bei der Ausgestaltung des Prozesses.

Internal loss data
interne Verlustdaten, *pl., f.*

Internal model
internes Modell, *n.*

Internal model for correlation trading
internes Modell für Korrelationshandelsaktivitäten, *n.*

Internal model for incremental default and migration risk (IRC model)
internes Modell für das zusätzliche Ausfall- und Migrationsrisiko, *n.*

Internal Model Method (IMM)
auf einem internen Modell beruhende Methode, *f.*

Internal Rating Based Approach (IRB Approach)
auf internen Ratings basierender Ansatz (IRB Ansatz) zur Quantifizierung der Eigenmittelanforderungen für Kreditrisiken, *m.*
Wählt ein Kreditinstitut den IRB-Ansatz, so ist die bankindividuelle Ermittlung wesentlicher Parameter wie der Ausfallwahrscheinlichkeit (QV: **Probability of Default**), der Verlustquote (QV: **Loss Given Default**), des Forderungsvolumens bei Ausfall (QV: **Exposure at Default**) sowie der Restlaufzeit (QV: **Maturity**) erlaubt. Die Verwendung eines IRB-Ansatzes ist allerdings erst nach Zustimmung der zuständigen Aufsichtsbehörde möglich.

Internal risk report
Risikoberichterstattung, *m.*

International Association of Deposit Insurers (IADI)
Internationaler Verband der Einlagensicherungssysteme, *m.*

International Capital Adequacy Assessment Process (ICAAP)
Internes Kapitaladäquanzverfahren, *n.*
Bankinterne Methode zur Ermittlung und Sicherstellung der Risikotragfähigkeit.

International Financial Reporting Standards (IFRS)
Internationale Rechungslegungsvorschriften, *pl., f.*
Die IFRS Rechnungslegungsstandards sollen losgelöst von nationalen Bilanzierungs- und Bewertungsvorschriften die internationale Vergleichbarkeit der Rechnungslegung großer Unternehmen ermöglichen. Urheber dieser Standards ist das International Accouting Standards Board (IASB).

International Financial Reporting Standards 9
Internationaler Rechnungslegungsstandard zur Bewertung von Finanzinstrumenten, der ab 2018 IAS 39 ablösen soll.

International Liquidity Adequacy Assessment Process (ILAAP)
Liquiditätsadäquanzverfahren, *n.*

International Monetary Fund (IMF)
Internationaler Währungsfonds (IWF), *m.*

International organisations
internationale Organisationen, *pl., f.*
Im Standardansatz erhalten u. a. nachfolgende internationale Organisationen ein Risikogewicht von 0 %: Europäische Union, Internationaler Währungsfonds, Bank für Internationalen Zahlungsausgleich, Europäische Finanzstabilitätsfazilität, Europäischer Stabilitätsmechanismus.

International Organization of Securities Commissions (IOSCO)
Internationale Vereinigung der Wertpapieraufsichtsbehörden, *f.*
Die IOSCO vereint weltweit über 200 Wertpapieraufsichtsbehörden. Sie nimmt eine führende Rolle bei der Aufstellung internationaler Standards zur Wertpapieraufsicht ein. Die deutsche BaFin ist Mitglied des IOSCO.

International Securities Identification Number (ISIN)
Internationale Wertpapierkennnummer, *f.*

Intraday liquidity
Innertagesliquidität, *f.*
Die Mittel, auf die während des Geschäftstages zugegriffen werden

kann, um dem Institut Zahlungen in Echtzeit zu ermöglichen.

Intraday liquidity risk

Innertagesliquiditätsrisiko, *n*.
Das bestehende oder künftige Risiko, dass das Institut seinen Bedarf an Innertagesliquidität nicht wirksam steuern kann.

Intra-group transactions

gruppeninterne Transaktionen, *pl., f.*
Geschäftskontrakte innerhalb einer beaufsichtigten Gruppe

Intrusion Detection System (IDS)

Erkennungssystem gegen Eindringlinge, *n*.
Intrusion Detection System (IDS) sind autarke Systeme, die Eindringlinge erkennen und Attacken auf IT-Systeme und Netze vermeiden. Diese IDS-Überwachungssysteme sollten nicht bekannt sein, keine Dienste anbieten, Angriffe protokollieren, Eindringlinge erkennen und nach Möglichkeit Gegenmaßnahmen einleiten. Alles was im Netzwerk anormal ist, sollte von dem IDS-System erkannt und protokolliert werden.[43]
Das Misuse Detection basiert auf dem Vergleich von Mustern oder Signaturen. Dazu werden die erfassten Muster mit anderen Mustern aus einer Datenbank verglichen, die vorwiegend von den Eindringlingen benutzt werden.
Beim Anomaly Detection[44] wird hingegen jedes Verhaltensmuster, das sich außerhalb des normalen Datenverkehrs bewegt, als Angriff gewertet. Aus diesem Grund muss definiert werden, welche Muster zum normalen Datenverkehr gehören, um die Schwelle für Fehlalarme zu erhöhen.
Die beiden Verfahren verdeutlichen die Entwicklung vom IDS-System hin zu Intrusion Prevention Systems (IPS), die bestimmte Datenpakete erst gar nicht passieren lassen.
Für die IDS-Technologie gibt es auch netzwerkbasierte Lösungen, Network-based Intrusion Detection (NIDS) und hostbasierte, Host-based Intrusion Detection (HIDS).[45]

Investment Act

Investmentgesetz, *n*.

Investment advice

Anlageberatung, *f.*
Abgabe von persönlichen Empfehlungen an Kunden oder deren Ver-

---

43 Vgl. BSI, Intrusion Detection Systeme.

44 Der Begriff Anomalie wird in Verbindung mit deren Erkennung in Netzwerken benutzt. Sie können auf fehlerhafte Übertragungen oder Verbindungen, auf unvollständige Datenpakete oder auf Sicherheitslücken hinweisen. Die Symptome zeigen Veränderungen in Bandbreitenmuster, inkonsistente Verkehrsmuster, geändertes Serververhalten, Netzwerkknoten mit Policy-Verletzungen. Vgl. http://www.itwissen.info/definition/lexikon/Anomalie-anomaly.html (20.02.2015).

45 Vgl. Rajan, S./Cherukuri, V., An Overview of Intrusion Detection Systems, 2009.

treter, die sich auf Geschäfte mit bestimmten Finanzinstrumenten beziehen, sofern die Empfehlung auf eine Prüfung der persönlichen Umstände des Anlegers gestützt oder als für ihn geeignet dargestellt wird und nicht ausschließlich über Informationsverbreitungskanäle oder für die Öffentlichkeit bekannt gegeben wird.

Investment advisor

Anlageberater, *m.*
Person, die die Anlageberatung betreibt

Investment broker

Anlagevermittler, *m.*
Person, die die Anlagevermittlung betreibt

Investment broking

Anlagevermittlung, *f.*
Vermittlung von Geschäften über die Anschaffung und Veräußerung von Finanzinstrumenten

Investment company

Kapitalanlagegesellschaft, *f.*

Investment firm

Wertpapierfirma, *f.*

Investment services sector

Wertpapierdienstleistungsbranche, *f.*

Investment stock corporation

Investmentaktiengesellschaft, *f.*

Investments in the CIU

Investmentvermögen, *n.*

Investor

Anleger, *m.*

Investor compensation scheme

Anlegerentschädigungseinrichtung, *f.*
Öffentlich rechtliche Einrichtung zum Schutz von Kunden aus Wertpapiergeschäften

Investor institution

Anlegerinstitut, *n.*

IOSCO

(QV: **International Organization of Securities Commissions**)

IPS

(QV: **Institutional Protection Scheme**)

IRB Approach

(QV: **Internal Rating based Approach**)

Irrevocable obligation

unwiderrufliche Verpflichtung, *m.*

ISO

(QV: **Institutional and Sectorial Oversight Divison**)

ISO 27000

ISO 27000, *f.*
Die Informationssicherheit ist durch diverse Standards geprägt. Der British Standard BS 7799 gehört dazu

ebenso wie die ISO-Standards ISO 17799 und ISO 13335. Mit der Veröffentlichung der Normenreihe ISO 27000 wird die Normenvielfalt übersichtlicher da die vorher angeführten Normen unter einem Standard vereint werden.

Durch die ISO-Zertifizierung erhält die Informationssicherheit eine Aufwertung, da ein ISO-Zertifikat eine hohe Akzeptanz aufweist.[46]

Der derzeitige Normenvorschlag ISO 27000 definiert das Vokabular, das in der Normenreihe ISO 2700x verwendet wird und ein umfassendes und übersichtliches Regelwerk für die Informationssicherheit bildet. Die Normenreihe ISO 2700x besteht aus der Norm ISO 27001, in der die Zertifizierungsanforderungen an ein Information Security Management System (ISMS) definiert sind. Dazu kommt die ISO 27002, welche als Leitfaden zur Implementierung dient sowie die ISO 27003 mit weiteren Implementierungsrichtlinien. In der ISO 27004 werden die Kennzahlensysteme für ISMS definiert. Die ISO 27005 beschreibt das Risikomanagement und die ISO 27006, wie Institutionen Informationssicherheits-Managementsysteme zertifizieren. Die ISO 27007 beinhaltet schlussendlich die Richtlinien für das Audit.[47]

Die Normenreihe grenzt sich ab von der nationalen Variante des Bundesamtes für Sicherheit in der Informationstechnik (BSI) mit den Normen BSI-100-1, BSI-100-2, BSI-100-3. BSI-100-4[48]

Issue

Emission, *f.*

Issuer

Emittent, *m.*

Issuer credit assessment

Schuldnerbonitätsbeurteilung, *f.*; Bonitätsbeurteilung von Emissionen, *f.* Maßgebliche Einschätzung über die Bonität eines Schuldners

IT Architecture

IT-Architektur, *f.*

Die IT-Architektur ist die charakteristische Struktur eines Systems, Rechners, Netzwerks oder eines Computers. Sie sichert das Zusammenwirken der Hard- und Software und stellt das funktionale Konzept

---

46 Vgl. Held, M. Cyber-Angriffe, S. 16 f., der Schutzmaßnahmen gegen Cyber-Angriffe fordert und hierzu auch ein IT-Sicherheitsmanagement ausgerichtet an der ISO-Norm 27000 empfiehlt.

47 Vgl. ISO/IEC 27001. http://www.iso.org/iso/home/standards/management-standards/iso27001.htm (22.02.2015).

48 Vgl. Bundesamt für Sicherheit in der Informationstechnik (BSI) und die publizierten IT-Grundschutz Standards, bei denen es sich um Empfehlungen des BSI zu Methoden, Prozessen und Verfahren sowie Vorgehensweisen und Maßnahmenmit Bezug zur Informationssicherheit handelt. https://www.bsi.bund.de/EN/Publicatio ns/BSIStandards/BSIStandards_node.ht ml (20.02.2015).

dar. Sie umfasst alle Funktions- und Leistungsmerkmale hinsichtlich deren Funktionalität und Nutzbarkeit und schließt periphere Komponenten ebenso mit ein wie Ressourcen. Jedes einzelne System, jede Komponente hat eine eigene spezifische Architektur, die z. B. im Falle einer Zentraleinheit maßgeblich ist für die Abarbeitung der Anweisungen und Programme oder im Falle der Speicherarchitektur für die Zugriffsmöglichkeiten und –zeiten. Im Falle von Netzwerken ist die Architektur für das Zugangsverfahren, das Routing und die Anschlusstechniken maßgeblich. Viele anwendungs-technische Spezifika sind ebenfalls das Resultat der Architektur. Dazu gehören beispielsweise die Systembelastbarkeit oder die Anschluss- und Kommunikationsfähigkeit mit anderen Systemen.

Unter der Vielzahl an Architekturen gibt es hardware-basierte wie die der Zentraleinheiten oder die Rechnerarchitekturen, die der Netzwerke wie die klassischen und konvergenten Netzwerkarchitekturen oder die WLAN-Architekturen[49] und die dienstbasierten Architekturen wie die CTI-Architektur[50] oder die

SOA-Architektur (QV: **Service-oriented architecture**).

IT Change Management (QV: **Change Management**)

ITS (QV: **Implementing Technical Standard**)

ITS on capital reporting

technischer Standard für das Meldewesen zum aufsichtlichen Kapital, *m*. Mit der Neufassung der aufsichtlichen Eigenmittelanforderungen im Rahmen von Basel III sind erstmals auch konkrete Meldeanforderungen hinsichtlich des Umfangs und der Zusammensetzung der einzelnen Eigenmittelbestandteile verbunden. In quantitativer Hinsicht ist zudem die Herleitung der aufsichtlichen Eigenmittelberechnung aus dem bilanziellen Eigenkapital aufzuzeigen. Hierfür hat der Baseler Ausschuss feste Meldeformate entwickelt. Darüber hinaus bestehen konkrete Vorgaben zur inhaltlichen und rechtlichen Ausgestaltung der einzelnen Eigenmittelbestandteile. Die EBA hat diese Meldevorgaben im Rahmen eines technischen Regulierungsstandards vollinhaltlich übernommen. Die Meldung zum auf-

---

[49] Wireless LANs (WLAN) sind drahtlose lokale Netze (LAN), die ihre Daten mit Funk übertragen.

[50] Computer-Telefonie-Integration (CTI) ist ein Mehrwertdienst zur Effizienzerhöhung bei Sprachübertragungen. Bei CTI handelt sich um die Unterstützung des Telefondienstes durch die Computertechnik.

Dazu gehören neben der Unterstützung von Dienstleistungsmerkmalen mit ihren diversen Vermittlungsfunktionen auch das Management der TK-Anlage und der User Account.

sichtlichen Kapital hat quartalsweise im Rahmen des aufsichtlichen Solvenzmeldewesens (QV: **COREP**) zu erfolgen.

ITS on supervisory reporting

technischer Standard für ein EU-weit einheitliches aufsichtliches Meldewesen, *m*. Im Rahmen der CRR wurde die EU-Kommission ermächtigt, einen technische Regulierungsstandards für ein einheitliches aufsichtliches Meldewesen – Implementing Technical Standard on supervisory reporting – auf Basis eines von der EBA erarbeiteten Vorschlags zu erlassen. Der ITS on reporting i.w.S. beinhaltet einheitliche europäische Vorgaben für das Solvenzmeldewesen (QV: **COREP**), das Finanzmeldewesen (FINREP), das Großkreditmeldewesen (QV: **Large Exposure regime**), die Meldungen zu leistungsgestörten Krediten (QV: **Non performing exposures**) und zu Stundungsvereinbarungen (QV: **Forbearance**) sowie zu unbelasteten Vermögensgegenständen (QV: **Asset Encumbrance**). Darüber hinaus enthält er die vor kurzem überarbeiteten Meldeanforderungen zur kurzfristigen Liquiditätskennziffer (QV: **LCR**) und zur aufsichtlichen Verschuldungskennziffer (QV: **Leverage Ratio**). Neben der Konkretisierung der meldetechnischen Sachverhalte enthält der ITS on reporting auch Vorgaben zum Meldeformat und zum Meldeprozess (QV: **Templates and Instructions**) sowie zum Meldestichtag (QV: **Reference date**) und zum Erfüllungstag (QV: **Remittance date**)

J/K

Joint account

Gemeinschaftskonto, *n.*
Ein Gemeinschaftskonto ist nach Art. 2 Abs. 1 Nr. 7 Richtlinie 2014/49/EU ein Konto, das im Namen von zwei oder mehreren Personen eröffnet wurde oder an dem zwei oder mehrere Personen Rechte haben, die mittels der Unterschrift von einer oder mehreren dieser Personen ausgeübt werden können.

Joint decision

gemeinsame Entscheidung, *f.*

Joint Supervisory Team (JST)

gemeinsames Aufsichtsteam, *n.*
Die Joint Supervisory Teams führen die laufende Aufsicht über bedeutende Institute (QV: **Significant Institution**) durch. Diese Teams setzen sich aus Mitarbeitern der EZB (QV: **European Central Bank**) sowie der nationalen Aufsichtsbehörden (QV: **National Competent Authority**) zusammen. Dabei arbeitet Personal aus allen nationalen Aufsichtsbehörden derjenigen Länder, in welchen das zu beaufsichtigende Kreditinstitut aktiv ist, in diesen gemeinsamen Aufsichtsteams mit. Für jedes bedeutende Institut besteht ein eigenes Joint Supervisory Team.

Jointly and severally liable

Gesamtschuldner, *m.*
Schulden mehrere eine Leistung in der Weise, dass jeder die ganze Leistung zu bewirken verpflichtet, der Gläubiger aber die Leistung nur einmal zu fordern berechtigt ist

Jointly obligated party

Mitverpflichteter, *m.*
Schuldner, der für die gesamte Forderung einzustehen hat

JST

(QV: **Joint Supervisory Team**)

Judicial enforcement proceedings

Zwangsvollstreckungsverfahren, *n.*
Dient der Durchsetzung des festgestellten und durch einen Vollstreckungstitel niedergelegten Anspruchs.

Judicial proceedings

gerichtliches Verfahren, *n.*

Jump-to-default (JTD)

plötzlicher Kreditausfall, *m.*

Junk Bond

Schrottanleihe, *f.*
In Form von Schulverschreibungen verbriefte Verbindlichkeiten, welche aufgrund der minderen Qualität ein hohes Risiko und damit gleichzeitig eine überdurchschnittliche Verzinsung aufweisen, werden gelegentlich als Junk Bonds bezeichnet. Verbreiteter ist allerdings der Begriff der

JURISDICTION

Hochzinsanleihe (QV: **High Yield Bond**).

Jurisdiction
Rechtsordnung, *f.*

Jurisdictional reach
Geltungsbereich, *m.*

Key indicator
Schlüsselindikator, *m.*

Key Risk Indicator (KRI)
Wesentlicher Risikoindikator, *m.*; Schlüsselindikator, *m.*
Anhand sogenannter Key Risk Indicators, welche von der EBA (QV: **European Banking Authority**) definiert werden, überwachen die Bankenaufsichtsbehörden die Risikolage der Institute. Hierzu werden regelmäßig Risikoindikatoren aus den Bereichen Solvabilität, Qualität der Aktiva (Asset Quality), Profitabilität sowie Strukturkennzahlen erhoben und verglichen.

Key vulnerabilities
Wesentliche Anfälligkeiten, *pl., f.*
Im Rahmen des SREP-Prozesses bewerten die Aufsichtsbehörden die wesentlichen Anfälligkeiten, denen ein Institut aufgrund seines Geschäftsmodells oder seiner Geschäftsstrategie ausgesetzt ist.

KfW banking group
Kreditanstalt für Wiederaufbau, *f.*
Die KfW ist strenggenommen keine Bank sondern eine Anstalt des öffentlichen Rechtes und unterliegt daher auch nicht dem KWG.

KRI
(QV: **Key Risk Indicator**)

L

Land acquisition development and construction finance
Finanzierung von Grundstückskäufen und Bauprojekten, *f.*

Land Acquisition, Development and Construction (ADC) loan
Finanzierung für Kauf, Entwicklung und Bebauung von Grund und Boden, *f.*
Finanzierung für Kauf, Entwicklung und Bebauung von Grund und Boden, wobei die Kreditrückführung aus Verkauf oder Vermietung der geschaffenen Objekte erfolgen soll. Der Verkauf oder die Vermietung ist im Zeitpunkt der Kreditgewährung noch nicht gesichert.

Land register
Grundbuch, *n.*

Large exposure
Großkredit, *m.*
Unter dem Begriff Large Exposure versteht man Großkredite nach aufsichtsrechtlicher Definition. Wesentliches Ziel der Großkreditregelungen ist es, die Adressenausfallrisiken (QV: **Credit Risk**) bei Banken zu begrenzen, indem eine Höchstgrenze für die Kreditvergabe an einzelne Kreditnehmer (bzw. Gruppen verbundener Kreditnehmer) vorgeschrieben werden. Die soll zu einer hohen Granularität (QV: **Granularity**) des Kreditportfolios (QV: **Credit Portfolio**) einer Bank beitragen. Ein Großkredit nach Definition der CRR (QV: **Capital Requirements Regulation**) besteht, sofern ein Kreditengagement 10 % der haftenden Eigenmittel (QV: **Own Funds**) des Institutes übersteigt. Für Großkredite bestehen besondere Meldepflichten.

Large exposure in overall business
Gesamtbuch-Großkredit, *m.*
Summe aus Anlage- und Handelsbuch, der die Definitionsgrenze für einen Großkredit überschreitet

Large exposure on the banking book
Anlagebuch-Großkredit, *m.*
Kredit aus Positionen des Anlagebuchs, der die Definitionsgrenze für einen Großkredit überschreitet

Large exposure regime
Großkreditregelung, *f.*
Die Großkreditregelungen sollen dazu dienen, die Institute vor unverhältnismäßig großen Verlusten beim Ausfall eines einzelnen Kreditnehmers oder einer Gruppe von verbundenen Kreditnehmern zu schützen. Die Vermeidung der Bildung von Klumpenrisiken dient letztlich auch der Sicherung der gesamtwirtschaftlichen Finanzstabilität, der Aufrechterhaltung des Vertrauens in die Institute sowie dem Schutz der Einleger. Die EBA hat hierfür entsprechende Melde-

formate entwickelt (QV: **ITS on Supervisory Reporting**) sowie zwei Leitlinien (QV: **Guidelines**) erlassen zum einen zur Befreiung für den Einbezug von gewissen Geschäftsaktivitäten, wie dem Geldverkehr, dem Korrespondenzbankgeschäft sowie dem Verwahr-, Verwaltungs- und Depotgeschäft. Zum anderen geht es um definitorische Klarstellungen zur harmonisierten Anwendung des Begriffs »Verbundene Kreditnehmer« sowie der Behandlung von verbrieften Krediten.

Large financial sector entity

großes Unternehmen der Finanzbranche, *n*.

Wesentliches Merkmal eines großen Unternehmens der Finanzbranche ist, dass auf Einzel- oder konsolidierter Basis die berechnete Bilanzsumme mindestens 70 Mrd. EUR beträgt.

LCR

(QV: **Liquidity Coverage Ratio**)

LCR reporting

Liquiditätsmeldewesen, *n*.

Mit Verabschiedung von Basel III wurden erstmals auch aufsichtliche Anforderungen an die Liquidität der Institute formuliert. Damit verbunden sind regelmäßige Meldeanforderungen hinsichtlich der Einhaltung der kurzfristigen Liquiditätskennziffer (Liquidity Coverage Ratio – LCR) und später auch der mittelfristigen Strukturkennziffer (Net Stable Funding Ratio – NSFR). Die EBA hat in Anlehnung an Basel einen technischen Meldestandard zum LCR-Meldewesen entwickelt (QV: **ITS on reporting**). Dieser beinhaltet wie alle EBA-Vorgaben zum Reporting feste Formate sowie Instruktionen zu deren Befüllung (QV: **Templates and Instructions**). Demnach haben die Institute den zuständigen Aufsichtsbehörden monatlich auf Basis einer einheitlichen Währung Meldung über die Höhe und Zusammensetzung der innerhalb von 30 Tagen fälligen Vermögensaktive und der hierfür vorgehaltenen Refinanzierungsinstrumente. Die Vorgaben zum Liquiditätsmeldewesen würden jüngst überarbeitet und sind erstmals zum 31.12.2015 anzuwenden.

Lease exposure

Leasingforderung, *f*.

Forderung aus einem Leasinggeschäft

Leeway

Spielraum, *m*.

Legal actions

Rechtsverkehr, *m*.

Legal certainty

Rechtssicherheit, *f*.

Legal enforceability

rechtliche Durchsetzbarkeit, *f*.

Legal Entity Identifier (LEI)

Global eindeutige Kennung für Finanzmarktakteure, f.
Der LEI dient der weltweit eindeutigen Identifizierung von Akteuren im Rahmen von Finanztranskationen. Damit soll jedes Finanzgeschäft den beteiligten Parteien eindeutig zugewiesen werden können. Damit sollen Intransparenzen insb. im Derivatemarkt beseitigt werden.

Legal Entity Identifier Regulatory Oversight Committee (LEIROC)

Vergabestelle für LEI, f.
Verschiedene Aufsichts- und Regulierungsbehörden haben im Jahr 2012 das LEIROC gegründet, welches die weltweit eindeutige Kennung LEI (QV: **Legal Entity Identfier**) an Akteure/Institutionen vergibt, welche an den Finanzmärkten aktiv sind.

Legal opinion

Rechtsgutachten, n.

Legal person

juristische Person, f.

Legal provisions/Legislation

Rechtsvorschriften, $pl., f$.

Legal remedies

Rechtsmittel, n.
Rechtsbehelf zur Kontrolle von Gerichtsentscheidungen durch ein anderes Gericht

Legal risk

Rechtsrisiko, n.
Das Rechtsrisiko ist eine spezielle Ausprägung der operationellen Risiken (QV: **Operational Risk**) welches aus der Missachtung von rechtlichen Vorschriften, Gesetzen oder Gerichtsurteilen resultiert.

LEI

(QV: **Legal Entity Identifier**)

LEIROC

(QV: **Legal Entity Identifier Regulatory Oversight Committee**)

Lending business

Kreditgeschäft, n.
Gewährung von Gelddarlehen und Akzeptkrediten

Lending practice

Kreditvergabepraxis, f.

Lending threshold

Kreditvergabegrenze, f.
Nach der EBA-Leitlinie zur verantwortungsvollen Kreditvergabe[51] ist mit dem Begriff Kreditvergabegrenze jeder vom Kreditgeber oder der zuständigen Behörde festgelegte Grenzwert bezüglich der Vergabe von Krediten, zum Beispiel Verhältnis des Darlehens zum Wert der Immobilie (s. o.), Verhältnis des Darlehens zum Einkommen (s. o.),

---

[51] EBA/GL/2015/11 vom 1. Juni 2015.

Verhältnis der Schuld zum Einkommen (s. o.) gemeint.

Lenient treatment

milde Behandlung, *f.*

Less Significant Institution (LSI)

weniger bedeutendes Institut, *n.*

Im Sinne des SSM (QV: **Single Resolution Mechanism**) werden alle beaufsichtigten Institute nach vordefinierten Kriterien beurteilt und als »Bedeutendes Institut« (QV: **Significant Institution**) oder »weniger bedeutendes Institut« klassifiziert. Institute sind üblicherweise dann als bedeutend einzustufen, wenn entweder deren gesamte Vermögenswerte 30 Milliarden Euro übersteigen, deren Vermögenswerte mindestens 20% des BIP des Heimatlandes übersteigen, das Institut als bedeutendes Institut eines Mitgliedsstaates eingestuft ist oder finanzielle Hilfen durch europäische Institutionen wie den ESM (QV: **European Stability Mechanism**) in Anspruch genommen werden. Weniger bedeutende Institute werden i. d. R. weiterhin von der nationalen Bankenaufsichtsbehörde (QV: **National Competent Authority**) überwacht.

Lessee

Leasingnehmer, *m.*

Begünstigter aus einem Leasingvertrag, dem das Leasingobjekt vom Leasinggeber überlassen wird.

Level 1 assets

Hoch liquide Aktiva, *f.*

Für diese Aktiva existieren direkte Marktpreise, zu denen sie nach der Marktbewertungsmethode angesetzt werden.

Level 2 assets

Weniger liquide Aktiva *f.*

Für diese Aktiva existieren keine direkten Marktpreise, jedoch existieren vergleichbare Aktiva, für die ein Marktpreis existiert. Aus diesen beobachtbaren Preisen lässt sich somit indirekt der Wert der Level 2 Aktiva ermitteln.

Level 3 assets

Wenig liquide Aktiva, *f.*

Für diese Aktiva existieren weder direkte noch indirekte Marktpreise. Die Bewertung dieser Aktiva erfolgt anhand von Modellen, da keine Marktpreise verfügbar sind.

Level of application

Anwendungsniveau, *n.*; Anwendungsebene, *f.*

Level playing field

gleiche Wettbewerbsbedingungen, *pl., f.;* Vereinheitlichungen, *pl.,f.*

Eines der wesentlichen Ziele der Bankenunion (QV: **Banking Union**) ist die Schaffung gleicher Aufsichtsstandards in den Mitgliedstaaten des SSM (QV: **Single Supervisiory Mechanism**), um sog. Regulierungsarbitrage zu verhindern. Aufsichtsrechtlich wird hier von einem Level Playing Field gesprochen.

Leverage

Verschuldung, *f.*
Der Fremdkapitalanteil der Passivseite (Refinanzierung) der Bilanz wird als Verschuldung bezeichnet. Je geringer die bilanzielle Eigenkapitalquote, umso höher ist die Verschuldungsquote (QV: **Leverage Ratio**).

Leverage Ratio

Verschuldungsquote, *f.*
Die Verschuldungsquote wurde im Rahmen von Basel III als nichtrisikogewichtete Eigenmittelkennziffer ergänzend zur risikogewichteten Eigenmittelermittlung eingeführt. Die Institute haben deren Einhaltung quartalsweise anhand eines von der Europäischen Bankenaufsichtsbehörde (QV: **EBA**) entwickelten Meldeformates (ITS on Supervisory Reporting on Leverage Ratio) an die Aufsicht zu melden. Des Weiteren haben die Institute über die Leverage Ratio im Rahmen der Säule 3-Offenlegung zu berichten. Hinsichtlich der inhaltlichen und formellen Ausgestaltung der Offenlegungsanforderungen hat die EBA konkrete Vorgaben (ITS on disclosure for leverage ratio) entwickelt.
Verschuldungsgrad, *m.*
Die Berechnung der Verschuldungsquote wurde durch die delegierte Verordnung (EU) 2015/62 der Kommission (EU-Amtsblatt vom 17.01.2015) geändert. Die Überarbeitung erfolgte in Art. 429, 429a, 429b CRR.

LGD

(QV: **Loss Given Default**)

(to be) Liable as a principal

selbstschuldnerisch haften
Form der Bürgschaft, bei der der Bürge auf die Einrede der Vorausklage verzichtet hat.

Liabilities

Passiva, *pl., f.*; Kapitalpositionen der Bilanz, *pl. f.*; Verbindlichkeiten, *pl., f.*
Die Passivseite der Bilanz wird als »Liabilities« bezeichnet.

Lien

Pfandrecht, *n.*

Life events

Lebensereignisse, *pl., n.*

Lifetime expected credit loss

Erwartete Kreditausfälle, die aus allen möglichen Ausfallereignissen während der erwarteten Laufzeit des Finanzinstrumentes resultieren, *pl., m.*

Likelihood of loss

Verlustwahrscheinlichkeit, *f.*
Wahrscheinlichkeit des Eintritts eines Verlustes.

Limit
Obergrenze, *f.*

Limited partnership
Kommanditgesellschaft, *f.*

Limited partnership company
Kommanditgesellschaft auf Aktien, *f.*

Linked credit agreement
verbundener Kreditvertrag, *m.*
Unter dem Begriff des verbundenen Kreditvertrages wird nach Art. 4 n) Richtlinie 2008/48/EG ein Kreditvertrag verstanden, bei dem der betreffende Kredit ausschließlich der Finanzierung eines Vertrags über die Lieferung bestimmter Waren oder die Erbringung einer bestimmten Dienstleistung dient und diese beiden Verträge objektiv betrachtet, eine wirtschaftliche Einheit bilden. Von einer wirtschaftlichen Einheit ist auszugehen, wenn der Warenlieferant oder der Dienstleistungserbringer den Kredit zugunsten des Verbrauchers finanziert oder wenn sich der Kreditgeber im Falle der Finanzierung durch einen Dritten bei der Vorbereitung oder dem Abschluss des Kreditvertrags der Mitwirkung des Warenlieferanten oder des Dienstleistungserbringers bedient oder wenn im Kreditvertrag ausdrücklich die spezifischen Waren oder die Erbringung einer spezifischen Dienstleistung angegeben sind.

Liquid assets
liquide Aktiva, *pl., n.*

Liquid two-way market
beidseitig liquider Markt, *m.*
Markt, der für ein Institut sowohl im Kauf als auch im Verkauf liquide ist

Liquidator
Abwickler, *m.*
Die zur Abwicklung einer Personengesellschaft bestellte Person

Liquidity
Liquidität, *f.*

Liquidity Contingency Plan (LCP)
Liquiditäts-Notfallplan, *m.*

Liquidity Coverage Ratio (LCR)
Mindestliquiditätsquote, *f.*; Liquiditätsdeckungskennziffer, *f.*; Liquiditätsdeckungsquote, *f.*
Die Liquidity Coverage Ratio (LCR) ist eine aufsichtsrechtliche Kennzahl zur Sicherstellung der jederzeitigen Zahlungsfähigkeit von Kreditinstituten. Zur Erfüllung der Kennzahl müssen im Wesentlichen die anrechenbaren hochliquiden Vermögensgestände (QV: High Quality Liquid Assets) die potenziellen Zahlungsmittelabflüsse der nächsten dreißig Tage übersteigen. Schrittweise Einführung (beginnend mit 60 %-Quote) ab Oktober 2015. (QV: Net Stable Funding Ratio).

LIQUIDITY TRANSFER PRICING SYSTEM

Liquidity coverage requirement
Liquiditätsdeckungsanforderung, *f.*

Liquidity facility
Liquiditätsfazilität, *f.*

Liquidity horizon
Umschichtungshorizont, *m.*
Zeitspanne, die typischerweise benötigt wird, Handelsbuchpositionen – auch in einem krisenhaften Marktumfeld – umzuschichten.

Liquidity inflows
Liquiditätszuflüsse, *pl., m.*

Liquidity monitoring measures
Maßnahmen zur Liquiditätsüberwachung, *pl., f.*

Liquidity outflows
Liquiditätsabflüsse, *pl., m.*

Liquidity reporting
Liquiditätsplanung, *f.*

Liquidity risk
Liquiditätsrisiko, *n.*
Das Liquiditätsrisiko umfasst eine Vielzahl von liquiditätsabhängigen Risikofaktoren. So wird im Detail zwischen vier Ausprägungen unterschieden: Das Marktliquiditätsrisiko drückt aus, dass aufgrund illiquider Märkte keine fairen Preise für die Liquidation von Vermögensgegenständen (Wertpapieren) bzw. Emission von eigenen Schuldverschreibungen erzielt werden können. Das Refinanzierungsrisiko ist Folge der Fristentransformation. Das Terminrisiko meint den nicht fristgerechten Eingang von Zins- und Tilgungszahlungen. Unter dem Abrufrisiko versteht man die unerwartete Inanspruchnahme von offenen Kreditlinien oder unerwartet hohe Verfügungen von Einlagenkonten.

Liquidity shortfall
Liquiditätsengpass, *m.*
Ein Liquiditätsengpass kommt dann zustande, wenn finanzielle Mittel fehlen, um Zahlungsverpflichtungen fristgerecht zu erfüllen.

Liquidity transfer pricing system
Liquiditätstransferpreissystem, *n.*
Mit Inkrafttreten der neuen Mindestanforderungen an das Risikomanagement (MaRisk) vom 14. Dezember 2012 (QV: **Minimum requirements for risk management (MaRisk)**) wird die Einrichtung eines Liquiditätstransferpreissystems gefordert. Ziel dieser Anforderung ist es, Liquiditätskosten, -nutzen und -risiken möglichst verursachungsgetreu bei der Steuerung der Liquiditätsrisiken einfließen zu lassen. Ein Liquiditätstransferpreissystem zeichnet sich durch die zentrale Vergabe von Transferpreisen und deren Verechnung auf Transaktionsebene aus.

Loan covenants
Kreditbedingungen, *pl., f.*
Voraussetzungen für die Gewährung eines Kredits

Loan guarantee
Kreditsicherungsgarantie, *f.*
Absicherung eines Kreditgebers vor Risiken, die aus einem Kreditverhältnis resultieren

Loan-to-deposit ratio
Kennzahl zum Verhältnis Kreditforderungen zu Einlagen, *f.*

Loan to income (LTI)
Verhältnis des Darlehens zum Einkommen, *n.*

Loan to value (LTV)
Verhältnis des Darlehens zum Wert der Immobilie, *n.*

Loan-to-value bzw. loan to value ratio
Belehnungsungsquote, *f.*
Verhältnis von Kreditbetrag zum Verkehrs- oder Marktwert eines Objekts (i. d. R. Sicherheitenwert)

Loans to governing and related bodies
Organkredite, *pl., m.*
Kredite an eng mit einem Institut verbundene Personen und Unternehmen

Local authority
lokale Gebietskörperschaft, *f.*
(QV: **Public sector entity; Regional governments**)

Local court
Amtsgericht, *n.*

Local firm
lokale Firma, *f.*

Local government
Gemeinde, *f.*

Local government association
Gemeindeverband, *m.*

Long position
Aktivposition, *f.*; Käuferposition, *f.*

Long-run average estimates
Langzeitdurchschnittsschätzungen, *pl., m.*
Schätzung von Ausfallwahrscheinlichkeit und Verlustquote bei der Nutzung interner Ratingsysteme für einen längeren Zeitraum.

Long settlement transaction
Geschäft mit langer Abwicklungsfrist, *n.*

Long-term credit assessment
langfristige Bonitätsbeurteilung, *f.*

Long-term financing
Langfristfinanzierung, *f.*

Long-term funding instruments
langfristige Finanzierungsinstrumente, *pl., n.*

Longer-Term Refinancing Operations (LTRO)

längerfristige Refinanzierungsgeschäfte, *pl., n.*

Diese besondere Form von Offenmarktgeschäften der EZB (QV: **European Central Bank**) ermöglicht es den Geschäftsbanken, sich Zentralbankgeld für einen im Vergleich zu den Hauptrefinanzierungsgeschäften längeren Zeitraum ausleihen zu können. Standardmäßig wurden zunächst monatlich LTROs mit einer dreimonatigen Laufzeit von der Zentralbank angeboten. Im Zuge der Finanzmarkt- und Staatsschuldenkrise wurde das Laufzeitspektrum ausgeweitet. Besondere Aufmerksamkeit erlangten zwei großvolumige Geschäfte mit einer Laufzeit von jeweils drei Jahren, welche Ende 2011 und Anfang 2012 angeboten und seinerzeit von EZB Präsident Mario Draghi als »Dicke Bertha« bezeichnet wurden.

Loss

Verlust, *m.*

Loss-absorbing

verlustabsorbierend

Loss allowance

Risikovorsorge, *f.*;
Wertberichtigung, *f.*

Loss Data Collection Exercise

Erhebung von Verlustdaten, *f.* 2008 durchgeführte Erhebung des Basler Ausschusses für Bankenaufsicht zur Erhebung von Verlustdaten.

Loss data, internal

Schadensdaten, interne, *pl., n.*
Umfassende Erhebung aller aus wesentlichen Tätigkeiten resultierenden operationellen Verluste

Loss event types

Verlustereigniskategorien, *pl., f.*
Klassifizierte Zuordnung operationeller Verluste

Loss Given Default (LGD)

Verlustquote bei Ausfall, *f.*
Unter der Verlustquote versteht man den Anteil des ausgefallgefährdeten Kreditvolumens (QV: **Exposure at Default**), welcher bei Eintritt eines Kreditereignisses nach Verwertung von Sicherheiten als Verlust übrig bleibt.

Low credit risk threshold

Schwellenwert für ein geringes Kreditrisiko, *f.*
Definierter Wert zur Limitierung des Kreditrisikos.

Low value of individual exposures criterion (for retail exposures)

Voluminakriterium, *n.*
Kriterium für das aufsichtsrechtliche Retail-Portfolio, wonach Positionen gegenüber einem Kreditnehmer eine

Grenze (in diesem Fall von € 1 Million) nicht überschreiten dürfen.

Low risk assets

risikoarme Schuldtitel, *pl., m.*

Nach Art. 2 Abs. 1 Ziff. 14 Richtlinie 2014/49/EU sind risikoarme Schuldtitel eine der verfügbaren Finanzmittel, in das das Einlagensicherungssystem im Wege der alternativen Finanzierung investieren kann. Definiert werden diese risikoarme Schuldtitel als Titel, die unter die erste oder zweite der in Tabelle 1 des Art. 336 der Verordnung (EU) Nr. 575/2013 genannten Kategorien fallen oder alle Titel, die von der zuständigen oder der benannten Behörde als ähnlich sicher und liquide angesehen werden.

Low risk sectors

risikoarme Sektoren, *pl., m.*

Risikoarme Sektoren sind nach Erwägungsgrund 36 Richtlinie 2014/49/EG die Kreditinstitute, die nach einzelstaatlichem Recht besonders geregelt sind. Dies sind im Rahmen der Beitragsberechnung der Einlagensicherungssysteme in Deutschland beispielsweise die Bausparkassen, da sie spezialgesetzlich geregelt sind, ein risikoarmes Geschäftsmodell aufgrund der Einschränkungen ihrer Geschäftstätigkeiten und dem gesetzlichen Ausschluss von risikoreichem Geschäft unterliegen. Ferner unterliegen die Bausparkassen der Spezialaufsicht. Dies waren gemäß der Begründung des Änderungsantrages des damaligen Berichterstatters im Europäischen Parlament die Beweggründe für diese abstrakte Formulierung.

LR

(QV: **Leverage Ratio**)

LTRO

(QV: **Longer-Term Refinancing Operations**)

LTI

(QV: **Loan to income**)

LTV

(QV: **Loan to value**)

Lump sum

pauschale Zahlung, *f.*

M

Macro-economic variables
Makroökonomische Einflussfaktoren, *pl., f.*

Macroprudential authorities and institutions
Makroprudenzielle Aufsicht und Behörden, *pl., f.*

Macroprudential policy measures
Makroprudenzielle Maßnahmen/(Finanz-)systemorientierte Maßnahmen, *pl., f.*

Macro-prudential requirement or measure
Makroprudenzielle Anforderung oder makroprudenzielle Maßnahme, *f.* Eine von einer zuständigen oder benannten Behörde auferlegte Anforderung oder Maßnahme zur Abwendung von makroprudenziellen Risiken oder Systemrisiken.

Macro-prudential supervision
makro-prudentielle Aufsicht, *f.*
(QV: **Micro-prudential supervision**)

Main index equities
In einem Hauptindex enthaltene Aktien, *m.*

Main refinancing rate (ECB)
Hauptrefinanzierungssatz (EZB), *f.*

Major participating interest
bedeutende Beteiligung, *f.* Unmittelbares oder mittelbares Halten über ein oder mehrere Tochterunternehmen oder ein gleichartiges Verhältnis oder im Zusammenwirken mit anderen Personen oder Unternehmen von mindestens 10 % des Kapitals oder der Stimmrechte eines dritten Unternehmens im Eigen- oder Fremdinteresse oder Ausübung eines maßgeblichen Einflusses auf die Geschäftsführung eines anderen Unternehmens

Majority-owned subsidiaries
mehrheitlich in Besitz befindliche Tochterunternehmen, *pl., f.*

Malware
Schadsoftware, *f.*
Unter den Oberbegriff Malware, was eine Wortkreation aus den Wörtern Malicious Software ist, ist bösartige Schadsoftware zu verstehen, die die IT-Sicherheit und die Funktionsfähigkeit von Computern und Systemen beeinträchtigt. Dazu zählen im Einzelnen Viren (QV: **Virus**), Trojaner (QV: **Trojan**) und Würmer (QV: **Worm**), DoS-Attacken (QV: **Denial-of-service-attacks**) usw. Bei Malware handelt es sich immer um Aktivitäten, die vom Benutzer nicht erwünscht sind und durch Robots (QV: **Bot**) übertragen und verbreitet werden. Die technischen Verfahren, mit denen die Malware-Aggressoren ihre Opfer ausspähen, sind auf einem hohen technischen Niveau. Gängige

MANAGEMENT

Antivirenprogramme und Anti-Malware-Programme sind oft nicht in der Lage, die Angriffe zu erkennen oder aufzuspüren. Wenn die Malware-Angriffe ihre Aufgaben erfüllt und Konstruktionspläne, Kontennummern oder andere Informationen ausgespäht haben, verwischen die Programme ihre eigenen Spuren. Häufig kann der entstandene Schaden und das Eindringen erst dann rekonstruiert werden, wenn der Privatmann oder das Unternehmen bereits geschädigt wurde.[52]

Management
Geschäftsführung, *f.*

Management and monitoring
Steuerung und Überwachung, *f.*

Management body
Leitungsorgan, *n.*

Management company
Verwaltungsgesellschaft, *f.*

Management oversight
Beaufsichtigung durch die Geschäftsleitung, *f.*

Manufacturing credit products
Gestaltung von Kreditprodukten, *f.*
Die internen Anforderungen an die Gestaltung von Kreditprodukten werden in den Konsultationspapieren der EBA[53] und EIOPA[54] vorgegeben.

Mapping
Zuordnung, *f.*
(QV: **Assignment process**)

Margin agreement
Nachschussvereinbarung, *f.*

Margin call
Nachschussaufforderung, *f.*

Margin lending transaction
Lombardgeschäfte, *pl., n.*

Margin period of risk
Nachschuss-Risikoperiode, *f.*

Margin threshold
Nachschuss-Schwelle, *f.*

Mark-to-market method
Marktbewertungsmethode, *f.*
Methode zur Ermittlung des derivativen Kontrahentenrisikos

Market Maker
Market Maker, *m.*
Person, die an den Finanzmärkten auf kontinuierlicher Basis ihre Bereitschaft anzeigt, durch den An- und Verkauf von Finanzinstrumen-

---

52 http://www.itwissen.info/definition/lexikon/Malware-malware.html (21.02.2015).

53 EBA Konsultationspapier zu Entwürfen für Leitlinien für die Produktaufsicht und Grundsätze der Unternehmensführung EBA/CP/2014/37.

54 EIOPA Konsultationspapier zu Entwürfen für Leitlinien für die Produktaufsicht und Grundsätze der Unternehmensführung bei Versicherungen EIOPA/CP/14/150.

ten unter Einsatz des eigenen Kapitals Handel für eigene Rechnung zu von ihr gestellten Kursen zu betreiben (Art. 4 RL 2014/65/EU).

Market Risk

Marktrisiko, *n.*

Das Marktpreisrisiko ist die Gefahr von Vermögensschäden, die aus Kurs- und Wertschwankungsrisiken resultieren. Diese Definition schließt Zinsänderungsrisiken im Anlagebuch (QV: **Interest Rate Risk**) mit ein. Das Marktpreisrisiko umfasst auch die Gefahr von Änderungen des Optionspreises, die auf Änderungen der Volatilität zurückzuführen sind.

Market value

Marktwert, *m.*

Marking to market

Bewertung zu Marktpreisen, *f.*
Bewertung von Positionen auf der Grundlage einfach feststellbarer Glattstellungspreise, die aus neutralen Quellen bezogen werden (vgl. Art. 4 CRR).

Marking to model

Bewertung zu Modellpreisen, *f.*
Bewertung, die aus einem oder mehreren Marktwerten abgeleitet, extrapoliert oder auf andere Weise ermittelt werden muss (vgl. Art. 4 CRR).

Master agreement

Rahmenvertrag, *m.*; Mastervereinbarung, *f.*
Vereinbarung zwischen (meist juristischen) Personen, die beispielsweise die Zusammenarbeit aus einem Auftragsverhältnis betreffen.

Master arrangement

Mustervertrag, *m.*

Matched currency position

ausgeglichene Währungsposition, *f.*
Gegenläufig ausgerichtete und nach Umrechnung in die Währung der Rechnungslegung betragsmäßig gleiche Positionen in Währungen.

Matched maturity band position

ausgeglichene Bereichsposition, *f.*
Einander betragsmäßig entsprechende, gegenläufig ausgerichtete Positionen in Rohwaren

Matched weighted band position

ausgeglichene Bandposition, *f.*
Nettopositionen mit gegenläufigen Zinsbindungsrichtungen

Matched weighted zone position

ausgeglichene Zonenposition, *f.*
Offene Bandpositionen mit gegenläufigen Zinsbindungsrichtungen

Material

erheblich

Material currency

Wesentliche Währung, *f.*

Eine Währung, in der das Institut über wesentliche bilanzielle oder außerbilanzielle Positionen verfügt.

Materiality thresholds

Materialitätsschwellen, *pl., f.*
Grenzen, ab denen Regelungen greifen

Maturity (M)

Laufzeit, *f.*; Effektive Restlaufzeit, *f.*

Maturity adjustment factor

Laufzeitanpassungsfaktor, *m.*

Maturity band

Laufzeitband, *n.*

Maturity-based calculation

laufzeitbezogene Berechnung, *f.*
(QV: **Duration-based calculation**)

Maturity-based method

Jahresbandmethode, *f.*
Verfahren des Risikomanagements für Banken mit dem Ziel der Ermittlung der Eigenkapitalunterlegung für Wertpapiere, die einem Zinsänderungsrisiko unterliegen.

Maturity ladder approach

Zeitfächermethode, *f.*; Laufzeitbandverfahren, *n.*
Methode zur Ermittlung der Anrechnungsbeträge für Rohwarenpositionen

Maturity mismatch

Laufzeitinkongruenz, *f.*

Als Laufzeiteninkongruenz wird die unterschiedliche Fristigkeit der Mittelherkunft im Vergleich zur Mittelverwendung bezeichnet. Durch die kurzfristige Refinanzierung und die gleichzeitig langfristige Ausleihung von Geldern kann bei einer normalen Zinsstrukturkurve so ein Fristentransformationsertrag generiert werden. Zur Begrenzung der Laufzeiteninkongruenz bestehen aufsichtsrechtliche Vorgaben hinsichtlich der Zinsänderungsrisiken (QV: **Interest Rate Risk in the Banking Book**).

Maturity shortfall

Laufzeitunterdeckung, *f.*
Zeitraum, für den eine wirksame Besicherung nicht vorliegt

Maximum Distributable Amount (MDA)

Ausschüttungsfähiger Höchstbetrag, *m.*
Institute, die nicht genug Kapital haben, um die kombinierte Kapitalpufferanforderung zu erfüllen, müssen gemäß Artikel 141 der CRD IV den ausschüttungsfähigen Höchstbetrag berechnen und der zuständigen Aufsichtsbehörde anzeigen.

Maximum loss rates

Höchstverlustraten, *pl., f.*
Größte Verlustraten aus gewerblichen Immobilienkrediten bezogen auf den Gesamtmarkt

MCD
(QV: **Mortgage Credit Directive**)

MDA-Trigger
Ausschüttungsgrenze, *f.*

Measurement assumptions
Bewertungsannahmen, *pl., f.*

Mediation
Schlichtung, *f.*

Member institution
Mitgliedsinstitut, *n.*
Der Begriff des Mitgliedsinstitutes wird in den EBA Leitlinien[55] als das Kreditinstitut definiert, welches nach Art. 4 Abs. 1 Ziff. 1 Verordnung (EU) Nr. 575/2013 definiert ist, welches einem spezifischen Einlagensicherungssystem zugeordnet ist.

Member of the supervisory board
Aufsichtsrats- oder Verwaltungsratsmitglied, *n.*
Abweichend zum deutschen System in der Unternehmensführung, welches zwischen Vorstand und Aufsichtsrat differenziert, wird in den meisten anderen westlichen Industrieländern ein sogenanntes Board System favorisiert bzw. gesetzlich vorgeschrieben. Während der Aufsichtsrat im deutschen Recht ein Kontrollgremium ist, hat das Supervisory Board im angelsächsischen System auch strategische und operative Managementaufgaben zu erfüllen.

Member State
Mitgliedstaat, *m.*

Micro-prudential supervision
mikro-prudentielle Aufsicht, *f.*
(QV: **Macro-prudential supervision**)

Migration risk
Migrationsrisiko, *n.*

Minimum harmonisation
Mindestharmonisierung, *f.*
Mit dem Begriff der Mindestharmonisierung wird beschrieben, inwieweit die vorgeschlagenen Regeln dem nationalen Mitgliedstaat im Rahmen der Umsetzung des europäischen Rechts noch einen eigenen Ermessensspielraum zulassen. Unter dem Begriff der Mindestharmonisierung wird daher verstanden, dass gewisse Mindeststandards europarechtlich festgelegt werden, von denen der Mitgliedstaat keinen geringeren sehr wohl aber einen höheren Standard einführen kann. Die abschließende Harmonisierung, als das Gegenteil der Mindestharmonisierung, erlaubt den Mitgliedstaaten keine Abweichung von dem geregelten Standard. Diese unterschiedliche

---

[55] EBA Konsultationspapier EBA/CP/2014/35 vom 10. November 2014 zu den Methoden für die Errechnung der Beiträge für das Einlagensicherungssystem nach der Einlagensicherungsrichtlinie 2014/49/EU.

Regelungstechnik wird aus den EU Verträgen abgeleitet. Nach Art. 114 AEUV ist die EU befugt, zur Errichtung des Binnenmarktes Vorschriften zur Rechtsangleichung vorzuschlagen und zu verabschieden. Die EU kann aber beispielsweise auch tätig werden, wenn sie den Verbraucherschutz in der EU erhöhen oder angleichen will. Zumeist erfolgt dies durch die Verabschiedung von Verordnungen oder Richtlinien (Art. 288 AEUV). Verordnungen haben dabei allgemeine Geltung und sind in allen ihren Teilen verbindlich und gelten unmittelbar in jedem Mitgliedstaat (Art. 288 Abs. 2 AEUV). Richtlinien dagegen sind für jeden Mitgliedstaat, an den sie gerichtet wird, hinsichtlich des zu erreichenden Ziels verbindlich. Es wird dabei aber den innerstaatlichen Stellen die Wahl der Form und der Mittel freigestellt. Richtlinien werden daher zumeist im Wege der Mindestharmonisierung vorgeschlagen, um insbesondere einen Mindestschutz insbesondere im Verbraucherschutz zu erreichen.

Minimum Loss Given Default value

LGD-Mindestwert, *m*.

Minimum notice period for cancellation

Mindestkündigungsfrist, *f*.

Minimum prudential standard required

vorgeschriebener aufsichtsrechtlicher Mindeststandard, *m*.

Minimum Requirement for Own Fund and Eligible Liabilities (MREL)

Mindestanforderungen an Eigenmittel und berücksichtigungsfähige Verbindlichkeiten, *f*.
Im Rahmen dieses derzeit im Entwurf vorliegenden RTS (QV: **Regulatory Technical Standard**) formuliert die EBA (QV: **European Banking Authority**) auf Basis der EU Richtlinie 2014/59/EU (Richtlinie zur Festlegung eines Rahmens für die Sanierung und Abwicklung von Kreditinstituten und Wertpapierfirmen) Anforderungen an die Kapitalausstattung der Institute. Ziel dieser Regelung ist es, im Falle einer Schieflage Aktionäre und Kreditgeber der Bank in Haftung zu nehmen, Moral Hazard Verhalten zu minimieren und die Steuerzahler zu schützen. Die Kalibrierung der MREL-Quote ergibt aus den Eigenmitteln (QV: **Own Funds**) und den »bail-in«-fähigen Verbindlichkeiten (QV: **Eligible Liabilities**) im Verhältnis zu den Gesamtverbindlichkeiten und Eigenmitteln eines Instituts, wobei die Höhe der MREL-Quote durch die Aufsichtsbehörde institutsspezifisch festgelegt werden wird.

Minimum requirements for risk management (MaRisk)

Mindestanforderungen an das Risikomanagement, *pl., f.*

Das Rundschreiben der Bundesanstalt für Dienstleistungsaufsicht (BaFin) für die Ausgestaltung des Risikomanagements in deutschen Kredit- und Finanzdienstleistungsinstituten, zuletzt geändert am 14. Dezember 2012.

Minimum Reserve

Mindestreserve, *f.*

Die Mindestreserve ist eine Pflichteinlage, welche jedes Kreditinstitut bei der nationalen Notenbank jederzeit vorhalten muss. Die Höhe der Mindestreserve bemisst sich nach der Mindestreservebasis (abhängig von der Höhe der Kundeneinlagen) und dem Mindestreservesatz, welcher von der EZB (QV: **European Central Bank**) festgelegt wird.

Minority interest

Minderheitsbeteiligung, *f.*

(to) mismatch something

etwas falsch anpassen oder zuordnen

Mis-selling

Verkauf unter Vorgabe falscher oder irreführenden Behauptungen (Beratungsfehler), *m.*

(to) mitigate something

etwas lindern, mäßigen

Mitigation

Abschwächung, *f.*

Mixed-activity group

gemischte Unternehmensgruppe, *f.*
Gruppe aus einem gemischten Unternehmen und seinen Tochterunternehmen

Mixed-activity holding companies

gemischte Unternehmen, *n.*
Unternehmen, die keine Finanzholding-Gesellschaften, gemischte Finanzholding-Gesellschaften oder Institute sind, und die mindestens ein Einlagenkreditinstitut, ein E-Geld-Institut oder ein Wertpapierhandelsunternehmen zum Tochterunternehmen haben

Mixed financial holding company

gemischte Finanzholdinggesellschaft, *f.*
Mutterunternehmen, die keine beaufsichtigten Finanzkonglomeratsunternehmen sind, und die zusammen mit ihren Tochterunternehmen und anderen Unternehmen ein Finanzkonglomerat bilden.

Model approval process

Modellgenehmigungsprozess, *m.*

Model deficiencies

Modellschwächen, *pl., f.*

Model risk

Modellrisiko, *n.*
In der Regel erfolgt die Risikomessung mittels eines Modells, welches das jeweilige Risiko simuliert. So wird zur Messung der Adressenausfallrisiken auf verschiedene Kreditportfoliomolle wie CreditRisk+, CreditMetrics oder CreditPortfolioView zurückgegriffen. Alle Modelle arbeiten hierbei mit verschiedenen Annahmen hinsichtlich der einfließenden Parameter (bspw. Korrelationen und Volatilitäten). Sind die Modellannahmen falsch, so kann auch kein adäquater Risikoausweis erfolgen. Man spricht hierbei vom Modellrisiko.

Modified duration

Modifizierte Duration, *f.*

Monetary claim

Geldforderung, *f.*

Monetary claims and debts

Geldforderungen und -schulden, *pl., f.*

Money-broking business

Geldmaklergeschäft, *n.*
Vermittlung von Darlehen zwischen Kreditinstituten

Money market

Geldmarkt, *m.*
Der Geldmarkt wird im Wesentlichen von Banken, Versicherungen und Pensionsfonds genutzt. Hierunter versteht man den Handel mit Liquidität in Form von Overnight Krediten bis zu einer Laufzeit von zwölf Monaten. Der Geldmarkt dient zum Liquiditätsausgleich zwischen den Marktteilnehmern. Während diese Interbankenkredite früher größtenteils unbesichert abgewickelt wurden, ist der Markt seit Ausbruch der Finanzmarktkrise deutlich illiquider geworden. Die Zentralbanken spielen daher eine im Vergleich zu früheren Zeiten wesentlich größere Rolle auf diesem Marktsegment, da selbst Liquiditätsüberschüsse für eine Nacht oder wenige Tage vorzugweise bei Zentralbanken geparkt werden, anstatt diese anderen Instituten bereitzustellen.

Money laundering

Geldwäsche, *f.*
Nach Art. 1 Abs. 3 der 4. Geldwäscherichtlinie 2015/849/EU wird der Begriff der Geldwäsche dahingehend definiert, dass dies sämtliche Handlungen sind, wenn sie vorsätzlich begangen werden, wie der Umtausch oder Transfer von Vermögensgegenständen in Kenntnis der Tatsache, dass diese Gegenstände aus einer kriminellen Tätigkeit oder aus der Teilnahme an einer solchen Tätigkeit stammen zum Zwecke der Verheimlichung oder Verschleierung des illegalen Ursprungs der Vermögensgegenstände oder der

Unterstützung von Personen, die an einer solchen Tätigkeit beteiligt sind, damit diese den Rechtsfolgen ihrer Tat entgehen, die Verheimlichung oder Verschleierung der wahren Natur, Herkunft, Lage, Verfügung oder Bewegung von Vermögensgegenständen oder von Rechten oder Eigentum an Vermögensgegenständen in Kenntnis der Tatsache, dass diese Gegenstände aus einer kriminellen Tätigkeit oder aus der Teilnahme an einer solchen Tätigkeit stammen, der Erwerb, der Besitz oder die Verwendung von Vermögensgegenständen, wenn dem Betreffenden bei der Übernahme dieser Vermögensgegenstände bekannt war, dass sie aus einer kriminellen Tätigkeit oder aus der Teilnahme an einer solchen Tätigkeit stammen, die Beteiligung an einer der unter oben genannten Handlungen, Zusammenschlüsse zur Ausführung einer solchen Handlung, Versuche einer solchen Handlung, Beihilfe, Anstiftung oder Beratung zur Ausführung einer solchen Handlung oder Erleichterung ihrer Ausführung.

Money transmission services
Finanztransfergeschäft, *n.*
Übermittlung von Geldbeträgen ohne kontenmäßige Beziehung zwischen Zahlungsdienstleister und Zahlungsdienstnutzer

Monitoring
Überwachung, *f.*

Monitoring of key indicators
Überwachung von Schlüsselindikatoren, *f.*

Moral hazard
übermäßige Risikobereitschaft, *f.*; moralisches Fehlverhalten, *n.*
Im Europarecht wird der Begriff bislang nur bei Versicherungen gegen Naturkatastrophen und von Menschen verursachte Katastrophen/* COM/2013/0213 final */in Ziff. 3.4. definiert. Dort wird das moralische Risiko dahingehend definiert, dass die mögliche Verhaltensänderung nach dem Abschluss eines Versicherungsvertrags, da der Anreiz für den Versicherten, Schäden vorzubeugen, abnimmt, womit der Eintritt des Versicherungsfalls wahrscheinlicher wird. Dies würde noch verschärft werden, wenn es keinen Mechanismus gäbe, durch den nach einem Schaden die Prämie erhöht wird. Im Bankrecht soll, um eine übermäßige Risikobereitschaft aufgrund von Fehlanreizen zu vermeiden, der Marktaustritt eines ausfallenden Instituts unabhängig von dessen Größe und Vernetzung ohne eine systemische Verwerfung möglich sein, so Erwägungsgrund 45 der Richtlinie 2014/59/EU.

Mortgage

Grundpfandrecht, *n.*

Vertragliche Pfandrechte zur Kreditsicherung an Grundstücken oder grundstücksgleichen Rechten

Hypothek, *f.*

In der Richtlinie 2014/17/EU wird der Begriff der Hypothek nicht näher definiert. Anders als im umgangssprachlichen Gebrauch des Begriffs »mortgage« ist damit nicht der Darlehensvertrag gemeint, sondern die auf dem zu finanzierenden Grund und Boden eingetragene grundpfandrechtliche Sicherheit. Dieser Begriff »mortgage« erfasst im deutschen Recht nicht nur die streng akzessorische Hypothek nach § 1113 BGB, sondern auch die Grundschuld nach § 1191 BGB. Davon zu unterscheiden sind nach der üblichen EU Terminologie, die vergleichbaren, gewöhnlicherweise verwendeten Sicherheiten.[56] Dies erfasst in Frankreich Garantieerklärungen und in Deutschland bis zum 21. März 2016[57] die nach § 7 Abs. 3 BSpkG geregelten Darlehen der Bausparkassen.

Mortgage Credit Directive (MCD)

Hypothekarkreditrichtlinie, *f.*

Mit dem Begriff der Hypothekarkreditrichtlinie wird die Richtlinie über Wohnimmobilienkreditverträge (2014/17/EU) bezeichnet. Die Europäische Kommission hatte diese Richtlinie ursprünglich unter dem Namen Hypothekarkreditrichtlinie vorgeschlagen. Der Name der Richtlinie wurde im weiteren Gesetzgebungsverfahren geändert.

Mortgage lending value

Beleihungswert, *m.*

Wert einer Kreditsicherheit, von dem mit hoher Wahrscheinlichkeit erwartet werden kann, dass er sich langfristig zu jedem beliebigen Zeitpunkt realisieren lässt.

Mortgage loan

Hypothekendarlehen, *n.*

Mortgage on residential property

Grundpfandrecht auf Wohneigentum, *n.*

MPE

(QV: **Multiple Point of Entry**)

MREL

(QV: **Minimum Requirement for Own Fund and Eligible Liabilities**)

---

[56] So die Definition der unter die Richtlinie über Wohnimmobilienkreditverträge fallenden Darlehen in Art. 3 Abs. 1 Richtlinie 2014/17/EU und spiegelbildlich Art. 2 Abs. 2 a) der Verbraucherkreditrichtlinie 2008/48/EG.

[57] Ab dem 21. Juni 2016 soll § 503 BGB mit der Definition des Immobiliarkredit an die Vorgaben der Richtlinie 2014/17/EU angepasst und aufgehoben werden.

MUTUAL FUND

Multilateral development banks (MDBs)
multilaterale Entwicklungsbanken, *pl., f.*
Im Standardansatz erhalten u. a. folgende mulitlaterale Entwicklungsbanken ein Risikogewicht von 0 %: Internationale Bank für Wiederaufbau und Entwicklung, Europäische Bank für Wiederaufbau und Entwicklung, Europäische Investitionsbank, Europäische Investitionsfonds.

Multiple Point of Entry
Abwicklungsform einer Bank, welche dezentral auf Ebene der Tochtergesellschaften erfolgt, *f.*
Insbesondere bei international tätigen Banken ist diese Abwicklungsform von besonderer Relevanz, um sicherzustellen, dass die Geschäftsaktivitäten in anderen Ländern von der Abwicklung in nur einem Land fortgeführt werden können. Am effektivsten ist diese Abwicklungsmethode bei Tochtergesellschaften, die sich jeweils lokal refinanzieren. (QV: **MPE**)

Municipal bond
Kommunalschuldverschreibung, *f.*

Mutatis mutandis
mit den notwendigen Änderungen

Mutual fund
Investmentfonds, *pl. m.*

N

NET INTEREST POSITIONS

Name-to-follow transactions

Aufgabegeschäfte, *pl., n.*

Geschäfte, bei denen die Adresse durch den Makler nicht sofort angegeben werden kann

National Competent Authority (NCA)

nationale Aufsichtsbehörde, *f.*; national zuständige Behörden, *pl., f.*

Als National Competent Authority (NCA) wird im SSM (QV: **Single Supervisory Mechanism**) die zuständige nationale Bankenaufsichtsbehörde bezeichnet. In Abgrenzung zur EZB (QV: **European Central Bank**) als internationaler Aufsichtsinstitution ist die NCA für die Beaufsichtigung der sog. »weniger bedeutenden Institute« (QV: **Less Significant Institution**) zuständig. Zudem übernimmt die NCA in Zusammenarbeit mit der EZB teilweise aufsichtliche Tätigkeiten auch bei den direkt durch die EZB beaufsichtigten Institute (QV: **Significant Institution**) als Mitglied eines JST (QV: **Joint Supervisory Team**). Die NCA in Deutschland ist die Bundesanstalt für Finanzdienstleistungsaufsicht (BaFin).

National discretion

nationales Wahlrecht, *n.*

Wahlrechte zur Anwendung oder Nicht-Anwendung eines Standards der nationalen Gesetzgeber oder Aufsichtsbehörden.

NCA

(QV: **National Competent Authority**)

Natural person

natürliche Person, *f.*

NCWO

(QV: **No creditor worse off priciple**)

No creditor worse off principle

Prinzip, dass kein Gläubiger im Rahmen einer Bankenabwicklung schlechter gestellt werden darf gegenüber dem Fall einer Insolvenz, *n.* (QV: **NCWO**)

Negligent conduct

fahrlässiges Verhalten, *n.*

Verhalten, bei dem die erforderliche Sorgfalt verletzt wird

Net equity positions

Aktiennettopositionen, *pl., f.*

Unterschiedsbetrag zwischen aktivisch und passivisch ausgerichteten Aktienpositionen

Net interest income

Zinsüberschuss, *m.;* Nettozinsertrag, *m.*

Net interest margin (NIM)

Nettozinsspanne, *f.*

Net interest positions

Zinsnettopositionen, *pl., f.*

Unterschiedsbetrag zwischen aktivisch und passivisch ausgerichteten Zinspositionen

Net Stable Funding Ratio (NSFR)

stabile Finanzierungskennziffer, *f.* Die NSFR ist eine neue aufsichtsrechtliche Kennzahl, die sich aktuell noch in der Beobachtungsphase befindet und ab 2018 in Kraft treten soll. Im Gegensatz zur kurzfristig ausgerichteten LCR (QV: **Liquidity Coverage Ratio**) soll mit der NSFR eine nachhaltige und längerfristige stabile Refinanzierung der Aktivseite der Bankbilanz sichergestellt werden. Dabei werden die Forderungen anhand der tatsächlichen Liquiditätsbindung ins Verhältnis zu den vorhandenen, längerfristig verfügbaren Refinanzierungsmitteln gesetzt. Als dauerhafte Refinanzierung werden Passiva anerkannt, deren vertragliche Laufzeit bzw. Ablauffiktion eine Verfügbarkeit von mind. sechs bzw. zwölf Monate gewährleistet.

Sicherstellung einer nachhaltigen, stressresistenten Finanzierung der Aktivgeschäfte sowie der außerbilanziellen Aktivitäten. Mindestquote beträgt 100 %. Einführung ab 2018. (QV: **Liquidity Coverage Ratio**)

Netted

aufgerechnet
Aufrechnung von Aktiv- mit Passivpositionen bzw. von Ertrags mit Aufwandsgrößen.

Netting agreement

Aufrechnungsvereinbarung, *f.* Methode zur Verminderung von Risiken zwischen Vertragsparteien durch vertraglich vereinbarte Verrechnung

Netting options

Aufrechnungsmöglichkeiten, *pl., f.* Möglichkeit zur Nutzung einer Aufrechnungsvereinbarung

Netting set

Aufrechnungsposition, *f.* Positionen, die aufgerechnet werden können

Network money business

Netzgeldgeschäft, *n.* Schaffung und Verwaltung von Zahlungseinheiten in Rechnernetzen

Non-central government public sector entity (PSE)

öffentliche Stelle bzw. Körperschaft öffentlichen Rechts, die nicht dem Zentralstaat selbst zugeordnet wird, *f.*

Non-commercial undertaking

Unternehmen ohne Erwerbscharakter, *n.*

Non-credit institution
Nichtkreditinstitut, *n*.
Nach Art. 4 Abs. 10 Richtlinie 2014/17/EU sind Nichtkreditinstitute im Sinne der Wohnimmobilienkreditrichtlinie alle Kreditgeber, bei denen es sich nicht um ein Kreditinstitut handelt.

Non-EEA deposit broking
Drittstaateneinlagenvermittlung, *f.*
Vermittlung von Einlagengeschäften mit Unternehmen mit Sitz außerhalb des EWR

Non-EEA state
Drittstaat, *m*.
Staaten außerhalb des EWR

Non-linear fashion
Nichtlineare Methode, Art und Weise, *f.*

Non-maturity deposits
unbefristete Einlagen, *pl., f.*
Einlagen ohne Fristbindung

Non-model-based approach
Nicht-Modell-basierter Ansatz, *m*.

Non-objection procedure
Verfahren der impliziten Zustimmung, *n*.
Sofern der EZB-Rat nicht innerhalb eines vorgegebenen Zeitraums Einspruch gegen die Beschlussentwürfe des Aufsichtsgremiums erhebt, gilt der Beschluss als erlassen.
(QV: **Governing Council**)

(QV: **Supervisory Board**)

Non-performance
Leistungsstörung, *f.*

Non-performing assets (NPA) ratio
notleidende Forderung(-skennzahl), *f.*
Verhältnis von Vermögenswerten, die nicht bedient werden (90 Tage Verzug) zu den gesamten Vermögenswerten (z. B. in einem Kreditportfolio).

Non-performing debt investment securities
notleidende/leistungsgestörte Schuldverschreibungen, *pl., f.*

Non Performing Exposures
leistungsgestörte/notleidende Kredite, *pl., m*.
Die Institute haben neuerdings vierteljährlich auch den Umfang der Kredite zu melden, bei denen der Kreditnehmer hinsichtlich Zins und oder Tilgung im Rückstand ist. Dies ist unabhängig davon, ob der Kredit wertberichtigt ist oder nicht. Als leistungsgestört gilt ein Kredit, wenn der Kreditnehmer mit seinem Kapitaldienst mehr als 90 Tage überfällig ist. Darüber hinaus ist über diesen Sachverhalt Tatbestand auch im Rahmen der Säule 3 Offenlegung zu berichten. (QV: **performing exposure**)

Non-performing loans and leases
notleidende/leistungsgestörte Kredite und Leasingverträge, *pl., m.*

Non-tied intermediaries
nicht gebundene Vermittler, *pl., m.*
Im Gegensatz zu dem gebundenen Vermittler (s. o.) beschreibt der Begriff des nicht gebundenen Vermittlers den Makler oder den Honorarberater nach deutschem Recht beispielsweise. Nach Art. 22 Abs. 3 c) der Richtlinie 204/11/EU werden an diesen Vermittler besondere Anforderungen gestellt, wenn er beispielsweise Beratung anbietet. Aufgrund der Annahme, dass ein ungebundener Vermittler unabhängiger ist und grundsätzlich nicht in einem Weisungsverhältnis oder Interessenskonflikt bei der Beratung der Kunden steht, hat der unabhängige Vermittler beispielsweise bei der Beratung besondere Hinweis- und Aufklärungspflichten. So haben nicht gebundene Vermittler eine ausreichende Zahl von auf dem Markt verfügbaren Kreditverträgen im Rahmen ihrer Beratung einzubeziehen und unter Berücksichtigung der Bedürfnisse, der finanziellen Situation und der persönlichen Umstände des Verbrauchers einen auf dem Markt verfügbaren geeigneten Kreditvertrag oder mehrere auf dem Markt verfügbare geeignete Kreditverträge zu empfehlen.

Non-trading book institution
Nichthandelsbuchinstitut, *n.*
Kreditinstitut, dessen Anteil seines Handelsbuches an der Summe seiner außerbilanziellen und bilanziellen Geschäfte bestimmte Grenzen unterschreitet.

Notary
Notar, *m.*
Der Notar ist nicht in allen EU Mitgliedsstaaten bekannt, lediglich in den Rechtsordnungen, die auf dem römischen Recht basieren, existiert die Funktion des Notars in derzeit 22 Mitgliedstaaten der EU. Der Notar ist europarechtlich nicht reguliert, wird aber vom europäischen Recht gesondert anerkannt, so auch in Art. 2 Richtlinie 2005/36/EG.

Note issuance facility (NIF)
Fazilität, *f.* mit der über die kurzfristige, revolvierende Platzierung von Wertpapieren (Notes) auf dem Finanzmarkt Liquidität beschafft werden kann.

Notice of approval
Zulassungsbescheid, *m.*
Erlaubnis zur Inanspruchnahme bestimmter Regelungen

Notification
Benachrichtigung, *f.*; Anzeige, *f.*

Notional (value or amount)
Nominalwert, *m.*

NSFR
(QV: **Net Stable Funding Ratio**)

Nth-to-default credit derivate
N-ter-Ausfall-Kreditderivat, *n*.

O

Object finance
Objektfinanzierung, *f.*

Objection
Einwand, *m.*

Obligated party
Verpflichteter, *m.*

Obligation
Verbindlichkeit, *f.*; Pflicht, *f.*

Obligation to publicly disclose
Publizitätspflicht, *f.*

Obligor
Schuldner, *m.*

Obligor bank
Schuldnerbank, *f.*

Obligor grade
Schuldnerklasse, *f.*
Schuldnerklasse bezeichnet eine Risikokategorie innerhalb der Schuldner-Ratingskala eines Ratingsystems, der Schuldner auf der Grundlage von festgelegten und eindeutigen Ratingkriterien zugeordnet werden und von der Schätzungen in Bezug auf die Ausfallwahrscheinlichkeit abgeleitet werden.

Obligor risk characteristics
Risikomerkmale des Schuldners, *pl., n.*

Obligor's ability to repay
Rückzahlungsfähigkeit des Schuldners, *f.*

Occasional transaction
gelegentliche Transaktion, *f.*

Occupied or let by the owner
vom Eigentümer selbst bewohnt oder zu Wohnzwecken vermietet

Occurrence of failure
vorgekommene Ausfälle, *pl., m.*
Vorgekommene Ausfälle sind im Gegensatz zu der Wahrscheinlichkeit der Ausfälle die bereits stattgefundenen Ausfälle von Instituten.

OCR
(QV: **Overall capital requirement**)

OECD Arrangement
OECD-Vereinbarung, *f.*

Off-balance sheet
(QV: **off-balance sheet items**)

Off-balance sheet item/exposure
Unterstrich-Position, *f.*
Posten, die nicht in der Bilanz verbucht werden (Posten unter der Bilanz, außerbilanzelle Posten).
außerbilanzielle Geschäfte, *pl., n.*

Official Journal
Europäisches Amtsblatt, *n.*
Das Europäische Amtsblatt (Official Journal – OJ) ist das offizielle Verkündigungsorgan des Europäi-

schen Gesetzgebers. Damit hat es eine vergleichbare Funktion wie hierzulande der Bundesanzeiger. Die Publikation im Europäischen Amtsblatt muss in allen europäischen Amtssprachen erfolgen. Dies ist Voraussetzung dafür, dass einheitliche europäische Regelungen unmittelbare Rechtsauswirkungen in allen Nationalstaaten entfalten können. In der Regel treten die Verkündigungen 20 Arbeitstage nach der Veröffentlichung im OJ in Kraft.

Die Gesetzesveröffentlichungen im EU-Amtsblatt erfolgen in allen 24 EU-Amtssprachen (Stand (Frühjahr 2016): 28 Mitgliedstaaten).

OJ
(QV: **Offical Journal**)

Old-age provision product
Altersvorsorgeprodukte, *pl., n.*

OMTOS
(QV: **Open Market Tender Operations System**)

On an arm's length basis
zu Marktüblichen Konditionen, *f.*

On-balance sheet netting of deposits and loans
Aufrechnung der Bilanzpositionen von Einlagen und Krediten, *f.*
Hält ein Kreditnehmer bei einem Institut Einlagen und Kredite, kann das Kreditobligo unter bestimmten Umständen zur Kreditrisikominderung mit den Einlagen aufgerechnet werden.

On-site examinations
Vor-Ort-Prüfungen, *pl., f.*

On-site inspection
Vor-Ort-Prüfung, *f.*

One-tier board system
Monistisches Verwaltungssystem, *n.*
Bei einem monistischen Verwaltungssystem ist die Leitungs- und Kontrollkompetenz zu einem Organ der Unternehmensführung zusammengefasst (sog. Board of Directors). Das monistische System ist hauptsächlich im angelsächsischen Wirtschaftsraum vertreten. In Deutschland findet das dualistische Verwaltungssystem (QV: **Two-tier board system**) Anwendung.

One-way markets
wenig liquide Märkte, *pl., m.*

One-year default rate
Jahresausfallrate, *f.*; Einjahresausfallquote, *f.*
Ausfall innerhalb eines Zeitraums von einem Jahr.

One-year risk horizon
einjähriger Risikohorizont, *m.*

Open-end credit agreement

unbefristete Kreditverträge, *pl., m.*
Rechtfolge der Vereinbarung eines unbefristeten Kreditvertrages ist nach Art. 13 Abs. 1 Richtlinie 2008/48/EG, dass ein solcher unbefristeter Kreditvertrag jederzeit unentgeltlich ordentlich gekündigt werden kann, es sei denn, die Parteien haben eine Kündigungsfrist vereinbart.

Open gold position

offene Goldposition, *f.*

Open individual commodity positions

offene Rohwareneinzelpositionen, *pl., f.*

Open individual currency positions

offene Einzelwährungspositionen, *pl., f.*

Open Market Tender Operations System (OMTOS)

Offenmarkt Tender Operations-System, *m.*
OMTOS ist das elektronische Bieterverfahren der Deutschen Bundesbank für die Offenmarktgeschäfte des Eurosystems.

Opening balance

Anfangsbestand, *m.*

Operational risk (exposure)

operationelles Risiko, *n.*
Unter dem Begriff des operationellen Risikos werden solche Risiken subsumiert, welche aus der Gefahr von Verlusten, die infolge einer Unzulänglichkeit oder des Versagens von internen Verfahren, Menschen und Systemen oder infolge externer Ereignisse eintreten, resultieren. Operationelle Risiken sind mit Eigenmitteln (QV: **Own Funds**) zu unterlegen. Hierzu stehen verschiedene Methoden, namentlich der Basisindikatoransatz (QV: **Basis Indicator Approach**), der Standardansatz für operationelle Risiken (QV: **Standardized Approach (Operational Risk)**) sowie der fortgeschrittene Messansatz (QV: **Advanced Measurement Approach**) zur Auswahl.
Rechnerisch ermittelter Grad, zu dem ein Unternehmen oder ein Teil eines Unternehmens (z. B. ein Geschäftsbereich) definitionsgemäß operationellem Risiko ausgesetzt ist.

Operational risk capital

Kapital für operationelles Risiko, *n.*
Für das nach den aufsichtsrechtlichen Vorschriften ermittelte operationelle Risiko ist Eigenkapital vorzuhalten.

Operational risk capital-at-risk (OpCaR) model

Operationelles Risikokapital-Modell, *n.*
Durch den Basler Ausschuss vorgeschlagenes Modell zu Ermittlung

des hypothetischen Kapitalbedarfs eines Insituts (für operatives Risiko), basierend auf dessen Verlusthistorie.

Operational risk framework

Rahmenregelwerk zum operationellen Risiko, *n.*

Operational risk losses

Verluste aus operationellem Risiko, *pl., m.*
Verluste, die auf Grund der Verwirklichung von operationellen Risiken eintreten.

Opposite positions

gegenläufig ausgerichtete Positionen, *pl., f.*

Option risk

Optionsrisiko, *n.*
Unterkategorie der Zinsänderungsrisiken im Anlagebuch gemäß den »EBA Guidelines on the management of interest rate risk arising from non-trading activities« (EBA/GL/2015/08).

Options

Optionen, *pl., f.*

Order

Anordnung, *f.*

Orientation criterion (for retail exposures)

Kreditnehmerbezogenes Kriterium, *n.*
Kreditnehmerbezogenes Kriterium zur Einordnung eines Kredits in das aufsichtsrechtliche Retail-Portfolio. (Der Kredit muss gegenüber einer natürlichen Person oder einem Kleinunternehmen bestehen).

Original exposure method

Laufzeitmethode, *f.*; Ursprungsrisikomethode, *f.*
Methode zur Ermittlung der Unterlegung von Marktrisikopositionen mit Eigenmitteln

Original maturity

Ursprungslaufzeit, *f.*

Original lender

ursprünglicher Kreditgeber, *m.*

Originated

begründet

Originator

Originator, *m.*
Nach Art. 2 Abs. 3 des Verordnungsvorschlages der Europäischen Kommission COM(2015) 472 final wird der Begriff Originator dahingehend definiert, dass dies ein Unternehmen ist, welches selbst oder über verbundene Unternehmen direkt oder indirekt an der ursprünglichen Vereinbarung beteiligt war, die die Verpflichtungen oder die potentiellen Verpflichtungen des Schuldners oder potentiellen Schuldners begründet hat, durch die die Risikoposition entsteht, die nun Gegen-

stand der Verbriefung ist, oder Risikopositionen eines Dritten auf eigene Rechnung erwirbt und dann verbrieft.

Originator's interest

Originatoranteil, *m.*

O-SII buffer

A-SRI Kapitalpuffer, *m.*
(QV: **Other systemically important institutions**)

OTC

(QV: **Over the Counter Market**)

Other items

sonstige Positionen, *pl., f.*

Other non credit-obligation assets

sonstige Aktiva ohne Kreditverpflichtungen, *pl., n.*

Other public-sector entities

sonstige öffentliche Stellen, *pl., f.*

Other reserves

sonstige Rücklagen, *pl., f.*

Other systemically important institutions (O-SII)

andere systemrelevante Institute (A-SRI), *pl., n.*
(QV: **Global systemically important insurers**)

Out-of-court complaint

außergerichtliche Beschwerde- und Rechtsbehelfsverfahren, *m.*
Mit dem Begriff der außergerichtlichen Beschwerde- und Rechtsbehelfsverfahren werden die in Deutschland unter dem Namen Ombudsmannverfahren bekannten Schlichtungsverfahren bezeichnet, die nun spätestens mit der Richtlinie über alternative Streitbeilegung in Verbraucherangelegenheiten (2013/11/EU) für alle Bereiche auf nationaler Ebene umzusetzen sind. Dem Verbraucher soll damit die Möglichkeit gegeben werden, statt eines kostenintensiven Gerichtsverfahren auch ein Verfahren zumeist in einem Urkundsprozess zu führen und damit einen Vergleichsvorschlag eines neutralen Ombudsmann oder einen Schlichtungsspruch gegen das Unternehmen, mit welchem er sich im Streit befindet, zu erhalten.

Out-of-sample

außerhalb der Entwicklungsstichprobe

Out-of-time

außerhalb des Beobachtungszeitraums

Outflows

Abflüsse, *pl., m.*

Outperform

übertreffen

Outstanding amount

noch zu zahlender Betrag, *m.*; noch ausstehender Betrag, *m.*

Overcollateralisation

Übersicherung

Over the Counter Market (OTC)

Freiverkehrsmarkt, *m.*; Außerbörslicher Handel, *m.*
Im Gegensatz zum regulierten, börslichen Handel können professionelle Marktteilnehmer im Rahmen von sog. OTC Geschäften auch Abschlüsse auf Basis eigener Absprachen tätigen. Dieser Markt ist wesentlich intransparenter, da weder objektive Preisfeststellungen noch standardisierte Handelsusancen vorgeschrieben sind. Insbesondere Derivate werden außerhalb regulierter Märkte gehandelt, weshalb mit der Verordnung EMIR (QV: **European Market Infrastructure Regulation**) aufgrund der Erfahrungen aus der Finanzmarktkrise eine höhere Transparenz geschaffen werden soll.

Overall Capital Requirements (OCR)

Gesamtkapitalanforderung, *f.*
Summe aus Total SREP Capital Ratio TSCR (QV: **Total SREP Capital Requirements**), Kapitalpuffern und anderen von der Aufsicht vorgeschriebenen makroprudentiellen Anforderungen.

Overall currency position

Währungsgesamtposition, *f.*
Summe der Nettowährungsposition und der offenen Goldposition

Overall net foreign exchange position

Nettowährungsposition, *f.*
Betragsmäßig größerer Betrag der aktivisch bzw. passivisch ausgerichteten Einzelwährungspositionen

Overall obligation

Gesamtschuld, *f.*
Haftung zur ungeteilten Hand

Overall risk profile

Gesamtrisikoprofil, *n.*
Das Risikoprofil ist die zu einem bestimmten Zeitpunkt vorgenommene Bewertung aller Risiken, die mit den Geschäftsaktivitäten eines Unternehmens verbunden sind.

Overall SREP assessment

SREP-Gesamtbewertung, *f.*
SREP-Gesamtbewertung ist die Bewertung der gesamten Überlebensfähigkeit des Instituts unter Berücksichtigung der einzelnen SREP-Elemente.

Overall SREP score

SREP-Gesamtscore, *m.*; SREP-Gesamtbewertung, *f.*
Der numerische Indikator des Gesamtrisikos für die Überlebensfähigkeit des Instituts auf der Grundlage der SREP-Gesamtbewertung.

Der SREP-Score verdichtet die Feststellungen und Bewertungen für jedes einzelne SREP-Element (QV: **SREP element**) zu einer Gesamtbewertung des Instituts.

Overdraft facility

Überziehungsmöglichkeit, *f.*
Nach Art. 3 d) Richtlinie 2008/48/EU ist die Überziehungsmöglichkeit ein ausdrücklicher Kreditvertrag, bei dem der Kreditgeber dem Verbraucher Beträge zur Verfügung stellt, die das aktuelle Guthaben auf dem laufenden Konto des Verbrauchers überschreiten.

Overheads

Gemeinkosten, *pl.*

Overrunning

Überschreitung, *f.*
Der Begriff Überschreitung im europäischen Verbraucherkredit- und Zahlungsdiensterecht bedeutet nach Art. 4 e) Richtlinie 2008/48/EG eine stillschweigend akzeptierte Überziehung, bei der der Kreditgeber dem Verbraucher Beträge zur Verfügung stellt, die das aktuelle Guthaben auf dem laufenden Konto des Verbrauchers oder die vereinbarte Überziehungsmöglichkeit überschreiten.

Oversight activities

Überwachungsaktivitäten, *pl., f.*

Own funds

(aufsichtsrechtliche anrechenbare) Eigenmittel, *pl., m.*
Als »Own Funds« werden die nach aufsichtsrechtlicher Definition anerkannten Eigenmittelbestandteile bezeichnet. Diese ergeben sich im Wesentlichen aus den Artikeln 25 bis 91 der CRR (QV: **Capital Requirements Regulation**) sowie dem konkretisierenden »Regulatory Technical Standard (RTS) on Own Funds« (QV: **Regulatory Technical Standard**) der EBA (QV: **European Banking Authority**). Die Eigenmittel setzen sich aus dem Kernkapital (unterschieden nach hartem Kernkapital (QV: **Core Equity Tier 1**) und zusätzlichem Kernkapital(QV: **Additional Tier 1 Capital**)) sowie dem Ergänzungskapital zusammen. Die so berechneten Eigenmittel dienen unter anderem als Bezugsgröße für die Kreditvergabe und die Gesamtrisikopositionen eines Kreditinstitutes.

Own funds instruments

Eigenmittelinstrumente, *pl., n.*

Own funds requirements

Eigenmittelanforderungen, *pl., f.*

P

Parent enterprise

Mutterunternehmen, *n.*

Parent financial holding company

Mutterfinanzholdiggesellschaft, *f.*

Parent institution

Mutterinstitut, *n.*

Parent mixed financial holding company in a Member State

Gemischte Mutterfinanzholdinggesellschaft in einem Mitgliedstaat, *f.* Eine gemischte Mutterfinanzholdinggesellschaft im Sinne des Artikels 4 Absatz 1 Nummer 32 der Verordnung (EU) 575/2013, also eine gemischte Finanzholdinggesellschaft, die nicht Tochterunternehmen eines im selben Mitgliedstaat zugelassenen Instituts oder einer im selben Mitgliedstaat errichteten Finanzholdinggesellschaft oder gemischten Finanzholdinggesellschaft ist.

Parent untertaking

Mutterunternehmen, *n.*

Partial use

teilweise Anwendung

Partially protected

teilbesichert

Participation

Beteiligung, *f.*

Particular life events

bestimmte Lebensereignisse, *pl., n.* In Art. 6 Abs. 2 b) Richtlinie 2014/49/EU werden bestimmte Lebensereignisse aufgelistet, so zum Beispiel Heirat, Scheidung, Renteneintritt, Kündigung, Entlassung, Invalidität oder Tod. Einlagen, die soziale, im einzelstaatlichen Recht vorgesehene Zwecke erfüllen und an bestimmte Lebensereignisse eines Einlegers geknüpft sind, wie die oben genannten Umstände, können durch die Einlagensicherungssysteme der Mitgliedstaaten auch über die Mindestdeckungssumme zeitlich beschränkt abgesichert werden.

Partner

Gesellschafter, *m.*

Partners' meeting

Gesellschafterversammlung, *f.*

Passport notifications

Notifizierung von Dienstleistungen im Rahmen des Europäischen Passes, *f.* Die Notifizierung von Dienstleistungen im Rahmen des Europäischen Passes ist die Anmeldung, gemäß der Verordnung Nr. 1151/2014 die ein Kreditinstitut, das seine Tätigkeit im Rahmen des freien Dienstleistungsverkehrs erstmals im Hoheitsgebiet eines anderen Mitgliedstaats ausüben möchte, den zuständigen Behörden seines Herkunftsmitgliedstaats gemäß Art. 39 Abs. 1 der Richtlinie 2013/36/EU übermittelt. Der Begriff der Notifizierung der Dienstleistungen betrifft aber auch die grenzüberschreitende Tätigkeit eines in einem Mitgliedstaat ordnungsgemäß nach Art. 29 Richtlinie 2014/17/EU registrierten Vermittler von Wohnimmobilienkreditverträgen, der nach Art. 32 Richtlinie 2014/17/EU von seiner Niederlassungsfreiheit und Dienstleistungsfreiheit in einem anderen Mitgliedstaat Gebrauch machen will. Um diese grenzüberschreitende Tätigkeit zu regeln, hat die EBA entsprechende Anforderungen für die Notifizierung der grenzüberschreitenden Tätigkeit erarbeitet.[58]

Pass-through account

Durchlaufkonto, *n.*
Konto, auf dem durchlaufende Posten verbucht werden.

Past due

in Verzug

Past due Rebuttable presumption

Widerlegbare Vermutung, das eine signifikante Erhöhung bei Überfälligkeit vorliegt *f.*

Past due items

überfällige Positionen, *pl., f.*

Payable

Aufwendung, *f.*

Payable-through accounts

Durchlaufkonten *pl., f.*

Paybox

Entschädigungsfunktion, *pl., f.*
Im Einlagensicherungsbereich ist diese Entschädigungsfunktion die Kernaufgabe des jeweiligen Einlagensicherungssystems.

Payee

Begünstigter, *m.*
Der Begriff Begünstigter wird im Geldwäscherecht in Art. 2 Abs. 4 der Verordnung (EU) 1781/2006 dahingehend definiert, dass dies eine natürliche oder juristische Person ist, die die transferierten Gelder als Endempfänger erhalten soll.

Payer

Auftraggeber, *m.*
Der Begriff Auftraggeber wird im Geldwäscherecht in Art. 2 Abs. 3 der Verordnung (EU) 1781/2006 dahingehend definiert, dass dies entweder eine natürliche oder juristische Person ist, die als Kontoinhaber den Geldtransfer von diesem Konto gestattet, oder, wenn kein Konto vorhanden ist, eine natürliche oder juristische Person, die den Auftrag zu einem Geldtransfer erteilt.

---

58 EBA/GL/2015/19 vom 11. August 2015.

Payment and settlement
Zahlungsverkehr, *m.*; Abwicklung, *f.*

Payment commitment
Zahlungsverpflichtungen, *pl., f.*
Nach Art. 2 Abs. 1 Ziff. 13 Richtlinie 2014/49/EU wird unter dem Begriff der Zahlungsverpflichtungen die Zahlungsverpflichtungen eines Kreditinstituts gegenüber einem Einlagensicherungssystem verstanden, die vollständig besichert sind, vorausgesetzt, die Sicherheiten bestehen aus risikoarmen Schuldtiteln, sind nicht mit Rechten Dritter belastet und für das Einlagensicherungssystem verfügbar. Nach Art. 10 Abs. 3 Richtlinie 2014/49/EU kann der Gesamtanteil der Zahlungsverpflichtungen eines Einlageninstitutes höchstens 30 % des Gesamtbetrags der erhobenen verfügbaren Finanzmittel betragen. Die nähere Ausgestaltung dieser Zahlungsverpflichtungen ist gemäß dem Auftrag in Art. 10 Abs. 3 S. 2 Richtlinie 2014/49/EU von der EBA vorgeschlagen worden.[59]

Payment commitment arrangement
Zahlungsverpflichtungsvertrag, *m.*

Zahlungsverpflichtungsvertrag bedeutet nach den EBA Leitlinien[60] der Vertrag, der zwischen dem Einlagensicherungssystem und dem Kreditinstitut geschlossen wird, der die Bedingungen und Voraussetzungen für die Aufnahme von Zahlungsverpflichtungen eines Kreditinstituts im Rahmen der verfügbaren Finanzmittel eines Einlagensicherungssysteme regelt und dabei insbesondere die Höhe des an Stelle der Zahlungsverpflichtung zu zahlenden Betrag und die unwiderrufliche und besicherte Verpflichtung des Kreditinstituts gegenüber dem Einlagensicherungssystem regelt, auf Anforderung unverzüglich und bedingungslos den in diesem Zahlungsverpflichtungsvertrag bezeichneten Betrag an das Einlagensicherungssystem zu zahlen.

Betrag der Zahlungsverpflichtung, *m.*

Der Betrag der Zahlungsverpflichtungen ist der Betrag, der nach den EBA Leitlinien[61] an das Einlagensicherungssystem, dem sich das Kreditinstitut gegenüber dem Einlagensicherungssystem in dem Zahlungsverpflichtungsvertrag verpflichtet hat, zu zahlen ist.

---

[59] EBA Konsultationspapier EBA/CP/2014/27 vom 25. September 2014 zu den Zahlungsverpflichtungen nach der Einlagensicherungsrichtlinie 2014/49/EU.

[60] EBA Konsultationspapier EBA/CP/2014/27 vom 25. September 2014 zu den Zahlungsverpflichtungen nach der Einlagensicherungsrichtlinie 2014/49/EU.

[61] EBA Konsultationspapier EBA/CP/2014/27 vom 25. September 2014 zu den Zahlungsverpflichtungen nach der Einlagensicherungsrichtlinie 2014/49/EU.

Payment delinquency

Zahlungsverzug, *m.*

Payment holiday

Zahlungsunterbrechung, *f.*
Nach der EBA Leitlinie zu den Verhaltensweisen der Behandlung von Darlehensnehmern mit Zahlungsschwierigkeiten bezüglich ihres Hypothekarkreditvertrages[62] wird unter dem Begriff der Zahlungsunterbrechung verstanden, dass dies das Ergebnis einer Vereinbarung des Kreditnehmers mit dem Kreditgeber ist, die es dem Kreditnehmer erlaubt, vorübergehend seine Ratenzahlungen zu unterbrechen oder die monatlichen Ratenzahlungen zu reduzieren.

Payment leg

Zahlungskomponente, *f.*

Payment or delivery

Gegenleistung, *f.*

Payment performance

Zahlungsverhalten, *n.*

Payout structure

Auszahlungsstruktur, *f.*

PD

(QV: **Probability of Default**)

Pecuniary consideration

geldlicher Vorteil, *m.*

---

[62] EBA/GL/2015/12 vom 1. Juni 2015.

Peer review

vergleichende Analysen, *pl., f.*
In Art. 30 der so genannten EBA Verordnung (EU) Nr. 1093/2010 werden diese vergleichenden Analysen, die die EBA regelmäßig durchzuführen hat damit begründet, dass diese Ergebnisse dazu führen sollen, dass die Aufsicht damit eine größere Rechtsangleichung im Aufsichtsrecht erreichen soll. Hierzu soll die EBA Methoden entwickeln, die eine objektive Bewertung und einen objektiven Vergleich zwischen den überprüften nationalen Aufsichtsbehörden ermöglichen. Im Rahmen dieser vergleichenden Analyse wird unter anderem, auch die Angemessenheit der Regelungen hinsichtlich der Ausstattung und der Leitung der zuständigen Behörde mit besonderem Augenmerk auf der wirksamen Anwendung der technischen Regulierungs- und Durchführungsstandards sowie der Fähigkeit, auf Marktentwicklungen zu reagieren, der Grad der Angleichung, der bei der Anwendung des Unionsrechts und bei den Aufsichtspraktiken, die durch die technischen Regulierungs- und Durchführungsstandards, Leitlinien und Empfehlungen, erzielt wurde, überprüft. Ferner sollen dabei so genannte vorbildliche Vorgehensweisen einiger zuständiger nationaler Aufsichtsbehörden identifiziert werden, deren Übernahme für andere zuständige Behörden von Nutzen sein könnte.

Penal enforcement authority
Strafvollstreckungsbehörde, *f.*

Pension funds
Pensionsfonds, *m.*

Performance
Leistungsverhalten, *n.*; Wertentwicklung, *f.*

Performance bond
Erfüllungsgarantie, *f.*
Vertragliche Garantie für die Erfüllung einer Leistung.

Performing exposure
nicht leistungsgestörte Exposure, *n.*
(QV: **Non-performing exposure**)

Permanent partial use
dauerhafte teilweise Anwendung, *f.*
Ausnahmeregelung für IRB-Institute für die Anwendung des Standardansatzes unter bestimmten Vorgaben.

Permanent Write-down
Dauerhafte Herabschreibung, *f.*
Der Nominalwert eines Finanzinstrumentes wird nicht nur zeitweise, sondern dauerhaft herabgeschrieben. Eine Zuschreibung ist auch bei Wertaufholung ausgeschlossen.

Permission
Zustimmung, *f.*; Erlaubnis, *f.*

Person obliged to present documentation
Vorlegungspflichtiger, *m.*
Person, die zur Vorlage von Unterlagen verpflichtet ist

Person obliged to provide information
Auskunftspflichtiger, *m.*
Person, die zur Auskunft verpflichtet ist

Persons known to be close associates
bekanntermaßen nahe stehende Personen, *pl., f.*
Im Bezug auf die verstärkten Sorgfaltspflichten zur Prävention der Geldwäsche nach Art. 3 Abs. 8 der Richtlinie 2005/60/EG umfasst der Begriff der bekanntermaßen nahe stehenden Personen nach Art. 2 Abs. 3 Richtlinie 2006/70/EG die folgenden Personen, jede natürliche Person, die mit einer unter Abs. 1 fallenden Person gemeinsame wirtschaftliche Eigentümerin von Rechtspersonen und Rechtsvereinbarungen ist oder sonstige enge Geschäftsbeziehungen zu dieser Person unterhält und alle natürlichen Personen, die alleinige wirtschaftliche Eigentümerin einer Rechtsperson oder Rechtsvereinbarung sind, die bekanntermaßen tatsächlich zum Nutzen der politische exponierten Personen errichtet wurden.

Pertinent

Angemessen, sachdienlich, passend

Pfandbrief business

Pfandbriefgeschäft, *n.*
Ausgabe gedeckter Schuldverschreibungen aufgrund erworbener Hypotheken

Phasing-in

schrittweise Einführung, *f.*

Physical collateral

Sachsicherheit, *f.*
Absolut geschütztes dingliches Verwertungsrecht an Forderungen und anderen Rechten, beweglichen Sachen und Grundstücken

PII, professional indemnity insurance

Berufshaftpflichtversicherung, *f.*
Art. 29 Abs. 1 a) Richtlinie 2014/17/EU sieht als Zulassungsvoraussetzung für Kreditvermittler den Nachweis einer Berufshaftpflichtversicherung oder einer Garantieerklärung des Prinzipals vor. Dasselbe gilt für Versicherungsvermittler nach Art. 4 Abs. 3 Richtlinie 2002/92/EG. Nach Art. 1 der Verordnung (EU) Nr. 1125/2014 ist der Betrag der Mindestdeckungssumme für die Haftpflichtversicherung für Vermittler von Wohnimmobilienkreditvermittler ab dem 21. März 2016 auf 460.000 Euro für jeden einzelnen Schadensfall und insgesamt auf 750.000 Euro pro Kalenderjahr für alle Schadensfälle festgelegt worden.

Pillar 1

Säule 1 des Baseler Akkords, *f.*
Das Grundgerüst des Baseler Akkords besteht aus drei sich gegenseitig ergänzenden Säulen: Mindestkapitalanforderungen, bankaufsichtlicher Überprüfungsprozess (QV: **Pillar 2**) und erweiterte Offenlegung (QV: **Pillar 3**). Die Säule 1 des Baseler Akkords regelt die Mindestkapitalanforderungen an die Kreditinstitute.

Pillar 1 Plus Approach

Säule 1 Plus Ansatz, *m.*
Die »EBA Guidelines on common procedures and methodolgies for the SREP« (EBA/GL/2014/13) schreiben vor, dass die Ermittlung von zusätzlichen Kapitalzuschlägen im SREP (QV: SREP) nach dem sog. »Säule 1 Plus Ansatz« zu erfolgen hat. Startpunkt der Quantifizierung von Risiken, die nicht in der Säule 1 abgedeckt werden, sind die institutsinternen Berechnungen im Rahmen des ICAAP. Für Risiken, welche bereits in Säule 1 (QV: **Pillar 1**) berücksichtigt sind, stellen die Eigenmittelanforderungen gemäß CRR (QV: **Capital Requirements Regulation**) die Untergrenze der Eigenmittelbelastung dar.

Pillar 2

Säule 2 des Baseler Akkords, *f.*

Das Grundgerüst des Baseler Akkords besteht aus drei sich gegenseitig ergänzenden Säulen: Mindestkapitalanforderungen, bankaufsichtlicher Überprüfungsprozess und erweiterte Offenlegung (QV: **Pillar 3**). Die Säule 2 regelt den aufsichtlichen Überprüfungsprozess (QV: **Supervisory Review Process (SRP)**), der die quantitativen Mindestkapitalanforderungen der Säule 1 (QV: **Pillar 1**) um ein qualitatives Element ergänzt. Der aufsichtliche Überprüfungsprozess setzt sich aus ICAAP (QV: **ICAAP**) und SREP (QV: **SREP**) zusammen.

Pillar 3

Säule 3 des Baseler Akkords, *f.*

Das Grundgerüst des Baseler Akkords besteht aus drei sich gegenseitig ergänzenden Säulen: Mindestkapitalanforderungen (QV: **Pillar 1**), bankaufsichtlicher Überprüfungsprozess (QV: **Pillar 2**) und erweiterte Offenlegung. Die Erweiterung der Offenlegungspflichten der Institute unter Säule 3 zielt darauf ab, die disziplinierenden Kräfte der Märkte komplementär zu den regulatorischen Anforderungen zu nutzen.

Pillar 3 reports

Säule III Berichte, *pl., m.*

Meldungen basierend auf den Offenlegungspflichten der 3. Säule des Basler Regelwerks.

Place of jurisdiction

Gerichtsstand, *m.*

Ort des zuständigen Gerichts

Place of residence

Wohnstätte, *f.*; Aufenthaltsort, *m.*

Nach Art 19 Abs. 2 der Verordnung (EU) Nr. 593/2008[63] ist der gewöhnliche Aufenthalt einer natürlichen Person, die im Rahmen der Ausübung ihrer beruflichen Tätigkeit handelt, der Ort ihrer Hauptniederlassung.

Placement business

Platzierungsgeschäft, *n.*

Platzieren von Finanzinstrumenten ohne feste Übernahmeverpflichtung

Pledged property

Pfandobjekt, *n.*

Sache, die als Pfand bestellt wird

Policies, procedures and controls

Richtlinien, Prozesse und Regelungen, *pl., f.*

Policy considerations

politische (strategische) Erwägungen, *pl., f.*

---

[63] Die Definition des gewöhnlichen Aufenthaltsortes ist bei grenzüberschreitenden Verträgen relevant für die Bestimmung des anzuwendenden Rechts nach der Rom I Verordnung (EU) Nr. 593/2008.

Politically Exposed Persons (PEPs)

politisch exponierte Personen, *pl., f.*
Nach Art. 3 Abs. 9 der 4. Geldwäscherichtlinie (2015/849/EU) wird unter dem Begriff der politisch exponierten Personen eine natürliche Person verstanden, die wichtige öffentliche Ämter ausübt oder ausgeübt hat, hierzu zählen unter anderem Staatschefs, Regierungschefs, Minister, stellvertretende Minister und Staatssekretäre, Parlamentsabgeordnete oder Mitglieder vergleichbarer Gesetzgebungsorgane, Mitglieder der Führungsgremien politischer Parteien, Mitglieder von obersten Gerichtshöfen, Verfassungsgerichtshöfen oder sonstigen hohen Gerichten gegen deren Entscheidungen, von außergewöhnlichen Umständen abgesehen, kein Rechtsmittel mehr eingelegt werden kann, Mitglieder von Rechnungshöfen oder der Leitungsorgane von Zentralbanken, Botschafter, Geschäftsträger und hochrangige Offiziere der Streitkräfte, Mitglieder der Verwaltungs-, Leitungs- oder Aufsichtsorgane staatseigener Unternehmen, Direktoren, stellvertretende Direktoren und Mitglieder des Leitungsorgans oder eine vergleichbare Funktion bei einer internationalen Organisation. Dabei wird auch klargestellt, dass keine der oben genannten öffentlichen Funktionen Funktionsträger mittleren oder niedrigeren Ranges erfasst.

Point of Non-Viability

Zeitpunkt drohender Insolvenz, *m.*
(QV: **PONV**)

PONV

(QV: **Point of Non-Viability**)

(to) pool ressources

Mittel zusammenlegen

Pooled account

Sammelkonto, *n.*

Population

Gesamtheit, *f.*

Portfolio differentiation

Portfolioabgrenzung, *f.*

Portfolio management

Finanzportfolioverwaltung, *f.*
Verwaltung einzelner in Finanzinstrumenten angelegter Vermögen für andere mit Entscheidungsspielraum

Portfolio manager

Finanzportfolioverwalter, *m.*
Person, die die Finanzportfolioverwaltung betreibt

Position risk

Positionsrisiko, *n.*
Risiko einer Preisänderung eines Wertpapiers

Postponement of principal

Stundung von Kapital, *f.*

Pre-contractual stage
vorvertragliche Phase, *f.*

Precious metal
Edelmetall, *n.*

Predictive power
Vohersagekraft, *f.*; Prognosekraft, *f.*

Predictor
Anzeichen, *n.*
z. B. eine Kennzahl, welche ein Anzeichen für die Bonität darstellen kann.

Preliminary calibration
Vorläufige Kalibrierung, *f.*

Preliminary investigations
Ermittlungsverfahren, *n.*
Ausgangspunkt jedes Bußgeld- und Strafverfahrens

Present value
Barwert, *m.*
Wert, den zukünftig anfallende Zahlungsströme in der Gegenwart besitzen.

Price risk
Preisrisiko, *n.*

Primary insurance company
Erstversicherung, *f.*; Erstversicherungsunternehmen, *n.*
Versicherungsgeschäfte zwischen einer Versicherung und einer natürlichen oder juristischen Person, die selbst keine Versicherung ist (im Gegensatz zur Rückversicherung)

Principal
Nominalbetrag, *m.*

Principal and interest cash flow schedule
Zins- und Tilgungsplan, *m.*

Principal bank
Hausbank, *f.*

Principal broking services
Finanzkommissionsgeschäft, *n.*
Anschaffung und die Veräußerung von Finanzinstrumenten im eigenen Namen für fremde Rechnung

Principle of proportionality
Proportionalitätsprinzip, *n.*

Principles
Grundsätze, *pl., m.*

Private credit bureau
Kreditbüro, *n.*
Das Kreditbüro im Sinne des Art. 21 der Richtlinie 2014/17/EU ist eine privat betriebene Kreditauskunftei.

Private equity exposure
Position aus privatem Beteiligungskapital, *f.*
(QV: **Equity exposure; Exchange traded equity exposure**)

Private immovable property
Privatimmobilieneigentum, *n.*
Nach Art. 6 Abs. 2 a) Richtlinie 2014/49/EU sind Einlagen, die aus Immobilientransaktionen im Zusammenhang mit Privatimmobilieneigentum resultieren über einen Betrag von 100.000 Euro mindestens drei Monate lang und maximal ein Jahr ebenfalls durch das Einlagensicherungssystem gedeckt. Nach dem Wortlaut der Richtlinie schützt dies aber nur den Verkäufer der Immobilie hinsichtlich des erhaltenen Kaufpreises und nicht den Käufer, der die Mittel angespart hat.

Private limited company
Gesellschaft mit beschränkter Haftung, *f.*

Probability of Default (PD)
Ausfallwahrscheinlichkeit, *f.*
Die Ausfallwahrscheinlichkeit ist ein Begriff aus der Adressrisikosteuerung und eine Komponente eines Ratingsystems. Sie drückt aus, mit welcher Wahrscheinlichkeit ein Kreditnehmer mit dieser Ratingeinstufung binnen eines vordefinierten Zeitraumes (i. d. R. ein Jahr) ausfallen wird. Je besser die Ratingnote, umso geringer ist die Ausfallwahrscheinlichkeit eines Kreditnehmers. Höhere Ausfallwahrscheinlichkeiten lassen also auf schlechtere Bonitäten in einem Kreditportfolio (QV: **Credit Portfolio**) schließen, was wiederum zu höheren Eigenmittelanforderungen führt.

Procyclical
Prozyklisch.

Procyclicality
Prozyklizität, *f.*
Prozyklizität beschreibt die Verstärkung eines Konjunkturzyklus, indem bspw. in Boomphasen durch eine lockere Kreditvergabe das Wachstum weiter beschleunigt oder im Umkehrschluss in einer Abschwungphase durch eine Kreditklemme die Krise befeuert wird.

Product criterion (for retail exposures)
Produktbezogenes Kriterium, *n.*
Produktbezogenes Kriterium zur Einordnung eines Kredits in das aufsichtsrechtliche Retail-Portfolio.

Professional expertise
Sachkunde, *f.*
Fachliches Wissen über die Funktionsweise bestimmter Sachverhalte

Professional secrecy
Berufsgeheimnis, *n.*

Profit
Gewinn, *m.*

Profit and Loss (P&L)
Gewinn und Verlust (GuV), *f.*

Profit participation right
Genussrecht, *n.*

Progress report
Fortschrittsbericht, *m.*

Prohibition order
Untersagungsverfügung, *f.*
Möglichkeit der zuständigen Behörde, bestimmte Tätigkeiten zu untersagen

Project finance
Projektfinanzierung, *f.*

Promissory note
Solawechsel, *m.*; Eigenwechsel, *m.*
Nach Art. 75 des Genfer Abkommens vom 7. Juni 1930 über das einheitliche Wechselgesetz (Reichsgesetzbl. 1933 II S. 377) muss ein Eigenwechsel mindestens die Bezeichnung als Wechsel im Texte der Urkunde, und zwar in der Sprache, in der sie ausgestellt ist, das unbedingte Versprechen, eine bestimmte Geldsumme zu zahlen, die Angabe der Verfallzeit, die Angabe des Zahlungsortes, den Namen dessen, an den oder an dessen Order gezahlt werden soll, die Angabe des Tages und des Ortes der Ausstellung und die Unterschrift des Ausstellers enthalten, so auch Art. 1 des WechselG.

Promotional funds
Fördermittel, *pl., n.*

Öffentliche Mittel zur Unterstützung bestimmter Projekte

Promotional institution
Förderinstitut, *n.*
Institute, die mit der Förderung öffentlicher Projekte beauftragt sind

Property
Vermögensgegenstand, *m.*
Nach Art. 3 Abs. 3 der Richtlinie 2015/849/EU wird unter dem Begriff Vermögensgegenstand Vermögenswerte aller Art verstanden, ob körperlich oder nicht körperlich, beweglich oder unbeweglich, materiell oder immateriell und Rechtstitel oder Urkunden in jeder, einschließlich elektronischer oder digitaler Form, die das Eigentumsrecht oder Rechte an solchen Vermögenswerten belegen.

Property leasing transactions
Immobilienleasinggeschäfte, *pl., n.*

Property valuation
Immobilienbewertung, *f.*
Nach Art. 19 Abs. 1 Richtlinie 2014/17/EU ist vor der Vergabe eines Wohnimmobilienkredites zwingend eine Immobilienbewertung vorzunehmen. Die Richtlinie gibt dabei aber keinen spezifischen Standard vor, sondern schreibt nur vor, dass zuverlässige Standards für die Bewertung von Wohnimmobilien ausgearbeitet werden. Die Mitgliedstaaten sollen von den Kreditgebern

verlangen, dass sie dafür Sorge tragen, dass diese Standards angewandt werden, wenn sie selbst eine Immobilienbewertung vornehmen, oder dass sie geeignete Schritte unternehmen, um zu gewährleisten, dass diese Standards angewandt werden, wenn eine Bewertung von einer dritten Partei vorgenommen wird. Nach Art. 124 Abs. 4 CRR Verordnung Nr. 575/2013 wird die EBA im Frühjahr 2014 EBA arbeitet Entwürfe für technische Regulierungsstandards ausarbeitet, in denen die Kriterien für die Bemessung des Beleihungswertes präzisiert werden.

Property value
Immobilienwert, *m.*

Proportional ownership shares
Beteiligungsanteile, *pl., m.*

Proprietary business
Eigengeschäft, *n.*
Geschäfte im eigenen Namen und auf eigene Rechnung

Proprietary information
Geschäftsgeheimnis, *n.*

Proprietary trading
Eigenhandel, *m.*
Handel mit Finanzinstrumenten im eigenen Namen und auf eigene Rechnung

Prospective purchaser
interessierter Erwerber, *m.*

Derjenige, der beabsichtigt, allein oder im Zusammenwirken mit anderen Personen oder Unternehmen eine bedeutende Beteiligung an einem Institut zu erwerben.

Protection buyer
Sicherungsnehmer, *m.*
Begünstigter aus einem Sicherungsgeschäft

Protection instruments
Sicherungsinstrumente, *pl., n.*

Protection position
Sicherungsposition, *f.*

Protection provider
Gewährleistungsgeber, *f.*; Sicherungsgeber, *m.*

Protection seller
Sicherungsgeber, *f.*
Derjenige, der gegenüber dem Sicherungsnehmer verpflichtet ist, eine bestimmte Sicherheit für einen Kredit zu bestellen oder zu belassen

Protest procedure
Widerspruchsverfahren, *n.*
Verwaltungsverfahren, dessen (vorherige und erfolglose) Durchführung zugleich Sachentscheidungsvoraussetzung eines späteren gerichtlichen Verfahrens ist.

Provision
Bereitstellung, *f.*

Provision on administrative fines
Bußgeldvorschrift, *f.*

Provisioning practice
Gepflogenheit zur Bildung von (bilanziellen) Rückstellungen, *f.*

Provisions
Rückstellungen (Buchhaltung), *pl., f.*

Proxies
Vergleichswerte, *pl., m.*

Proxy based indicators
(QV: **proxy indicator**)

Proxy indicator
indirekter Indikator, *m.*
Für die Messung (z. B. eines Risikos) wird eine Kennzahl verwendet, von der angenommen wird, dass diese das zu messende Risiko reflektiert (z. B. Umsatz als indirekter Indikator für die Bemessung des operationellen Risikos).

Prudent valuation
Vorsichtige Bewertung, *f.*

Prudential
vernünftig; überlegt; aufsichtlich

Prudential authority
Aufsichtsbehörde, *f.*

Prudential capital resources quota
aufsichtsrechtliche Eigenkapitalquote, *f.*

Prudential complaints
aufsichtliche Beanstandungen, *pl., f.*

Prudential consolidation
aufsichtlicher Konsolidierungskreis, *m.*; Aufsichtliche Konsolidierung, *f.*

Prudential filters
aufsichtliche Korrekturposten, *pl., m.*

Prudential requirements
Aufsichtsanforderungen, *pl., f.*

Prudential supervisory regime
Aufsichtssystem, *n.*

Prudential treatment
aufsichtsrechtliche Behandlung, *f.*
Der Begriff der aufsichtsrechtlichen Behandlung wird insbesondere in Art. 4 der Richtlinie 2014/59/EU und in den folgenden Artikeln näher ausgestaltet.

Prudentially mapped
aufsichtlich zugeordnet

PSPP
(QV: **Public Sector Purchase Programme**)

Public authorities
staatliche Stellen, *pl., f.*

Public limited company
Aktiengesellschaft, *f.*

Public owner
Träger, *m.*

Public-sector entity
öffentliche Stelle, *f.;* Einrichtung des öffentlichen Rechts, *f.*
(QV: **Local authorities; Regional governments**)

Public Sector Purchase Programme (PSPP)
Ankaufprogramm der EZB für Staatsanleihen, *n.*
Im Rahmen dieses Programmes kauft die EZB (QV: **European Central Bank**) auf eigene Rechnung Anleihen von im Euroraum ansässigen Zentralstaaten, Emittenten mit Förderauftrag und europäischen Institutionen auf. Ziel des Programmes ist es, durch die damit verstärkte Nachfrage nach diesen Zinspapieren die Renditen niedrig zu halten, damit die Kreditnachfrage zu steigern und so die Wirtschaft anzukurblen.

Publicly available
öffentlich zugänglich

Purchased receivables
angekaufte Forderungen, *pl., f.*

Pursuing recoveries
Verwertung von Sicherheiten, *f.*

Q

QE
(QV: **Quantitative Easing**)

QIS
(QV: **Quantitative Impact Study**)

Qualified minority participation
qualifizierte Minderheitsbeteiligung, *f.*
Halten von mind. 20 % der Kapitalanteile (unmittelbar oder mittelbar), gemeinsame Leitung mit einem anderen Unternehmen, und Beschränkung der Haftung auf Kapitalanteile.

Qualifying Additional Tier 1
qualifiziertes zusätzliches Kernkapital, *n.*

Qualifying Central Counterparty (QCCP)
qualifizierte Zentrale Gegenpartei, *f.*

Qualifying criteria
Qualifikationskriterien, *pl., n.*; Mindestanforderungen, *pl., f.*

Qualifying holding
qualifizierte Beteiligung, *f.*

Qualifying own funds
qualifizierte Eigenmittel, *pl., n.*

Qualifying participating interest
qualifizierte Beteiligung, *f.*
Halten von mind. 10 % des Kapitals oder der Stimmrechte

Qualitative standards
qualitative Anforderungen, *pl., f.*

Quality assurance
Qualitätssicherung, *f.*

Quantitative analysis
Quantitative Analyse, *f.*
Analyse, die auf mengenmäßigen (statistischen) Auswertungen beruht.

Quantitative capital measures
quantitative Kapitalmaßnahmen, *pl., f.*

Quantitative Easing (QE)
quantitative Lockerung, *f.*
Diese außerordentliche geldpolitische Maßnahme wurde erstmalig von der US-Notenbank (QV: **Federal Reserve System**) zur Bekämpfung der Finanzmarktkrise und Wiederbelebung der Wirtschaft sowie der Kreditmärkte angewandt. Mittels des QE versuchen Zentralbanken, die langfristigen Zinsen zu senken sowie zusätzliche Liquidität in den Markt zu geben, um so die Wirtschaftleistung und die Investitionsbereitschaft anzukurbeln. Dies geschieht, indem am Kapitalmarkt (QV: **Capital Market**) gehandelte Wertpapiere durch die Zentralbank auf eigene Rechnung gekauft werden. Durch die Möglichkeit, theoretisch unendlich viel Zentralbankgeld zu schöpfen, kann durch diese Methode Einfluss auf die Kurse der

angekauften Wertpapiere sowie das Zinsniveau genommen werden.

Quantitative Impact Study (QIS)
quantitative Auswirkungsstudie, *f.* Studie (des Basler Ausschusses für Bankenaufsicht) zur Bewertung der zahlenmäßigen Auswirkungen einer möglichen Neuerung. Die Auswirkungsstudien sind ein Instrument, um neue Vorschriften oder Kennzahlen vor dem endgültigen Inkrafttreten zu evaluieren und so die theoretisch erarbeiteten Vorgaben unter realen Gegebenheiten zu testen. Bei der Auswahl der Studienteilnehmer wird auf eine möglichst heterogene Zusammenstellung geachtet, die einen Querschnitt der gesamten Bankenlandschaft abbildet. QIS werden bspw. vor der Einführung neuer Eigenmittelvorschriften durchgeführt.

Quantitative liquidity measures
quantitative Liquiditätsmaßnahmen, *pl., f.*

Quantitative tools and models
Quantitative Instrumente und Modelle, *pl., f.*

Quarterly Report
Quartalsbericht, *m.*

R

Ranked pari passu
gleichstehen; im Rang gleichstehend

Ranking relationship
Rangverhältnis, *n.*
Verhältnis eines Rechts zu anderen

RAS
(QV: **Risk Assessment System**)

Rated
beurteilt

Rated entity
Beurteilter, *m.*

Rated position
beurteilte/geratete Position, *f.*

Rating
Bonitätsbeurteilung, *f.*
Die Bonitätsbeurteilung ist ein wesentlicher Prozessschritt im Rahmen der Kreditvergabe. Anhand von vorwiegend quantitativen und ergänzenden qualitativen Merkmalen wird der Kreditnehmer beurteilt. Als Ergebnis wird dem Schuldner eine auf der Ratingnote basierende Ausfallwahrscheinlichkeit (QV: **Probability of Default**) zugewiesen, welche wiederum die Höhe des Kreditzinses beeinflusst. Bei der Kreditvergabe durch Kreditinstitute kommen vorwiegend interne Ratingmodelle zum Einsatz, wohingegen bei Kapitalmarktprodukten in erster Linie auf externe Bonitätseinschätzungen durch etablierte Ratingagenturen (QV: **Rating Agency**) zurückgegriffen wird.

Rating Agency
Ratingagentur, *f.*
Ratingagenturen sind Unternehmen, die sich auf die Bonitätsbeurteilung von Staaten, Banken und Unternehmen spezialisiert haben. Meist im Auftrag des zu beurteilenden Kreditnehmers führen die Ratingagenturen eine Analyse der Kreditwürdigkeit durch und vergeben darauf aufbauend eine Ratingnote. Diese drückt aus, mit welcher Wahrscheinlichkeit mit der Rückzahlung von Verbindlichkeiten gerechnet werden kann bzw. wie hoch das potenzielle Ausfallrisiko ist (QV: **Probability of Default**). Mindestratings sind für viele institutionelle Anleger ein wesentliches Kriterium, um in ein bestimmtes Unternehmen zu investieren.

Rating based method
ratingbasierter Ansatz, *m.*

Rating system
Ratingsystem, *n.*
Der Begriff »Ratingsystem« umfasst alle Methoden, Prozesse, Kontrollen, Datenerhebungs- und IT-Systeme, die zur Beurteilung von Kreditrisiken, zur Zuordnung von Risikopositionen zu Bonitätsstufen oder -pools sowie zur Quantifizierung von Ausfall- und Verlustschätzungen für eine Risikopositionsart dienen.

Ratio

Quote, *f.*; Kennzahl, *f.*

In Form von Kennzahlen werden aufsichtsrechtlich standardisierte Vorgabe erteilt, bspw. hinsichtlich der Eigenmittel (QV: **Total Capital Ratio**), der Verschuldung (QV: **Leverage Ratio**) oder der Liquiditätsausstattung (QV: **Liquidity Coverage Ratio**).

RCP

(QV: **Risk Covering Potential**)

Real estate agent

Immobilienmakler, *m.*

Real estate collateral

Grundpfandrecht, *n.*

Vertragliches Pfandrecht zur Kreditsicherung an Grundstücken oder grundstücksgleichen Rechten

Real estate mortgage

(QV: **Mortgage**)

Real estate property

Immobilie, *f.*

Reasonableness

Plausibilität, *f.*

Reasonableness of the estimates

Angemessenheit der Schätzungen, *f.*

Rebuttable presumption

Widerlegbare Vermutung, *f.*

(to) recalibrate

neu einstellen, nachkalibrieren

Receivable

Ertrag, *m.*; Forderung, *f.*

Reciprocal cross holding

Überkreuzbeteiligung, *f.*

Recognisable

anrechnungsfähig

Recognised exchange

anerkannte Börse, *f.*

Recognised third-country investment firm

anerkannte Drittland-Wertpapierfirma, *f.*

Recognition

Anerkennung, *f.*

Recognition of ECAIs

Anerkennung von Ratingagenturen, *f.*

Heranziehung von Bonitätsbeurteilungen von Ratingagenturen für die bankaufsichtliche Eigenmittelunterlegung

Recognition requirement

Anerkennungsvoraussetzung, *f.*

Voraussetzungen u. a. für die Anrechnung von Kapitalbestandteilen zu den bankaufsichtlichen Eigenmitteln

Recovered amounts

Verwertungserlöse, *pl., m.*

Erlöse aus der Verwertung von Gegenständen der Insolvenzmasse

Recovery and solution plan

Sanierungsplan, *s., m.*

Recovery capacity

Sanierungskapazität, *f.*

Die Fähigkeit eines Instituts, seine finanzielle Stabilität nach einer erheblichen Verschlechterung seiner Finanzlage wiederherzustellen.

Recovery plan

Sanierungsplan, *m.*; Wiederherstellungsplan, *m.*

Tragfähiger Plan, aus dem hervorgeht, auf welche Weise die Bestandsgefährdung eines Instituts abgewendet werden wird.

Der Sanierungsplan legt dar, mit welchen von dem Institut zu treffenden Maßnahmen im Fall einer erheblichen Verschlechterung der Finanzlage des Instituts dessen finanzielle Stabilität wiederhergestellt werden soll. Sie zeigen geeignete Bedingungen und Verfahren auf, damit Sanierungsmaßnahmen rechtzeitig durchgeführt werden können und damit ein breites Spektrum an Sanierungsoptionen zur Verfügung steht. Dafür werden verschiedene Szenarien erheblicher makroökonomischer und finanzieller Belastung mit Bezug zu den spezifischen Bedingungen des Instituts in Betracht gezogen. Der Plan enthält auch ein Rahmenwerk von Indikatoren, in dem festgelegt ist, ab welchen Schwellenwerten die im Plan genannten Maßnahmen ergriffen werden können. Sanierungspläne sind Instrumente der Unternehmenssteuerung.

Recovery Rate

Erlösquote, *f.*

Redemption

Tilgung, *f.*

Reducing own funds

Verringerung der Eigenmittel, *f.*

Reference date

Meldestichtag, *m.*

Die aufsichtlichen Meldungen sind regelmäßig zum Monatsultimo zu erstellen. Beim Erlass einer neuen Meldeanforderung können durchaus Übergangsregelungen gelten. Da die technische Implementierung der Meldeanforderungen einschließlich der IT-technischen Umsetzung für die Institute wie auch für die Aufseher mit nicht unerheblichem Aufwand verbunden ist, werden oftmals Übergangsfristen von drei bis sechs Monaten zwischen der Verabschiedung eines technischen Standards durch die EU-Kommission und dem ersten Meldetermin eingeräumt.

Reference obligation

Referenzverbindlichkeit, *f.*

Refinancing enterprise

Refinanzierungsunternehmen, *n.*

Unternehmen, die Gegenstände oder Ansprüche auf deren Übertragung aus ihrem Geschäftsbetrieb an dritte Unternehmen zum Zwecke der eigenen Refinanzierung veräußern oder für diese treuhänderisch verwalten.

Refinancing intermediary

Refinanzierungsmittler, *m.*

Kreditinstitute, die von Refinanzierungsunternehmen oder anderen refinanzierungsmittlern Gegenstände aus dem Geschäftsbetrieb eines Refinanzierungsunternehmens erwerben, um diese an Zweckgesellschaften oder Refinanzierungsmittler zu veräußern.

Reflection period

Reflektionsperiode, *f.*

Die Reflektionsperiode ist erstmals mit der Wohnimmobilienkreditrichtlinie in europäisches Recht überführt worden. Das Verbrauchervertragsrecht der EU, zum Teil neu gefasst durch die Verbraucherrechterichtlinie (2011/83/EU), kannte bislang nur ein allgemeines Widerspruchsrecht innerhalb einer Widerrufsfrist von vierzehn Tagen nach Vertragsschluss und entsprechender Information über das Widerrufsrecht in Art. 9 Richtlinie 2011/83/EU. In der Wohnimmobilienkreditrichtlinie (2014/17/EU) wurde für Wohnimmobilienkreditverträgen neben der Möglichkeit, ein vertragliches Widerrufsrecht vorzusehen, auch die Möglichkeit einer siebentägigen Reflektionsperiode vor Vertragsschluss vorgegeben. In dieser mindestens siebentägigen vorvertraglichen Reflektionsperiode soll nach Art. 14 Abs. 6 Richtlinie 2014/17/EU der Verbraucher ausreichend Zeit haben, um Angebote zu vergleichen, ihre Auswirkungen zu bewerten, um eine fundierte Entscheidung treffen. Eine derartige vorvertragliche Reflektionsperiode hat ihren Ursprung im französischen Verbraucherkreditgesetz.[64]

Regional government

Regionalregierung, *f.*; regionale Gebietskörperschaften, *pl., f.*
(QV: **Local authorities; Public sector entity**)

Register of cooperative societies

Genossenschaftsregister, *n.*

Registered bond

Namensschuldverschreibung, *f.*

---

64 Article L312-10 des französischen code de la consomation, dort beträgt die Reflektionsperiode für Immobiliarkredite 10 Tage, vor Ablauf dieser Frist kann der Verbraucher den Kreditvertrag nicht schließen.

Regression

Regressionsanalyse, *f.*
Statistische Verfahren zur Modellierung des Verhaltens von Variablen zueinander.

Regulated

beaufsichtigt, reguliert

Regulated market

Geregelter Markt, *m.*
Ein geregelter Markt im Sinne des Artikels 4 Absatz 1 Nummer 92 der Verordnung (EU) Nr. 575/2013 bzw. des Artikels 4 Nummer 14 der Richtlinie 2004/39/EG, also ein von einem Marktbetreiber betriebenes und/oder verwaltetes multilaterales System, das die Interessen einer Vielzahl Dritter am Kauf und Verkauf von Finanzinstrumenten innerhalb des Systems und nach seinen nichtdiskretionären Regeln in einer Weise zusammenführt oder das Zusammenführen fördert, die zu einem Vertrag in Bezug auf Finanzinstrumente führt, die gemäß den Regeln und/oder den Systemen des Marktes zum Handel zugelassen wurden, sowie eine Zulassung erhalten hat und ordnungsgemäß funktioniert.

Regulation

Verordnung, *f.*
EU-Rechtsakt, welcher in den Mitgliedstaaten unmittelbare verbindliche Gültigkeit hat (QV: **Directive**)

Regulation on calculating the mortgage lending value

Beleihungswertermittlungsverordnung, *f.*

Regulatory arbitrage

Regulierungsarbitrage, *f.*
Unter dem Begriff der Regulierungsarbitrage wird die Möglichkeit für ein Rechtsubjekt verstanden, sich aus den ggfs. bietenden unterschiedlichen Regelungssystemen, das subjektiv beste Umfeld auszuwählen.

Regulatory capital

Regulatorisches Eigenkapital, *n.*
Eigenkapital bei Berechnung nach den aufsichtsrechtlichen Vorgaben der Kapitaladäquanzrichtlinie (CRR) in der Säule I.

Regulatory coefficients

Aufsichtsrechtliche Kennzahlen, Faktoren, Koeffizienten, *pl., m.*

Regulatory Technical Standard (RTS)

technischer Regulierungsstandard, *m.*
Diese von der EBA (QV: **European Banking Authority**) erarbeiteten Aufsichtsregeln verfolgen das Ziel, eine einheitlichen Aufsichtspraxis innerhalb der Mitgliedstaaten zu schaffen, ein sogenanntes »Level Playing Field«. (QV: **Implementing Technical Standard**).

Regulatory trends
Aufsichtsrechtliche Entwicklung, *f.*

Reimbursement
Erstattung, *f.*
Gemäß Art. 5 der Richtlinie 2014/49/EU bedeutet der Begriff Erstattung im Einlagensicherungsrecht der Anspruch gegenüber dem Einlagensicherungssystem nach Eintritt des Einlagensicherungsfalles auf Rückzahlung der gedeckten Einlagen innerhalb der Erstattungsfrist.

Reinsurance company
Rückversicherungsunternehmen, *n.*
Unternehmen, das der Risikobewältigung eines einzelnen Versicherungsunternehmens dient.

Relevant indicator
maßgeblicher Indikator, *m.*

Relevant information
zweckdienliche Informationen, *pl., f.*

Reliability
Zuverlässigkeit, *f.*

Remittance date
Erfüllungstag, *m.*
Für eine zeitnahe europäische Datenanalyse ist es erforderlich, neben einheitlichen Meldestichtagen auch einheitliche Einreichungsfristen für die aufsichtlichen Meldeanforderungen vorzugeben. Monatsmeldungen sind in der Regel spätestens 15 Kalendertage nach dem Meldestichtag einzureichen. Zur Erleichterung bei der Einführung oder der Umstellung auf ein neues Meldeverfahren kann für die ersten sechs Meldungen eine erweiterte Einreichungsfrist von maximal 30 Kalendertagen zugestanden werden. Vierteljährliche Meldungen sind regelmäßig bis zum Ende des Folgemonats einzureichen.

Remuneration
Vergütung, *f.*
Die Vergütung umfasst neben finanziellen Leistungen und Sachbezügen jeder Art auch Leistungen von Dritten, die ein Geschäftsleiter oder ein Mitarbeiter aufgrund seiner beruflichen Tätigkeit für das Institut erhält. Die Regeln zur Vergütung sind in den Art. 92 bis 96 Richtlinie 2013/36/EU niedergelegt. Die Umsetzung in Deutschland erfolgte durch den Erlass der Institutsvergütungsverordnung (InstitutsVergV).

Remuneration policy
Vergütungspolitik, *f.*
Die Regeln zur Vergütungspolitik von Kreditinstituten sind in den Art. 92 bis 96 der Richtlinie 2013/36/EU sowie in zahlreichen EBA Stellungnahmen und Leitlinien[65] geregelt.

---

65 Guidelines on the remuneration benchmarking exercise, Guidelines on the data collection exercise regarding high earners Regulatory Technical Standards for the definition of material risk takers for re-

Rental agreement

Mietvertrag, *m.*

Repayable at par

Nennwert, *m.*

Der Nennwert ist der in der Urkunde explizit enthaltene Wert.

Repayment period

Erstattungsfrist, *f.*

Nach Art. 8 Abs. 1 Richtlinie 2014/49/EU ist die Erstattungsfrist der Einlagensicherungssysteme für die Rückzahlung der gesicherten Einlagen grundsätzlich sieben Tage nachdem der Einlagensicherungsfall festgestellt worden ist. Allerdings ist den Mitgliedstaaten die Möglichkeit gewährt worden, für eine Übergangszeit bis zum 31. Dezember 2018 bis zu 20 Arbeitstage als Erstattungsfrist und vom 1. Januar 2019 bis 31. Dezember 2020 bis zu 15 Arbeitstage und vom 1. Januar 2021 bis 31. Dezember 2023 bis zu 10 Arbeitstage vorzusehen.

Repeal

Aufhebung, *f.*

Unter dem Begriff der Aufhebung wird verstanden, dass durch neue Rechtsetzung bislang geltende Richtlinien oder Verordnungen nicht mehr gelten, weil sie explizit durch eine neue Vorschrift außer Kraft gesetzt werden.

Replacement cost

Wiedereindeckungsaufwand, *m.*

Positiver Marktwert eines Finanzinstruments, das neu zu beschaffen ist

Repo

(QV: **Repurchase agreement or transaction**)

(to) report compliance

bestätigen, dass man etwas einhält

Nach Art. 16 Abs. 3 Verordnung (EU) Nr. 1093/2010 haben die nationalen Aufsichtsbehörden der EBA mitzuteilen, ob sie die von ihr herausgegebenen Leitlinien (s. o.) einhalten oder haben zu erklären, warum sie diese Leitlinien nicht einhalten.

Reporting format

Meldeformat, *n.*

Reporting obligation

Meldepflicht, *f.*

Reporting requirements

Meldepflichten, *pl., f.*; Meldeanforderungen, *pl., f.*

Reports

Berichte, *pl., m.*

---

muneration purposes, Guidelines on the applicable notional discount rate for variable remuneration, EBA-Op-2014-10 Opinion on remuneration and allowances, EBA Report on the principles on remuneration policies and the use of allowances, EBA Remuneration benchmarking report 2010 to 2012 EBA – Report on High Earners: 2012 data.

Reports Regulation
Anzeigenverordnung, *f.*

Repo-style transactions
Kauf-Rückkauf Transaktion, *f.*
Wertpapierverkauf mit der Zusage, das Wertpapier (meist kurzfristig, z. B. am folgenden Tag) zu einem fixierten Preis zurückzukaufen.

Representative example
repräsentatives Beispiel, *n.*
In der Werbung für Kreditverträge ist für Wohnimmobilienkreditverträge nach Art. 11 Abs. 3 Richtlinie 2014/17/EU und für Verbraucherkredite nach Art. 4 Abs. 2 Richtlinie 2008/48/EU ein repräsentatives Beispiel anzugeben. Dasselbe gilt entsprechend für die vorvertraglichen Informationen für Verbraucherkredite, dies ergibt sich aus Art. 5 Abs. 1 g) Richtlinie 2008/48/ EU und für Wohnimmobiliarkredite aus Art. 13 Abs. 1 g) Richtlinie 2014/17/EU. Repräsentativ ist ein Beispiel, wenn über 50 % der Kunden diese Konstellation abgeschlossen haben.

Repricing risk
Zinsanpassungsrisiko, *m.*
Unterkategorie der Zinsänderungsrisiken im Anlagebuch gemäß den »EBA Guidelines on the management of interest rate risk arising from non-trading activities« (EBA/GL/2015/08).

Repurchase agreement
Rückkaufsvereinbarung, *f.*

Repurchase agreement or transaction
Pensionsgeschäft, *n.*

Repurchase transaction
Pensionsgeschäft, *n.*

Reputational risk
Reputationsrisiko, *n.*
Das bestehende oder künftige Risiko in Bezug auf die Erträge, die Eigenmittel oder die Liquidität eines Instituts infolge einer Schädigung des Rufs des Instituts.

Required level
Mindesthöhe, *f.*

Requirements
Anforderungen, *pl., f.*

Re-securitisation
Wiederverbriefung, *f.*
Nach Art. 2 Abs. 4 des Verordnungsvorschlages der Europäischen Kommission COM(2015) 472 final eine Verbriefung, bei der mindestens eine der zugrundeliegenden Risikopositionen eine Verbriefungsposition ist.

Re-securitisation position
Wiederverbriefungsposition, *f.*

Reserves
Rücklagen, *pl., f.*

Residential immovable property
Wohnimmobilien, *pl., f.*

Residential property
Wohneigentum, *n.*; Wohnimmobilie, *f.*

Residential real estate
Wohnimmobilie, *f.*

Residual category
Auffangtatbestand, *m.*
Allgemeine Regelung eines Sachverhalts die greift, wenn keine Spezialregelung zur Anwendung kommt (Auffangtatbestand).

Residual maturity
Restlaufzeit, *f.*
Als Restlaufzeit wird der Zeitraum bis zur Fälligkeit eines Kredites oder Wertpapieres bezeichnet.

Residual risk
Restrisiko, *n.*

Resilience
Widerstandsfähigkeit, *f.*
Der Begriff der Widerstandsfähigkeit wird im Europarecht nicht weiter definiert, allerdings wird die Widerstandsfähigkeit von Kreditinstituten und von Einlagensicherungssystemen im Rahmen von Stresstests regelmäßig überprüft. Nach Art. 4 Abs. 10 Richtlinie 2014/49/EU unterliegen die Einlagensicherungssysteme mindestens alle drei Jahre und gegebenenfalls öfter einem Stresstest. Auf der Grundlage der Ergebnisse der Stresstests ist die EBA verpflichtet, mindestens alle fünf Jahre gemäß Art. 30 der Verordnung (EU) Nr. 1093/2010 vergleichende Analysen durchzuführen, um die Widerstandsfähigkeit von Einlagensicherungssystemen zu prüfen.

Resolution
Abwicklung, *f.*
Die Abwicklung wird in der Abwicklungsrichtlinie 2014/59/EU definiert als Anwendung eines Abwicklungsinstruments (QV: **resolution tool**) oder eines sonstigen von den Mitgliedstaaten den Abwicklungsbehörden eingeräumten Instruments, um ein oder mehrere Abwicklungsziele (QV: **resolution objective**) zu erreichen. Sie ist damit eine Unternehmens- und/oder Kapitaltransaktion des betroffenen Instituts oder Unternehmens, um die Finanzstabilität insgesamt zu gewährleisten und öffentliche Mittel sowie Anlagen und Einlagen zu schützen.

Resolution action
Abwicklungsmaßnahme, *f.*
Die Entscheidung über die Abwicklung eines Instituts oder eines Unternehmens, die Anwendung eines Abwicklungsinstruments (QV: **resolution tool**) oder die Ausübung einer oder mehrerer Abwicklungsbefugnisse. Die Einleitung einer Ab-

wicklungsmaßnahme setzt die behördliche Feststellung voraus, dass das Institut oder das Unternehmen ausfällt oder wahrscheinlich ausfällt, sowie die fehlende Aussicht, dass der Ausfall innerhalb eines angemessenen Zeitraums durch alternative Maßnahmen der Privatwirtschaft (inklusive Maßnahmen im Rahmen von institutsbezogenen Sicherungssystemen) oder der der Aufsichtsbehörden (inklusive Frühinterventionsmaßnahmen (QV: **crisis prevention measure**) oder die Herabschreibung oder Umwandlung von relevanten Kapitalinstrumenten) abgewendet werden kann. Ferner muss die Abwicklung im öffentlichen Interesse erforderlich sein, d. h. die Abwicklung muss für die Erreichung eines oder mehrerer Abwicklungsziele (QV: **resolution objective**) erforderlich und mit Blick auf diese Ziele verhältnismäßig sein; die Zielerreichung muss im Rahmen der Abwicklung erfolgsversprechender sein als bei einer Liquidation im Wege eines regulären Insolvenzverfahrens.

Resolution college

Abwicklungskollegium, *n*.
Die Abwicklung von unionsweit agierenden Instituten und Unternehmen einer Gruppe wird durch ein Abwicklungskollegium koordiniert. Vertreten in diesem Kollegium sind insbesondere die an der Abwicklung beteiligten nationalen Behörden. U. a. die gruppenweite Verwendung von Abwicklungsinstrumenten (QV: **resolution tool**) sowie die Prüfung und Erstellung von Gruppensanierungs- und Gruppenabwicklungspläne (QV: **recovery plan, resolution plan**) fällt in den Aufgabenbereich des Kollegiums. In diesem Gremium wird auch das Gruppenabwicklungskonzept vorgestellt und erörtert. Es ist selbst kein Entscheidungsgremium, sondern eine Plattform zur Koordination der Entscheidungen der nationalen Behörden.

Resolution financing arrangement

Abwicklungsfinanzierungsmechanismus, *m*.
Der Finanzierungsmechanismus bildet die Grundlage für eine effektive Anwendung der Abwicklungsinstrumente (QV: **Resolution tool**) und -befugnisse durch die Abwicklungsbehörde. Er ist in der Regel als Fonds ausgestaltet, die Funktion kann aber ausnahmsweise auch direkt von der Abwicklungsbehörde wahrgenommen werden. Der Finanzierungsmechanismus verfügt über eine angemessene Mittelausstattung und kann zielkonform Maßnahmen ergreifen, u. a. bestimmte, Kapitaltransaktionen mit betroffenen Instituten, Zweckgesellschaften oder Brückeninstitu-

ten (QV: **bridge institution**) zur Förderung der Abwicklung und Neugestaltung. Die Finanzierungsmechanismen der teilnehmenden Staaten sind im Europäischen System der Finanzierungsmechanismen mit einander verbunden.

Resolution objective

Abwicklungsziel, *f.*
Abwicklungsziele sind: Sicherstellung der Kontinuität kritischer Funktionen; Vermeidung erheblicher negativer Auswirkungen auf die Finanzstabilität, vor allem durch die Verhinderung einer Ansteckung, beispielsweise von Marktinfrastrukturen, und durch die Erhaltung der Marktdisziplin; der Schutz öffentlicher Mittel durch geringere Inanspruchnahme außerordentlicher finanzieller Unterstützung aus öffentlichen Mitteln; Einleger- und Anlegerschutz; Schutz der Gelder und Vermögenswerte der Kunden.

Resolution plan

Abwicklungsplan, *m.*
Der Abwicklungsplan wird von der Abwicklungsbehörde erstellt und sieht die Abwicklungsmaßnahmen (QV: **resolution action**) vor, die die Abwicklungsbehörde treffen kann, sofern das Institut die Abwicklungsvoraussetzungen erfüllt. Im Abwicklungsplan wird analysiert, wie und wann ein Institut unter den in dem Plan genannten Voraussetzungen die Nutzung von Zentralbankfazilitäten beantragen kann, und werden diejenigen Vermögenswerte aufgezeigt, die voraussichtlich als Sicherheiten in Betracht kommen. In dem Abwicklungsplan werden relevante Szenarien berücksichtigt, unter anderem auch die Fälle, dass das Ausfallereignis idiosynkratischer Natur ist oder es in Zeiten allgemeiner finanzieller Instabilität oder systemweiter Ereignisse eintritt.

Resolution tool

Abwicklungsinstrument, *f.*
Abwicklungsinstrumente sind folgende Maßnahmen: Unternehmensveräußerung, Brückeninstitut (QV: **bridge institution**), Ausgliederung von Vermögenswerten, Bail-in (QV: **bail-in**).

Resolvability

Abwicklungsfähigkeit, *f.*
Ein Institut ist als abwicklungsfähig, wenn es aus Sicht der Abwicklungsbehörde durchführbar und glaubwürdig ist, das Institut im Rahmen eines regulären Insolvenzverfahrens zu liquidieren oder es durch Anwendung verschiedener Abwicklungsinstrumente (QV: **resolution tool**) und -befugnisse abzuwickeln, und zwar bei möglichst weit gehender Vermeidung erheblicher negativer Auswirkungen – auch im Kontext allgemeiner finanzieller Instabilität oder systemweiter Ereignisse – auf die Finanzsysteme des Mitglied-

staats, in dem das Institut niedergelassen ist, oder der anderen Mitgliedstaaten oder der Union und in dem Bestreben, die Fortführung bestimmter von dem Institut ausgeübter kritischer Funktionen (QV: **critical function**) sicherzustellen.

Responsible borrowing

verantwortungsvolle Schuldenaufnahme, *f.*

Die verantwortungsvolle Schuldenaufnahme wird im Europarecht nicht definiert. Sie ist Überbleibsel aus den parlamentarischen Diskussionen im Europäischen Parlament zu dem Themenkomplex der verantwortungsvollen Kreditvergabe. Nach dem von der Europäischen Kommission vorgeschlagenen Prinzip der verantwortungsvollen Kreditvergabe, nach der der Kreditgeber grundsätzlich dafür verantwortlich gewesen wäre, dass der richtige Kreditvertrag mit dem Verbraucher abgeschlossen wird, fand sich letztlich im Europäischen Parlament keine Mehrheit für eine solche gesonderte zivilrechtliche Verantwortung. Dies widersprach dem Leitbild des mündigen Verbrauchers, der aufgrund guter Informationen eine selbstbestimmte Vertragsentscheidung treffen sollte. Von der gesamten Diskussion zur verantwortungsvollen Kreditvergabe blieb die Erläuterungspflicht des Kreditgebers in Art. 16 Richtlinie 2014/17/EU und die Anforderungen an die finanzielle Allgemeinbildung in Art. 6 Abs. 1 Richtlinie 2014/17/EU übrig, die den Verbraucher in die Lage versetzten soll, eine verantwortungsvolle Schuldenaufnahme zu praktizieren.

Restrictions on distributions

Ausschüttungsbeschränkungen, *pl., f.*

Restructuring measures

Sanierungsmaßnahmen, *pl., f.*
Schritte zur Sanierung eines Unternehmens

Restructuring objective

Sanierungsziel, *n.*
Ziel einer Sanierungsmaßnahme

Retail

Mengengeschäft, *n.*

Retail banking

Privatkundengeschäft, *n.*

Retail brokerage

Wertpapierprovisionsgeschäft, *n.*
Wertpapiergeschäfte mit Retailkunden

Retail customers

Privatkunden, *pl., m.*

Retail deposit

Privatkundeneinlage, *f.*

Retail exposure
Risikoposition aus dem Mengengeschäft, *f.*

Retained earnings
einbehaltene Gewinne, *pl., m.*

Retained interests
Selbstbehalt, *m.*; zurückbehaltener Anteil, *m.*; zurückbehaltene Risiken, *pl., n.*
Risiken, die nicht ausplatziert werden konnten

Retention of records
Aufbewahrung der Dokumente, *f.*

Retrospective effect
rückwirkende Geltung, *f.*

Return on Assets
Kapitalrendite, *f.*

Return on Equity
Eigenkapitalrendite, *f.*

Return volatility
Ertragsvolatilität, *f.*

Revaluation
Neubewertung, *f.*

Revenue
Umsatz, *m.*

Reverse stress test
Inverser Stresstest, *m.*

Review
Überprüfung, *f.*

Revolving purchase facility
revolvierende Ankaufszusage, *f.*
Sich wiederholende Zusage zum Ankauf von Forderungen oder Finanzinstrumenten

Revolving securitisation
revolvierende Verbriefung, *m.*
Nach Art. 2 Abs. 15 des Verordnungsvorschlages der Europäischen Kommission COM(2015) 472 final wird der Begriff der revolvierenden Verbriefung als eine Verbriefung definiert, bei der die Verbriefungsstruktur selbst dadurch revolviert, dass Risikopositionen dem Pool von Risikopositionen hinzugefügt oder entnommen werden, unabhängig davon, ob die zugrundeliegenden Risikopositionen ebenfalls revolvieren oder nicht.

Revolving underwriting facilities (RUFs)
Fazilität, mit der über die kurzfristige, revolvierende, Platzierung von Wertpapieren (Notes) auf dem Finanzmarkt Liquidität beschafft werden kann, *f.*

Right of establishment
Niederlassungsrecht, *n.*
Freiheit, durch die Gründung rechtlich unselbstständiger Niederlassungen Geschäftstätigkeiten auszuüben

Right to cancel, unilateral

Kündigungsrecht, einseitiges, *n.*

Right to discharge

das Recht, vor Vertragsende zu erfüllen, *m.*

Unter dem Begriff des Rechts vor Vertragsende zu erfüllen wird nach Art. 24 Richtlinie 2014/17/EU und nach Art. 16 Abs. 1 Richtlinie 2008/48/EG für den Verbraucherkreditvertrag verstanden, dass der Verbraucher unter gewissen Voraussetzungen das Recht hat, seinen Kreditvertrag vorzeitig ganz oder teilweise zurückzuzahlen. Damit wird die einseitige Möglichkeit der Abweichung von der vertragsgemäß vereinbarten Laufzeit für den Verbraucher trotz einer etwaigen Festzinserwartung geregelt. Die Richtlinie 2014/17/EU sieht für Wohnimmobilienkreditverträge die Möglichkeit vor, dass dieses Recht auf nationaler Ebene eingeschränkt werden kann. So können die Mitgliedstaaten vorsehen, dass zeitliche Begrenzungen der Ausübung dieses Rechts, je nach Art des Sollzinssatzes oder je nach Zeitpunkt, zu dem der Verbraucher das Recht ausübt, eingeführt werden oder beibehalten werden. Um den Festzinskredit und seine laufzeitkongruente Refinanzierung durch Pfandbriefe beispielsweise aufrechterhalten zu können, sieht die Richtlinie auch vor, dass der Kreditgeber, sofern gerechtfertigt, eine angemessene und objektive Entschädigung für die möglicherweise entstandenen, unmittelbar mit der vorzeitigen Rückzahlung des Kredits zusammenhängenden Kosten verlangen kann.

Rights of avoidance

Anfechtungsrechte, *pl., n.*

Recht zur einseitigen Beseitigung eines Rechtszustandes

Rights of retention

Zurückbehaltungsrechte, *pl, n.*

Recht zur Zurückstellung der Erfüllung von Ansprüchen des Vertragspartners, bis dieser seinen vertraglichen Verpflichtungen nachkommt.

Rigorous

Streng, gründlich, exakt.

Ringfencing

Einzäunung, *f.*

Dabei handelt es sich um die Insolvenzsicherung von Vermögenswerten, was bei Banken durch Trennung von Geschäftsteilen in separate Gesellschaften erfolgt.

Risk-adjusted return on capital

Risikoadjustierte Eigenkapitalrendite, *f.*

Risk appetite

Risikoappetit, *m.;* Risikoneigung, *f.;* Risikotoleranz, *f.*

Der Risikoappetit beschreibt das Niveau und die Art der Risiken, die eine Bank angesichts ihrer wirtschaftlichen Ziele und Verpflichtungen in der Lage und bereit ist, in ihren Geschäftsaktivitäten einzugehen. Er sollte das Ausmaß und die Arten von Risiken widerspiegeln, die das Institut in Einklang mit seinem Geschäftsmodell unter Berücksichtigung seiner Risikotragfähigkeit insgesamt bereit ist einzugehen, um seine strategischen Ziele zu erreichen.

Risk Assessment System (RAS)

Risikobeurteilungssystem, *n.*
Frühwarnsystem für Risiken von SSM-Instituten, *n.*
Anhand von von definierten Schlüsselindikatoren (QV: **Key Risk Indicators**) analysiert die EZB (QV: **European Central Bank**) bzw. die zuständige nationale Aufsichtsbehörde (QV: **National Competent Authority**) alle Institute des SSM (QV: **Single Supervisory Mechanism**) hinsichtlich potenzieller systematischer oder idiosynkratischer Risikofaktoren mit dem Ziel, frühzeitig präventive Maßnahmen einleiten zu können.

Risk-based

risikobasiert, risikoabhängig

Risk-based contributions

risikoabhängige Beiträge, *pl., m.*
Nach Art. 13 Abs. 2 Richtlinie 2014/49/EU zahlen die Einlagenkreditinstitute risikobasierte Beiträge in das Einlagensicherungssystem. Die Berechnung der Beiträge soll dabei proportional zu ihrem Risiko erfolgen und in angemessener Form die Risikoprofile der unterschiedlichen Geschäftsmodelle berücksichtigen. Dabei wurde seitens der EU auch abstrakt vorgegeben, risikoarme spezialgesetzlich geregelten Geschäftsmodelle, wie die Bausparkassen beispielsweise, auf nationaler Ebene zu berücksichtigen (Erwägungsgrund 36 Richtlinie 2014/489/EU). Zusätzlich wurde anerkannt, dass die risikoarmen Beiträge anhand der Aktivseite der Bilanz und Risikoindikatoren wie die Kapitaladäquanz sowie die Qualität der Aktiva und die Liquidität festgelegt werden sollen. Die EBA wurde ermächtigt, Leitlinien für die Berechnung der Beiträge zu Einlagensicherungssystemen vorzuschlagen.[66]

Risk-based measure

auf einer Risikoeinschätzung basierende Maßnahme, *f.*

Risk bearing ability

Risikotragfähigkeit, *f.*
Die Risikotragfähigkeit ergibt sich, wenn wesentliche Risiken eines Kreditinstitutes durch die Risikodeckungsmasse laufend abgedeckt sind.

---

[66] EBA Konsultationspapier EBA/CP/2014/35 vom 10. November 2014 zu den Methoden für die Errechnung der Beiträge für das Einlagensicherungssystem nach der Einlagensicherungsrichtlinie 2014/49/EU.

Risk capital investment company
Unternehmensbeteiligungsgesellschaft, *f.*
Gesellschaft, die anderen Unternehmen durch Erwerb und Halten von Beteiligungen Kapital zur Verfügung stellt.

Risk concentration
Risikokonzentration, *f.*
Risikokonzentrationen, oft auch Klumpenrisiken genannt, sind ein Hauptgrund für den Zusammenbruch von Banken. Daher hat die Bankenaufsicht ein großes Interesse daran, dass Banken breit gestreute Portfolien aufbauen und sich nicht auf wenige Risiko- oder Ertragsquellen beschränken. Typischerweise treten Risikokonzentrationen in Kreditportfolien (QV: **Credit Portfolio**) auf, weshalb hier besondere Vorschriften wie bspw. Großkreditbeschränkungen (QV: **Large Exposure**) gelten. Aber auch die starke Abhängigkeit von der Fristentransformation, eine Komponente des Zinsänderungsrisikos (QV: **Interest Rate Risk**), wird zunehmend als Risikokonzentration wahrgenommen.

Risk Coverage Potential
(QV: **Available financial ressources**)
Risikodeckungspotential, *n.*

Risk driver
Risikotreiber, *m.*

Risk free discount factor
risikoloser Abzinsungsfaktor, *m.*

Risk inventory
Risikoinventur, *f.*
Im Rahmen einer Risikoinventur ist zu prüfen, welche Risiken die Vermögenslage (inkl. Kapitalausstattung), Ertrags- und Liquiditätslage eines Kreditinstituts wesentlich beeinträchtigen können. Das Ergebnis einer Risikoinventur ist die Erstellung eines Gesamtrisikoprofils (QV: **Overall risk profile**).

Risk level of strategy
Risikoneigung in der Strategie, *f.*
Maß der Bereitschaft innerhalb einer Strategie gewisse Risiken einzugehen.

Risk Limits
Limitsystem, *n.*

Risk management
Risikomanagement, *n.*
Als Risikomanagement wird die Gesamtheit der Aufgaben zur Steuerung der Risiken in einer Bank bezeichnet. In den letzten Jahren wurden die Aufgaben der Risikomanagementsysteme zunehmend aufsichtsrechtlich definiert, in Deutschland im Wesentlichen durch die Mindestanforderungen an das Risikomanagement von Instituten (MaRisk). Demnach sind bspw. ge-

eignete Risikosteuerungs- und -controllingprozesse zur Steuerung und Überwachung aller wesentlichen Risikoarten zu etablieren.

Risk management system
Risikomanagementsystem, *n.*

Risk mitigation framework
Rahmenwerk zur Risikoverminderung (z. B. Kreditrisikominderung), *n.*

Risk model
Risikomodell, n.

Risk of excessive leverage
Risiko einer übermäßigen Verschuldung, *n.*
Das Risiko einer übermäßigen Verschuldung im Sinne des Artikels 4 Absatz 1 Nummer 94 der Verordnung (EU) Nr. 575/2013, also das Risiko, das aus der Anfälligkeit eines Instituts aufgrund seiner Verschuldung oder Eventualverschuldung erwächst und möglicherweise unvorhergesehene Korrekturen seines Geschäftsplans erfordert, einschließlich der Veräußerung von Aktiva in einer Notlage, was zu Verlusten oder Bewertungsanpassungen der verbleibenden Aktiva führen könnte.

Risk position from collateral (RPC)
Risikoposition aus der Sicherheit, *f.*

Risk Position from Transaction (RPT)
Risikoposition aus dem Geschäft, *f.*

Risk profiles
Risikoprofile, *pl., n.*

Risk retention
Risikoeinbehalt, *m.*
Der Begriff Risikoeinbehalt regelt die verpflichtende Vorgabe bei Verbriefungen, mindestens 5 % der Verbriefungsvolumen auf seiner eigenen Bilanz zu lassen.

Risk quantification
Risikoquantifizierung, *f.*

Risk sensitivity
Risikosensitivität, *f.*; Risikoempfindlichkeit, *f.*
beschreibt, inweit z. B. eine Kennzahl, ein System oder Verfahren auf ein bestimmtes Risiko anspricht.

Risk taker
Risikoträger, *m.*
Nach Artikel 92 Abs. 2 CRD IV sind unter Risikoträgern Mitarbeiter zu verstehen, deren berufliche Tätigkeit sich wesentlich auf das Risikoprofil des Kreditinstituts auswirkt. Die Institutsvergütungsverordnung (InstitutsVergV) enthält besondere Anforderungen an die Risikoträger im Institut (QV: **Remuneration**).

Risk-taking
Übernahme von Risiken, *f.*

Risk Underestimation
Gefahr der Unterschätzung von Risiken, *f.*
Diese Gefahr ist insbesondere bei Modellüberprüfungen zu beachten.

Risk weight
Risikogewicht, *n.*

Risk-weight buckets
Risikogewichts-Klassen, *pl., f.*

Risk weight floor
Untergrenze für Risikogewichte, *f.*
z. B. Untergrenze für das zu hinterlegende Risikogewicht bei Krediten gegenüber einer bestimmten Personengruppe.

Risk-Weighted Assets (RWA)
risikogewichtete Aktiva, *pl., m.*
Die mit Gewichtungsfaktoren bemessenen Risikopositionen einer Bank dienen als Bemessungsgrundlage für die mindestens vorzuhaltenden anrechenbaren Eigenmittel (QV: **Own Funds**) einer Bank. Positionen mit hohen inhärenten Risiken werden dabei mit höheren Gewichtungsfaktoren und somit auch mit höheren Eigenmittelunterlegungen bedacht.

Risk-weighted exposure amount
risikogewichteter Positionsbetrag, *m.*

Risks to capital
Kapitalrisiken, *pl., n.*
Spezielle Risiken, die sich im Fall ihres Eintritts in aufsichtlicher Hinsicht wesentlich auf die Eigenmittel des Instituts über die nächsten 12 Monate auswirken. Diese Risiken umfassen die in den Artikeln 79 bis 87 der Richtlinie 2013/36/EU aufgeführten Risiken, sind jedoch nicht darauf beschränkt.

Risks to liquidity and funding
Liquiditäts- und Finanzierungsrisiken, *pl., n.*
Spezielle Risiken, die sich im Falle ihres Eintritts in aufsichtlicher Hinsicht wesentlich auf die Liquidität des Instituts über unterschiedliche Zeithorizonte auswirken.

Robot
Agenten-Programme, *pl., n.*
Robots oder Bots sind Programme, die als Agenten für einen Benutzer oder Server operieren. Im Internet werden die Bots, die auch als Spider oder Crawler bezeichnet werden, als Suchmodule eingesetzt, die das Internet automatisch nach neuen und aktualisierten Webseiten durchsuchen, indem sie selbstständig den Links folgen. Sie werden von den Suchmaschinen zur Recherche ausgesendet und durchforsten die Webserver. Diese Suchmaschinen-Bots – bei Google ist es der Googlebot – er-

fassen und charakterisieren die Dokumente anhand von Keywords und führen die Daten der Websites den Suchmaschinen zu. Je nach Arbeitsweise können die Robots oder Crawler nur neue oder aktualisierte Webseiten erfassen oder eine Tiefen-Indexierung ausführen und alle Unterseiten einer Website übertragen.

Cyberkriminelle infizieren mit Bots viele Computer von Unbekannten und bilden daraus ein Botnetz, über das sie Attacken auf Computer und Netzwerke ausführen können. Dabei kann es sich um DoS-Attacken (QV: **Denial-of-Service-attacks**) handeln oder um das Verbreiten von Spams (QV: **Spam**), Viren (QV: **Virus**) und Trojanern (QV: **Trojan**).[67]

Robust

belastbar

Rollover risk

Anschlussfinanzierungsrisiko, *n*.

(to) Round off

kaufmännisches Auf- und Abrunden eines Betrages, *n*.

RTS

(QV: **Regulatory Technical Standard**)

Run-Off

Abbau, *m*.

RWA

(QV: **Risk Weighted Assets**)

---

[67] Vgl. http://www.itwissen.info/definition/lexikon/robot-Robot-bot.html (22.02.2015).

s

Safe custody account

Depot, *n.*

Safe custody business

Depotgeschäft, *n.*

Verwahrung und Verwaltung von Wertpapieren für andere

Sale and repurchase agreements and asset sales with recourse

Verkauf- und Rückkaufvereinbarung sowie Verkäufe mit Rückgriffsrecht des Käufers, *f.*

Savings bank

Sparkasse, *f.*

SCR

(QV: **Solvency Capital Requirement**)

Scoring

Einstufung, *f.*

SECCI

(QV: **Standard European Consumer Credit Information form**)

Second charge

zweiter Rang, *m.*

Die Darlehen, die im zweiten Rang gesichert sind, sind europarechtlich nicht geregelt, werden aber im Rahmen der Anforderungen der EBA zur verantwortungsvollen Kreditvergabe besonders berücksichtigt.[68]

---

68 EBA-Op-2013-02 vom 13. Juni 2013.

Second-loss position

Zweitverlustposition, *f.*

Weniger riskante Position innerhalb einer Verbriefungsstruktur

Second-to-default credit derivative

Second-to-default Kreditderivat, *n.*

Instrument, das zu einer Auszahlung an den Inhaber führt, wenn der zweite einer definierten Gruppe von Schuldtiteln oder Krediten (z. B. der n-te Schuldner aus einem gereihten Portfolio (Basket)) ausfällt. (**QV:** Nth-to-default credit derivate)

Section

Paragraph (§), *m.*

Sectoral legislation

Branchenvorschriften, *pl., f.*

Secure Sockets Layer (SSL)

Secure Sockets Layer, *f.*

Das SSL-Protokoll wurde von Fa. Netscape entwickelt und sorgt für eine komplexe 128-Bit-Verschlüsselung der Daten (QV: **Encryption**), die im Internet übertragen werden. SSL codiert mit sogenannten Öffentlichen Schlüsseln, die von einer dritten Partei nach einem einheitlichen Standard (X.509-Standard)[69] bestätigt werden.

---

69 X.509 ist ein Standard der ITU (Internationale Fernmeldeunion mit Sitz in Genf, die sich als Sonderorganisation der Vereinten Nationen offiziell und weltweit mit technischen Aspekten der Telekommunikation beschäftigt) für eine Public-Key-

Die hohe Sicherheit wird dadurch garantiert, dass der Schlüssel zur Dechiffrierung nochmals individuell festgelegt werden muss und nur beim Anwender gespeichert ist und im Internet nicht übertragen wird.

Die Entwickler von SSL haben das Protokoll in zwei Ebenen angelegt: Die eine Ebene ist für die Verschlüsselung von Daten zuständig. Sie erlaubt verschiedene symmetrische Algorithmen, und setzt voraus, dass beide Kommunikationspartner einen gemeinsamen, geheimen Chiffrierschlüssel besitzen, der jeweils für eine Verbindung generiert wird. Die Echtheit der Daten wird zudem durch einen Prüfsummencheck verifiziert.

Auf der zweiten Ebene findet mit dem Transport Layer Security (TLS) Handshaking der Austausch der privaten Schlüssel statt. Die Server und Clients einer Kommunikationsverbindung authentifizieren (QV: **Authenticity**) sich, handeln einen Verschlüsselungsalgorithmus aus und schicken einander die codierten Sitzungsschlüssel.

Infrastruktur zum Erstellen digitaler Zertifikate. Aktuell ist Version 3 (X.509v3). **Anmerkung des Verfassers:** Als eine Public-Key-Infrastruktur (PKI) bezeichnet man in der Kryptologie ein System, das digitale Zertifikate ausstellen, verteilen und prüfen kann. Die innerhalb einer PKI ausgestellten Zertifikate werden zur Absicherung rechnergestützter Kommunikation verwendet.

Secured by

besichert durch

Secured credit

besicherter Kredit, *pl., m.*

Im Gegensatz zum unbesicherten Kredit (QV: **Unsecured Credit**) erhält der Kreditgeber in diesem Fall eine besondere Sicherheit als Absicherung gegen den Kreditausfall. Kredite von Verbrauchern werden häufig durch eine Grundschuld auf die Immobilie des Kreditnehmers besichert. Bei Unternehmen kommt auch die Sicherungsübereignung des Warenlagers oder die Abtretung von Forderungen in Betracht. Am Kapitalmarkt erfolgt die Besicherung durch die Emission speziell besicherter Wertpapiere (QV: **Covered Bond**).

Secured event

Sicherungsfall, *m.*

z. B. Nichtrückzahlung des Kredits

Secured financing transaction (SFT)

besicherte Transaktion, *f.*

Transaktionen, bei denen Wertpapiere als Sicherheiten für (in der Regel kurzfristige) Geldausleihungen hinterlegt werden.

Secured liability

besicherte Verbindlichkeit *f.*

Eine Verbindlichkeit, bei der der Anspruch des Gläubigers auf Zahlung oder auf eine andere Form der Leistung durch ein Pfand oder pfandrechtsähnliches Zurückbehaltungsrecht oder durch eine Sicherungsvereinbarung abgesichert ist, einschließlich Verbindlichkeiten aus Pensionsgeschäften und anderen Sicherungsvereinbarungen in Form der Eigentumsübertragung.

Securities

Wertpapiere, *pl., n.*

Securities Trading Act

Wertpapierhandelsgesetz, *n.*

Securities trading bank

Wertpapierhandelsbank, *f.*
Kreditinstitute, die keine CRR-Kreditinstitute sind und die das Finanzkommissions- oder Emissionsgeschäft betreiben.

Securities trading firm

Wertpapierhandelsunternehmen, *n.*
Unternehmen, das kein CRR-Kreditinstitut ist, jedoch aufgrund des Betreibens des Finanzkommissionsgeschäfts, des Emissionsgeschäftes, der Anlagevermittlung, der Anlageberatung, des Betriebs eines multilateralen Handelssystems, des Platzierungsgeschäftes, der Abschlussvermittlung, der Finanzportfolioverwaltung oder des Eigenhandels Institutscharakter hat.

Securitisation

Verbriefung, *f.*

Nach Art. 2 Abs. 1 des Verordnungsvorschlages der Europäischen Kommission COM(2015) 472 final wird der Begriff der Verbriefung dahingehend definiert, dass dies ein Geschäft oder ein Programm ist, durch das das mit einer Risikoposition oder einem Pool von Risikopositionen verbundene Kreditrisiko in Tranchen unterteilt wird und das die beiden folgenden Merkmale aufweist: die im Rahmen des Geschäfts oder des Programms getätigten Zahlungen hängen von der Wertentwicklung der Risikoposition oder des Pools von Risikopositionen ab und die Rangfolge der Tranchen entscheidet über die Verteilung der Verluste während der Laufzeit der Transaktion oder des Programms.

Securitisation of loans

Verbriefung von Wertpapieren, *f.*

Securitisation position

Verbriefungsposition, *f.*
Investitionen von Banken in sämtliche ABS aus traditionellen und synthetischen Verbriefungen

Securitisation special-purpose entity (SSPE)

Verbriefungszweckgesellschaft, *f.*
Nach Art. 2 Abs. 2 des Verordnungsvorschlages der Europäischen Kommission COM(2015) 472 final wird der Begriff der Verbriefungsgesellschaft dahingehend definiert, dass dies ein Unternehmen, eine

Treuhandgesellschaft oder eine andere Rechtsperson ist, das/die kein Originator oder Sponsor ist und zur Durchführung einer oder mehrerer Verbriefungen errichtet wurde, dessen/deren Tätigkeit auf das zu diesem Zweck Notwendige beschränkt ist, dessen/deren Struktur darauf ausgelegt ist, die eigenen Verpflichtungen von denen des Originators zu trennen, und dessen/deren wirtschaftliche Eigentümer die damit verbundenen Rechte uneingeschränkt verpfänden oder veräußern können.

Securitisation risk
Verbriefungsrisiko, *n.*

Securitised assets
verbriefte Aktiva, *pl., n.*

Security
Wertpapier, *n.*

Security financial collateral arrangement
Finanzsicherheit in Form eines beschränkten dinglichen Rechts, *f.*
Die Finanzsicherheit in Form eines beschränkten dinglichen Rechts ist nach Art. 2 Abs. 1 c) der Richtlinie 2002/47/EG ein Sicherungsrecht an einem Finanzaktivum, wobei das Eigentum an der Sicherheit zum Zeitpunkt der Bestellung vollständig beim Sicherungsgeber verbleibt. Im Rahmen der Einlagensicherung wird dieser Vertrag nach den EBA Leitlinien[70] dahingehend weiter definiert, dass nach diesem Vertrag das Kreditinstitut die Verpflichtungen durch Bereitstellung von Aktiva mit niedrigem Risiko als Sicherheiten für das Einlagensicherungssystem zu Verfügung stellt.

Segregation of functions
Funktionstrennung, *f.*
Aufgaben eines Geschäftsprozesses werden nicht durch ein und dieselbe Person oder Organisationseinheit durchgeführt

(to) seize
sicherstellen, beschlagnahmen

Self-certfication mortgage
Hypothekarkreditverträge ohne Nachweis des Einkommens, *pl., m.*

Self regulatory body
Selbstverwaltungseinrichtung, *f.*
Nach Art. 3 Abs. 5 der Richtlinie 2015/849/EU wird unter dem Begriff der Selbstverwaltungseinrichtung eine Einrichtung verstanden, die Angehörige eines Berufes vertritt und die eine Rolle bei deren Regulierung, bei der Wahrnehmung bestimmter Aufgaben aufsichts- oder überwachungsrechtlicher Art sowie bei der Gewährleistung der Durchsetzung der sie betreffenden

---

[70] EBA Konsultationspapier EBA/CP/2014/27 vom 25. September 2014 zu den Zahlungsverpflichtungen nach der Einlagensicherungsrichtlinie 2014/49/EU.

Regeln wahrnimmt. Dies sind in Deutschland beispielsweise die Anwalts- oder Ärztekammern.

Senior

erstrangig; vorrangig; bevorzugtes Recht, *n.*

Senior corporate exposures

Vorrangige bzw. besicherte Positionen gegenüber Unternehmen, *pl., f.*

Senior debt claims

Vorrangige bzw. besicherte Verbindlichkeiten, *pl., f.*

Senior exposure

vorrangige Risikoposition, *f.*

Senior management

Geschäftsleitung, *f.*

Senior manager

Geschäftsleiter, *m.*

Senior payment obligation

Nicht nachrangig zu bedienende Zahlungsverpflichtung, *f.*

Senior purchased corporate receivables

angekaufte vorrangige Unternehmensforderungen, *pl., f.*

Senior unsecured

Vorrangig unbesichert.

(to) Separate from the insolvent's estate

aussondern

Entnahme von Gegenständen oder Rechten aus der Insolvenzmasse

Serious crimes

schwere Straftaten, *pl., f.*

Schwere Straftaten werden in Art. 3 Abs. 5 Richtlinie 2005/60/EG als Handlungen im Sinne der Art. 1 bis 4 des Rahmenbeschlusses 2002/475/JI und als alle Straftaten im Sinne von Art. 3 Abs. 1 a) des Übereinkommens der Vereinten Nationen von 1988 gegen den unerlaubten Verkehr mit Suchtstoffen und psychotropen Stoffen und die Handlungen krimineller Vereinigungen verstanden. Daneben ist eine schwere Straftat die Beteiligung an einer kriminellen Vereinigung in den Mitgliedstaaten der Europäischen Union, Betrug im Sinne von Artikel 1 Absatz 1 und Artikel 2 des Übereinkommens über den Schutz der finanziellen Interessen der Europäischen Gemeinschaften, zumindest in schweren Fällen, Bestechung und alle Straftaten, die mit einer Freiheitsstrafe oder einer Freiheit beschränkenden Maßregel der Sicherung und Besserung im Höchstmaß von mehr als einem Jahr oder – in Staaten, deren Rechtssystem ein Mindeststrafmaß für Straftaten vorsieht – die mit einer Freiheitsstrafe oder einer die

Freiheit beschränkenden Maßregel der Sicherung und Besserung von mindestens mehr als sechs Monaten belegt werden können.
Da das europäische Recht das Strafrecht kaum definiert hat, obliegt die Einstufung der Vortaten für die Geldwäsche dem oben genannten Rahmen dem nationalen Recht der Mitgliedstaaten.

Service component

Dienstleistungskomponente, *f.*
Teil des Geschäftsindikators (QV: **Business Indicator**); setzt sich aus Ertrag und Aufwand aus Gebühren, sowie anderen Betriebserträgen und -aufwänden zusammen.

(to) Service the credit

einen Kredit bedienen

Service-oriented architecture (SOA)

service-orientierte Architektur, *f.*
Eine serviceorientierte Architektur, Service Oriented Architecture (SOA), stellt eine flexible, anpassbare IT-Architektur (QV: **IT-architecture**) dar, die eine verteilte Datenverarbeitung unterstützt. Da alle Anwendungen in die SOA-Architektur integriert werden, werden die Verantwortlichen schnell über laufende Prozesse und Ereignisse informiert und können auf Abweichungen beispielsweise in der Produktion oder Qualitätskontrolle flexibel reagieren.

Bei der SOA-Architektur werden Prozesse betrachtet, die über verschiedene Anwendungen realisiert werden, und keine einzelnen Applikationen. Die zugrunde liegende IT-Architektur fungiert als Informationsdrehscheibe, auf der die Prozesse abgewickelt werden. Dadurch kann jedes Modul eines Prozesses unabhängig von anderen Modulen verändert werden.
In der SOA-Architektur werden Funktionen als Services angelegt und von den Anwendungen gemeinsam genutzt. Die Applikationen greifen mit Hilfe einer serviceorientierten Middleware-Infrastruktur auf diese Services zu. Dabei unterscheidet SOA zwischen wieder verwendbaren, gemeinsamen Diensten, wie beispielsweise der Nutzung einer Adresse für mehrere verschiedene Anwendungen, und Anwendungen, die Dienste gemeinsam verwenden.[71]

Servicer

Forderungsverwalter, *m.*
Forderungsverwalter im IRB-Ansatz bezeichnet ein Unternehmen, das einen Pool von angekauften Forderungen oder die zugrunde liegenden Kreditrisikopositionen auf täglicher Basis verwaltet.

---

[71] Vgl. http://www.itwissen.info/definition/lexikon/service-oriented-architecture-SOA-SOA-Architektur.html (22.02.2015).

SHARED EQUITY CREDIT AGREEMENT

(to) set off liabilities

Verrechnen von Verbindlichkeiten, *n.*

Im Bereich der Einlagensicherung sollen Einlagensicherungssysteme Verbindlichkeiten eines Einlegers nur dann gegen die Erstattungsforderung dieses Einlegers verrechnen können, wenn diese Verbindlichkeiten zum oder vor dem Zeitpunkt der Nichtverfügbarkeit fällig werden (Art. 7 Abs. 5 Richtlinie 2014/49/EU).

Settlement date

Abwicklungstermin, *m.*

Settlement reached in court

vor einem Gericht geschlossener Vergleich, *m.*

Settlement risk

Abwicklungsrisiko, *n.*

Settlement risk exposure

Abwicklungsrisikoposition, *f.*
Jeder Liefer- oder Abnahmeanspruch auf Wertpapiere, Fremdwährungen oder Waren aus einem Geschäft, wenn der Liefer- oder Abnahmeanspruch nach Ablauf des für dieses Geschäft vereinbarten Liefer- oder Abnahmezeitpunkts beidseitig noch nicht erfüllt worden ist.

Shall apply mutatis mutandis

gilt entsprechend

Share of TREA (total risk exposure amount)

Risikobeitrag, *m.*
Gesamtforderungsbetrag zur Ermittlung des Kernkapitals nach CRR.

Share premium account

Agio, *n.*

Share repurchase

Aktienrückkauf, *m.*
Neben der Dividendenausschüttung ist der Aktienrückkauf ein weiteres Instrument, um liquide Mittel an die Aktionäre auszuschütten. Der Kurs der Unternehmensaktie kann dadurch kurzfristig erhöht werden. Die zuvor emittierten Aktien werden dabei entweder über die Börse oder im Rahmen eines Tender-Verfahrens erworben. Der Gesamtbetrag der zurückgekauften Aktien darf 10 % des Grundkapitals nicht überschreiten.

Shared equity credit agreement

Kreditvertrag mit Wertbeteiligung, *m.*
Nach Art. 4 Abs. 25 Richtlinie 2014/17/EU wird ein Kreditvertrag mit Wertbeteiligung als ein Kreditvertrag definiert, bei dem das zurückzuzahlende Kapital auf einem vertraglich festgelegten Prozentsatz des Werts der Immobilie zum Zeitpunkt der Rückzahlung oder Rückzahlungen des Kapitals beruht.

Shares
Aktien, *pl., f.*

Shell bank
Bank-Mantelgesellschaft, *f.*
Der Begriff der Bank-Mantelgesellschaft wird in Art. 3 Abs. 17 Richtlinie 2015/849/EU dahingehend definiert, als das dies ein Kreditinstitut oder ein eine gleichwertige Tätigkeit ausübendes Institut ist, das in einem Land gegründet wurde, in dem es nicht physisch präsent ist und das keiner regulierten Finanzgruppe angeschlossen ist.

Ship mortgage
Schiffspfandrecht, *n.*
Dingliche Belastung von Schiffen

Shipbuilding register
Schiffsbauregister, *n.*
Register über belastete oder zwangsversteigerte Schiffe, die noch nicht fertig gestellt sind.

Shipping register
Schiffsregister, *n.*
Register über die dingliche Zuordnung von Schiffen

Short positions
Passivpositionen, *pl., f.*; Verkäuferposition, *f.*

Short positions in call options
Stillhalterpositionen aus Kaufoptionen, *f.*

Short positions in put options
Stillhalterverpflichtungen aus Verkaufsoptionen, *f.*

Short-term credit assessment
kurzfristige Bonitätsbeurteilung, *f.*

Short-term funding
kurzfristige Finanzierung, *f.*
Den Einlagensicherungssystemen soll erlaubt werden (Art. 10 Abs. 9 Richtlinie 2014/49/EU) auch alternative (s. o.) kurzfristige Finanzierungen aufzunehmen.

Short-term interbank claims
kurzfristige Forderungen zwischen Banken, *pl., f.*

Short-term self-liquidating trade letters of credit arising from the movement of goods
kurzfristige Akkreditive des Warenhandels, *pl., m.*

SI
(QV: **Significant Institution**)

Significant Influence
maßgeblicher Einfluss, *m.*
Möglichkeit, an den finanz- und geschäftspolitischen Entscheidungen mitzuwirken, jedoch nicht die Beherrschung auszuüben.

Significant Institution (SI)
bedeutendes Institut, *n.*
Im Sinne des SSM (QV: **Single Resolution Mechanism**) werden alle

beaufsichtigten Institute nach vordefinierten Kriterien beurteilt und als »Bedeutendes Institut« oder ein »Weniger bedeutendes Institut« (QV: **Less Significant Institution**) klassifiziert. Institute sind üblicherweise dann als bedeutend einzustufen, wenn entweder deren gesamte Vermögenswerte 30 Milliarden Euro übersteigen, deren Vermögenswerte mindestens 20 % des BIP des Heimatlandes übersteigen, das Institut als bedeutendes Institut eines Mitgliedsstaates eingestuft ist oder finanzielle Hilfen durch europäische Institutionen wie den ESM (QV: **European Stability Mechanism**) in Anspruch genommen werden. Bedeutende Institute werden seit 4. November 2014 nicht mehr von der nationalen Bankenaufsichtsbehörde (QV: **National Competent Authority**), sondern direkt von der EZB (QV: **European Central Bank**) überwacht.

Significant investment
wesentliche Beteiligung, *f.*

Significant risk transfer
Signifikanter Risikotransfer, *m.*

Silent partner
stiller Gesellschafter, *m.*

Silent partnership
Stille Beteiligung, *f.*

Simple repurchase agreement
einfache Rückkaufsvereinbarung, *f.*

Simplified approach
vereinfachtes Verfahren, *n.*

Simplified customer due diligence
Vereinfachte Sorgfaltspflicht gegenüber Kunden, *m.*
Nach Art. 15 der Richtlinie 2015/849/EU kann ein Mitgliedstaat bei Bereichen mit geringem Geldwäscherisiko geringere Anforderungen an die Sorgfaltspflicht gegenüber dem Kunden vorschreiben.

Simplified standardised approach for credit risk
Vereinfachter Standardansatz für die Eigenmittelhinterlegung des Kreditrisikos, *m.*

Single borrower unit (group of connected clients)
Kreditnehmereinheit, *f.*
Zusammenfassung wirtschaftlich oder personell eng verflochtener Kreditnehmer.

Single customer view file (SCV file)
Einheitliches Kundendatenblat, *m.* Das einheitliche Kundendatenblatt ist die Übersicht über die individuellen Einlegerinformationen, die notwendig sind, um die Auszahlung des Einlegers vornehmen zu können, welches auch den aggregierten Be-

trag der zu erstattenden Einlagen eines jeden Einlegers enthält. In Deutschland werden diese Daten von der sogenannten Einlegerdatei erfasst.

Single-entity annual accounts
Einzelabschluss, *m*.
Jahresabschluss, der nur ein Unternehmen umfasst.

Single-entity level
Einzelebene, *f*.

Single Point of Entry
Abwicklungsform einer Bank, welche auf zentraler Ebene, meist der Holdingebene erfolgt. Hintergrund ist bei dieser Form der Abwicklung, dass häufig die Kapital- und Liquiditätsplanung zenral erfolgt und zudem das Ausmaß der gruppeninternen Verflechtungen z. B. über Intragruppenfinanzierung hoch ist. (QV: **SPE**)

Single Resolution Fund
Einheitlicher Bankenabwicklungsfonds, *m*. (QV: **SRF**)

Single Resolution Mechanism (SRM)
einheitlicher Bankenabwicklungsmechanismus, *m*.
Der einheitliche Abwicklungsmechanismus für Banken in Europa ist Bestandteil der Banken Union (QV: **Banking Union**). Der SRM besteht aus einem institutionellen Rahmen und einem finanziellen Fundament, was bedeutet, dass zum einen eine neue Abwicklungsbehörde für Banken geschaffen wird, welche in Schieflage geraten und zum anderen durch die Banken selbst eine finanzielle Basis zur Rettung maroder Banken in Höhe von ca. 55 Milliarden Euro zu schaffen ist. Dieser Betrag ist von allen Banken in Form von Beiträgen in einen Abwicklungsfonds aufzubringen.

Single rulebook
einheitliches europäisches Ausichtsrecht, *m*.
Als wesentliche Erkenntnis aus der jüngsten Finanzmarktkrise resultierte die Schaffung eines unmittelbar geltenden einheitlichen europäischen Aufsichtsrechts. Nur so ist es möglich, die Funktionsfähigkeit des vereinheitlichten europäischen Finanzmarktes zu stärken und eine mögliche Aufsichtsarbitrage zu unterbinden. Das Single Rulebook setzt sich zusammen aus der europäischen Bankenaufsichtsverordnung (QV: **CRR**), den von der EU-Kommission zu erlassenden delegierten Rechtsakten (QV: **Delegated Act**) und den von ihr zu verabschiedenden technischen Regulierungsstandards (QV: **BTS**).
einheitliches Regelwerk, *m*.
Ein wesentliches Ziel von Basel III war die Schaffung eines einheitlichen Regelwerkes für die Finanzin-

dustrie, um sog. Regulierungsarbitrage zukünftig zu verhindern. Innerhalb der EU wurde dieses Ziel mit dem Regelwerk CRR (QV: **Capital Requirements Directive**) sowie der Einführung des SSM (QV: **Single Supervisory Mechanisum**) weitestgehend umgesetzt. Teile der Bankenaufsicht sind aber nach wie vor in nationaler Hand. So etwa die Themen Verbraucherschutz und Geldwäsche.

Single Supervisory Mechanism (SSM)
einheitlicher Aufsichtsmechanismus, *m*.
Als zentraler Baustein der Banken Union (QV: **Banking Union**) trat am 4. November 2014 der einheitliche europäische Aufsichtsmechanismus (SSM) in Kraft. Grundlage des SSM sind die SSM-Verordnung sowie die SSM-Rahmenverordnung. Der einheitliche Aufsichtsmechanismus setzt sich aus der EZB (QV: **European Central Bank**) und den nationalen Aufsichtsbehörden (QV: **National Competent Authority**) zusammen. Die drei wesentlichen Ziele des SSM sind die Gewährleistung der Sicherheit und Solidität des europäischen Bankensystems, die Verbesserung der finanziellen Integration und Stabilität sowie die Sicherstellung einer konsistenten Bankenaufsicht.

Size-based coefficients
Größenbasierte Kennzahlen bzw. Gewichtungen, *pl., f.*
Kennzahlen bzw. Gewichtungen, die auf der Größe (z. B. eines Unternehmens) beruhen.

Size indicator
Größenindikator, *m*.

Small and Medium-sized Enterprises (SME)
kleine und mittlere Unternehmen, *pl., n.*
Diese in Deutschland auch als KMU (Klein- und mittelständische Unternehmen) bezeichneten Unternehmen unterschreiten bestimmte Grenzen hinsichtlich Umsatz, Bilanzsumme und Anzahl der Mitarbeiter. Diese Unternehmen kommen teilweise in den Genuss von Erleichterungen, bspw. bei den Bilanzierungs- oder Veröffentlichungsvorschriften. Für Banken ist die Abgrenzung von KMUs gegenüber Großunternehmen bspw. hinsichtlich der Eigenmittelanforderungen von Bedeutung.

SME
(QV: **Small and Medium-sized Enterprises**)

Solicited credit assessment
beauftragte/in Auftrag gegebene Bonitätsbeurtelung, *f*.

Solvency II

Projekt zur Reform der Versicherungsaufsicht in der EU, *n*.

Mit Solvency II beabsichtigt die EU eine Neuerung der Versicherungsaufsicht in Europa. Kernpunkte sind das Risikomanagement der Versicherer, deren Beaufsichtigung und deren Finanzberichterstattung. Ähnlich der Vorgaben des Baseler Ausschusses für die Bankenaufsicht (QV: **Basel Committee on Banking Supervision**) wird hierbei ein Drei-Säulen Ansatz von quantitativen und qualitativen Vorgaben sowie Offenlegungsanforderungen verfolgt.

Solvency Capital Requirement (SCR)

Sollgröße für das Eigenkapital von Versicherern, *f.*

Das SCR beschreibt die qualitativen Anforderungen aus der ersten Säule der Solvency II (QV: **Solveny II**).

SON

(QV: **Supervisory Oversight and NCA Relations Divison**)

Sorting with money

Umgang mit Geld, *m.*

Sound business model

Solides Geschäftsmodell, *n.*

Sound governance practice

solide Praktiken der Geschäftsführung, *pl., f.*

Unter dem Begriff der soliden Praktiken der Geschäftsführung werden Mindeststandards verstanden, die von den geregelten Unternehmen als Mindestanforderungen für den sorgfältigen Geschäftsbetrieb im jeweiligen Geschäftszusammenhang jeweils abstrakt vorgegeben werden.

Soundness

Solidität, *f.*

Source of funds

Herkunft der finanziellen Mittel, *f.*

Nach dem gemeinsamen Konsultationspapier der drei europäischen Aufsichtsbehörden (ESAs) JC 2015/061 vom 21. Oktober 2015 zu gemeinsamen Leitlinien für die Risikofaktoren zur Vermeidung der Geldwäsche und der Terrorismusfinanzierung wird darunter die finanzielle Herkunft der Mittel des Kunden definiert, ungeachtet dessen, ob sie aus einer Geschäftsbeziehung oder gelegentlichen Beziehung stammen. Darunter wird beispielsweise die Herkunft des regelmäßigen Gehalts des Kunden verstanden.

Source of wealth

Herkunft des Vermögens, *f.*

Nach dem gemeinsamen Konsultationspapier der drei europäischen Aufsichtsbehörden (ESAs) JC 2015/061 vom 21. Oktober 2015 zu gemeinsamen Leitlinien für die Risikofaktoren zur Vermeidung der

Geldwäsche und der Terrorismusfinanzierung wird darunter die Herkunft des gesamten Vermögens des Kunden definiert, wie zum Beispiel sein Vermögen, welches er durch Erbschaft oder durch sein Sparen erlangt hat.

Sovereign Bond

Staatsanleihe, *f.*
Staatsanleihen sind von Staaten emittierte Schuldverschreibungen zur Refinanzierung des Staatshaushaltes.

Sovereign of incorporation

Sitzstaat (z. B. bei Kapitalgesellschaften), *m.*

Spam

Spam, *f.*
Spams, Spam-Mails oder auch Junk-Mails, sind unverlangt zugesendete E-Mails und Kurznachrichtendienste (SMS). Das können auch Newsartikel sein, die an viele Newsgroups verteilt werden. Im normalen Sprachgebrauch sind damit unerwünschte Nachrichten gemeint, an denen man kein Interesse hat und die dem Benutzer unverlangt zugesandt werden. Eine Spam-Mail ist vergleichbar einer nicht angeforderten postalischen Wurfsendung.
Für die Aussendung von Spams gibt es spezielle Programme für das Internet.
Die Kreativität der Spam-Autoren kennt kaum Grenzen. So sind Spam-Mails zu komplexen und spezialisierten Anwendungen mutiert. Sie sind mit Flash-Animationen, versteckten Inhalten oder Spyware (QV: **Spyware**) bestückt. Zur Verhinderung von Spams gibt es Spam-Filter gegen unerwünschte Massen-E-Mails, Mailfilter zur inhaltlichen Filterung von E-Mails nach Text- und Anhängen sowie Web-Filter zur Blockierung von unerwünschten E-Mail-Adressen.

SPE

(QV: **Special Purpose Entity**)

Special fund (of the Federal Government)

Sondervermögen (des Bundes), *n.*

Special Purpose Entity (SPE)

(QV: **Special Purpose Vehicle**)

Special Purpose Vehicle (SPV)

Zweckgesellschaft, *f.*
Juristische Person, die für einen klar definierten Zweck gegründet wird. Zweckgesellschaften dienen Banken zur Durchführung und Abwicklung strukturierter Finanzierungen wie ABS (QV: **Asset Backed Security**) und CDO's (QV: **Colleteral Debt Obligation**). Die Zweckgesellschaft soll dabei in erster Linie den Zweck erfüllen, den Schuldner bei Zahlungsschwierigkeiten vor dem Zugriff durch die Gläubiger abzuschirmen.

Special representative

Sonderbeauftragter, *m.*

Zur Wahrnehmung von Aufgaben bei einem Institut betraute und mit den hierfür erforderlichen Befugnissen ausgestattete Person

Specialised lending

Spezialfinanzierung, *f.*

Specialised lending exposures

Spezialfinanzierungen, *pl., f.*
Finanzierungsinstrumente, die zu einem bestimmten Zweck geschaffen werden und an diesen gebunden sind.

Specialised service

Expertenaufgabe, *f.*

Specific risk

spezifisches Risiko, *n.*

Specific Wrong-Way risk

spezielles Korrelationsrisiko, *n.*

Speculative immovable property financing

spekulative Immobilienfinanzierung, *f.*

Spin-off

Ausgliederung, *f.*
Abspaltung unter Fortbestand des übertragenden Rechtsträgers

Spin-off assets

Ausgliederungsgegenstände, *pl., m.*

Spin-off date

Ausgliederungsstichtag, *m.*

Split off

ab(ge)spalten

Sponsor

Sponsor, *m.*
Nach Art. 2 Abs. 5 des Verordnungsvorschlages der Europäischen Kommission COM(2015) 472 final wird der Begriff des Sponsors dahingehend definiert, dass dies ein Kreditinstitut oder eine Wertpapierfirma im Sinne des Art. 4 Abs. 1 Nr. 1 und 2 der VO (EU) Nr. 2013/375 ist, das/die kein Originator ist und ein Programm forderungsgedeckter Geldmarktpapiere oder ein anderes Verbriefungsgeschäft oder -programm, bei dem Risikopositionen Dritter angekauft werden, auflegt oder verwaltet werden.

Spread

Spanne, *f.*
Als Spread wird die Differenz zwischen einem (risikolosen) Referenzzinssatz und der Verzinsung einer risikobehafteten Forderung bezeichnet, wobei beide Zinssätze mit den sonst gleichen Bedingungen ausgestattet sind (gleich Währung, gleiche Laufzeit). Der Spread setzt sich aus einem bonitätsbedingten Aufschlag (QV: **Credit Spread**) und einem Liquiditätsspread zusammen.

SPV
(QV: **Special Purpose Vehicle**)

Spyware

Spionage-Software, *f.*
Der Begriff Spyware ist eine Wortschöpfung aus Spy (Spionieren) und Software. Es handelt sich dabei um eine Software, die das Online-Verhalten von Webnutzern, das sich im Surfen ausdrückt, ausspioniert und dieses Wissen an andere weitergibt. Aus den Ergebnissen, die in der Regel in Tabellen gespeichert und über E-Mails an den Urheber gesendet werden, können Rückschlüsse auf das Werbeverhalten gezogen und die Werbewirksamkeit durch gezielten Einsatz von abgestimmten Methoden gesteigert werden.

Spyware wird als unerwünschte Software auf Arbeitsplatzrechnern installiert, verhält sich penetrant und ist potenziell gefährlich. Der Zweck ist die Bereicherung des Urhebers. Sie wird durch Trojaner (QV: **Trojan**) und mit E-Mails auf den Anwender-PC heruntergeladen.

Spyware kann dann zu einer ernsthaften Gefahr werden, wenn vertrauliche Informationen des angemeldeten Nutzers weitergegeben werden. Dazu gehören u. a. die Abfolge der Tastatureingaben, der Benutzername, der Hashwert des Administrator-Passwortes, E-Mail-Adressen, Kontaktdaten sowie Anmelde- und Nutzungsinformationen zu Instant-Messaging (QV: **Instant-Messaging**).[72]

SREP (Supervisory Review and Evaluation Process)

aufsichtlicher Überprüfungs- und Bewertungsprozess, *m.*
Der aufsichtliche Überprüfungs- und Bewertungsprozess wird in Art. 97 Richtlinie 2013/36/EU definiert und ist in den EBA-Leitlinien[73] zu dem gemeinsamen Verfahren und Methoden, die für die aufsichtlichen Überprüfungs- und Bewertungsprozesse im Einklang mit Art. 107 Richtlinie 2013/36/EU geregelt.

SREP element

SREP-Element, *n.*
Die »EBA Guidelines on common procedures and methodologies for the SREP« (EBA/GL/2014/13) sehen vor, dass die nationalen Aufsichtsbehörden im SREP folgende Elemente prüfen: Analyse des Geschäftsmodells, Beurteilung der Internal Governance und des unternehmensweiten internen Kontrollsystems (IKS), Bewertung von Risikomanagementmethoden und Prozessen für Kapitalrisiken, Beurteilung der Angemessenheit der Kapitalausstattung, Bewertung von Risikomanagementmethoden und Prozessen für Liquiditätsrisiken und

---

[72] Vgl. http://www.itwissen.info/definition/lexikon/Spyware-spyware.html (22.02.2015).
[73] EBA/CP/2014/14.

Beurteilung der Liquiditäts- und Refinanzierungssituation.

SRF

(QV: **Single Resolution Fund**)

SRM

(QV: **Single Resolution Mechanism**)

SRT

(QV: **Significant risk transfer**)

SSM

(QV: **Single Supervisory Mechanism**)

Stable funding

stabile Refinanzierung, *f.*

Staff

Personal, *n.*
Nach Art. 4 Abs. 10 Richtlinie 2014/17/EU fallen unter dem Begriff des Personals alle natürlichen Personen, die für den Kreditgeber oder den Kreditvermittler arbeiten und direkt an den unter diese Richtlinie fallenden Tätigkeiten mitwirken oder im Zuge der Ausübung der unter diese Richtlinie fallenden Tätigkeiten Kontakte zu Verbrauchern haben, sowie alle natürlichen Personen, die den oben genannten natürlichen Personen unmittelbar vorstehen oder diese beaufsichtigen.

Stand-alone basis

Einzelbasis, *f.*

Standard agreements

Rahmenverträge, *pl., m.*
Vereinbarung zwischen (meist juristischen) Personen, die beispielsweise die Zusammenarbeit aus einem Auftragsverhältnis betreffen.

Standard European Consumer Credit Information form (SECCI)

Europäisches Standardisiertes Informationsblatt für Verbraucherkredite, *n.*
Das Europäische Standardisierte Informationsblatt für Verbraucherkredite ist das Medium, mit welchem der Verbraucher vor dem Abschuss eines Verbraucherkreditvertrages nach Art. 5 Abs. 1 der Richtlinie 2008/48/EG zu informieren ist. Dieses inhaltlich durch die Mitgliedstaaten unveränderbares Informationsblatt ist durch die Kreditgeber auszufüllen und dem Verbraucher rechtzeitig vor Vertragsschluss zu übergeben. Das Muster für dieses SECCI wird in Anhang II der Richtlinie 2008/48/EG vorgegeben. Auch dieses Informationsblatt hat wie auch das ESIS für die wohnwirtschaftlichen Kredite (s. o.) seinen Ursprung aus dem ESIS in dem Europäischen Verhaltenskodex zu vorvertraglichen Informationspflichten für wohnwirtschaftliche Kredite, den die europäischen kreditwirtschaftlichen Verbände mit Zustimmung der Europäischen

Kommission im Jahr 2001 erstellt und vorgeschlagen haben.

Standard shock

Baseler Zinsschock, *m*.

Ein aufsichtlicher Indikator zur Identifikation von Instituten, die vergleichsweise hohe Zinsänderungsrisiken im Anlagebuch eingehen. Der Baseler Zinsschock spiegelt die barwertigen Auswirkungen einer Ad-Hoc-Verschiebung der Zinsstrukturkurve um +200 Basispunkte und –200 Basispunkte.

Standardised approach

Standardansatz, *m*.

Verfahren zur Ermittlung der bankaufsichtlichen Eigenkapitalunterlegung für operationelle Risiken von Kreditinstituten nach Basel 2.

Standardised approach (credit risk)

Standardansatz für Kreditrisiken, *m*.; Kreditrisikostandardansatz, *m*.

Der Standardansatz ist der einfachste Ansatz zur Bemessung der Kapitalanforderungen für Kreditrisiken innerhalb der ersten Säule von Basel II/III. Dementsprechend können Banken bei der Bestimmung der Risikogewichte Bonitätsbeurteilungen externer Ratingagenturen (QV: **Rating Agency**) verwenden, sofern die Ratingagenturen von der nationalen Bankenaufsicht anerkannt worden sind (QV: **External Credit Assessment Institution**).

Die Aufsichtsbehörde weist den Bonitätsstufen des externen Ratings eine Risikogewichtungskategorie zu, mit welcher dann die Eigenmittelunterlegung ermittelt wird.

Standardised approach (operational risk)

Standardansatz für operationelle Risiken, *m*.

Der Standardansatz ist ein über den einfachen Basisindikatoransatz (QV: Basis **Basis Indicator Approach**) hinausgehendes Verfahren zur Bemessung der Eigenmittelanforderungen für operationelle Risiken. Dem Standardansatz liegt eine differenziertere Methodik zugrunde. Hier ist der maßgebliche Indikator auf acht definierte Geschäftsfelder zu verteilen und mit einem für jedes Geschäftsfeld vorgegebenen Prozentsatz (12 Prozent, 15 Prozent, 18 Prozent) zu multiplizieren. Als dritte Option ist zudem die Verwendung des fortgeschrittenen Ansatzes (QV: **Advanced Measurement Approach**) möglich.

Standardised Method (SM)

Standardmethode, *f*.

Starting date

Anfangszeitpunkt, *m*.

State aid

staatliche Beihilfe, *f*.

Staatliche Beihilfen sind nach Art. 107 Abs. 1 AEUV staatliche oder aus staatlichen Mitteln gewährte Beihilfen gleich welcher Art, die durch die Begünstigung bestimmter Unternehmen oder Produktionszweige den Wettbewerb verfälschen oder zu verfälschen drohen. Sie sind mit dem europäischen Binnenmarkt unvereinbar, soweit sie den Handel zwischen Mitgliedstaaten beeinträchtigen.

State guarantee

Staatsgarantie, *f.*

Statement of income

Gewinn- und Verlustrechnung, *f.*

Statutory authority

gesetzlich befugte Stelle, *f.*

Statutory deposit guarantee scheme

gesetzliches Einlagensicherungssystem, *n.*
Gesetzliche Einlagensicherungssystem sind gemäß Art. 1 Abs. 2 Richtlinien 2014/49/EU Einlagensicherungssysteme, die auf nationaler Ebene die europarechtlichen Vorgaben dieser Richtlinie umsetzen, sei es als Einlagensicherungssystem, als vertragliches Einlagensicherungssystem, die gemäß Art. 4 Abs. 2 Richtlinie 2014/49/EU als Einlagensicherungssysteme amtlich anerkannt sind oder institutsbezogene Sicherungssysteme (s. o.), das gemäß Art. 4 Abs. 2 als Einlagensicherungssysteme amtlich anerkannt ist.

Statutory order

Rechtsverordnung, *f.*
Rechtsnorm, die von Organen der Exekutive ohne förmliches Gesetzgebungsverfahren auf der Grundlage und im Rahmen einer gesetzlichen Ermächtigung erlassen wird.

Statutory subordination

Gesetzlich geregelte Nachrangigkeit, *f.*

Step-in risk

Unterstützungsrisiko, Stützungsrisiko, *n.*
Risiko eines Instituts, ein anderes (nicht konsolidiertes) Unternehmen (z. B. Verbriefungszweckgesellschaften) finanziell zu unterstützen, wenn dieses in finanzielle Schwierigkeiten gerät – ohne dass hierzu eine vertragliche Verpflichtung besteht. Hierdurch will das Institut Folgen potenzieller Reputationsrisiken vermeiden.

Stipulate

vorschreiben

Stock exchange

Wertpapierbörse, *f.*

Stock indices

Aktienindizes, *pl., m.*

Stock market

Wertpapiermarkt, *m.*

Straight-line amortisation

lineare Tilgung, *f.*
gleichbleibende Tilgung eines Darlehens

Stress scenario

Krisenszenario, *m.*

Stress test

Stresstest, *m.*
Durch Stresstests sollen Banken historisch beobachtete oder hypothetisch denkbare Szenarien auf ihr aktuelles Unternehmen anwenden und so simulieren, wie sich bedeutende Kennzahlen wie die Eigenmittelausstattung oder die Profitabilität in diesen Situationen verändern würden. Stresstests sind seit dem Ausbruch der Finanzmarktkrise verbreitet im Einsatz bzw. werden von den Instituten seitens der Bankenaufsicht gefordert. So soll die Widerstandsfähigkeit der Banken bei externen Schockereignissen verbessert und dadurch das Finanzsystem stabilisiert werden. Es gibt sowohl institutsinterne Stresstests als auch solche, bei denen externe Aufsichtsbehörden die Ausgestaltung der konkreten Stressparameter vorgibt.

Stressed portfolios

Stresstests unterzogene Portfolios, *pl., n.*

Stressed Value at Risk (SVaR)

VaR unter Stressbedingungen, *m.*

Structural FX risk

Strukturelles Fremdwährungsrisiko, *n.*
Das Risiko infolge des Einsatzes von Eigenkapital in Offshore-Niederlassungen und Tochterunternehmen in einer Währung, die nicht der Berichtswährung des Mutterunternehmens entspricht.

Structural subordination

Strukturelle Nachrangigkeit, *f.*

Structured mitigants

strukturierte Minderungsfaktoren, *pl., m.*

Sub-consolidated basis

teilkonsolidierte Basis, *f.*
(QV: **Consolidated basis**)

Sub-consolidated level

unterkonsolidierte Ebene, *f.*
Konsolidierung unterhalb der Konzernebene.

Subdivision

Unterabschnitt, *m.*

Subordinated

Nachgeordnet

Subordinated corporate debt exposures

Positionen aus nachrangigen Unternehmensfinanzierungen, *pl., f.*

Subordinated debt exposures
Positionen aus nachrangigen Finanzierungen, *pl., f.*

Subordinated exposure
nachrangige Risikoposition, *f.*

Subordinated purchased corporate receivables
angekaufte nachrangige Unternehmensforderungen, *pl., f.*

Sub-portfolio
Unterklasse, *f.*

Subprime credit
Kredit minderer Qualität, *m.*
Diese Ausleihungen an Kreditnehmer minderer Qualität wurden bis zum Ausbruch der Finanzmarktkrise stark von Marktteilnehmern nachgefragt, da sie aufgrund des höheren Risikos eine bessere Rendite als klassische risikoarme Darlehen versprachen.

Subsection
Absatz, *m.*

Subsidiary
Tochterunternehmen, *n.*
(QV: **Branch**)

Substitutability
Ersetzbarkeit, *f.*

Substitution approach
Substitutionsansatz, *m.*

Success drivers
Erfolgstreiber, *pl., m.*

Suitability examination
Eignungsprüfung, *f.*
Prüfung zur Zulassung bankinterner Risikomodelle

Suitability requirements
Eignungsanforderungen, *pl., f.*
Anforderung zur Nutzung bankinterner Risikomodelle

Summary report
Sammelanzeige, *f.*
zusammengefasste Anzeige bestimmter Sachverhalte

Superannuation
Pensionspläne, *pl., f.*

Superordinated
übergeordnet

Superordinated enterprise
übergeordnetes Unternehmen, *n.*
Unternehmen, denen andere Unternehmen nachgeordnet sind

Superordinated institution
übergeordnetes Institut, *n.*
Institut, das keinem anderen Institut nachgeordnet ist.

Supervisory activity
Aufsichtstätigkeit, *f.*

Supervisory approval

Aufsichtsrechtliche Genehmigung, *f.*
Einige der laut den Regulatorien möglichen Ansätze dürfen nur nach Genehmigung durch die zuständige Aufsichtsbehörde verwendet werden (z. B. IRB-Ansatz für die Ermittlung des Kreditrisikos; QV: **IRB Approach**).

Supervisory benchmarks

Aufsichtliche Benchmarks, *pl., f.*
Risikospezifische quantitative Instrumente, die von der zuständigen Behörde entwickelt werden, um die zur Deckung von Risiken oder Risikokomponenten benötigten Eigenmittel einzuschätzen, die nicht in der Verordnung (EU) Nr. 575/2013 erfasst sind.
Gemäß den »EBA Guidelines on common procedures and methodolgies for the SREP« (EBA/GL/ 2014/13) müssen die nationalen Aufsichtsbehörden für die Ermittlung der Kapitalzuschläge im SREP quantitative Vergleichsrisikowerte für Risikoarten, die nicht in der Säule 1 (QV: **Pillar 1**) abgedeckt sind, heranziehen. Aufsichtliche Vergleichsrisikowerte sind den Risikowerten im ICAAP (QV: **ICAAP**) gegenüberzustellen.

Supervisory Board

Aufsichtsgremium, *n.*
Das Aufsichtsgremium übernimmt als internes Organ der EZB die Planung und Durchführung der Aufsichtsaufgaben gemäß SSM-Verordnung. Das Aufsichtsgremium legt seine Beschlussentwürfe dem EZB-Rat gemäß dem Verfahren der impliziten Zustimmung vor.
(QV: **Governing Council**)
(QV: **Non-objection procedure**)

Supervisory body

Verwaltungs- oder Aufsichtsorgan, *n.*

Supervisory Examination Programm (SEP)

Aufsichtsprogramm, *n.*
Im SSM wird für jedes bedeutende Institut (QV: **Significant Institution**) ein individuelles Aufsichtsprogramm erstellt, in dem die Schwerpunkte aufsichtlicher Aktivitäten für einen Zeitraum von einem Jahr festgelegt werden.

Supervisory formula method

aufsichtlicher Formelansatz, *m.*

Supervisory haircuts

Aufsichtsrechtlich vorgegebene Abschläge, *pl., m.*
In zahlreichen Fällen sind durch die Aufsichtsbehörden Abschläge von bestimmten Werten (z. B. vom Marktwert einer Sicherheit) abzuziehen.

Supervisory LGD

aufsichtliche Verlustquote bei Ausfall, *f.*

(Aufsichtlich vorgegebener) Anteil des Forderungsbetrages, der bei Ausfall voraussichtlich verloren ist

Supervisory Oversight and NCA Relations Divison (SON)

Abteilung innerhalb der Generaldirektion III der EZB, welche sich mit der Sicherstellung einer einheitlichen Aufsichtspraxis von LSIs befasst, *f.*

Diese Division innerhalb der Generaldirektion III der EZB zur Beaufsichtigung der weniger bedeutenden Institute (QV: **Less Significant Institution**) hat die Aufgabe, eine konsistente Bankenaufsicht für LSIs innerhalb des SSM (QV: **Single Supervisory Mechanism**) sicherzustellen und best-practices innerhalb der Bankenaufsicht, insb. hinsichtlich der nationalen Aufsichtsbehörden (QV: **National Competent Authority**) zu erarbeiten.

Supervisory powers

Aufsichtsbefugnisse, *pl., f.*

Supervisory reference point

aufsichtlicher Referenzpunkt, *m.*

Schwellenwert im Rahmen der aufsichtlichen Nutzung bankinterner Ratingverfahren.

Supervisory Review and Evaluation Process (SREP)

aufsichtlicher Überprüfungs- und Bewertungsprozess, *m.*

Supervisory Review Process (SRP)

Aufsichtlicher Überprüfungsprozess, *m.*

Der aufsichtliche Überprüfungsprozess ist in der Säule 2 (QV: **Pillar 2**) des Baseler Akkords geregelt. Die wesentlichen Ziele des aufsichtlichen Überprüfungsverfahrens sind die kontinuierliche Verbesserung der institutsinternen Verfahren zur Beurteilung der institutsspezifischen Risikosituation sowie die ständige Anpassung und Weiterentwicklung neuerer Methoden des Risikomanagements und der internen Kontrollen.

Supervisory view

aufsichtliche Beurteilung, *f.*; aufsichtliche Sichtweise, *f.*

Supplementary supervision

zusätzliche Beaufsichtigung, *f.*

Surcharge

Aufschlag, *m.*

Surrender value

Rückkaufswert, *m.*

Betrag, den ein Lebensversicherer bei Rückkauf der künftigen Ansprüche des Versicherungsnehmers aus einem Lebensversicherungsvertrag an den Versicherungsnehmer bezahlt.

Survival period

Überlebensdauer, *f.*

Der Zeitraum, über den ein Institut seinen Geschäftsbetrieb unter Stressbedingungen aufrechterhalten und weiterhin seinen Zahlungsverpflichtungen nachkommen kann.

Sustainability

Nachhaltigkeit, *f.*

Sustainability of strategy

Nachhaltigkeit einer Strategie, *f.*

Swaps

Swaps, *pl., m.*

Syndicated loans

Gemeinschaftskredite, *pl., m.*

Vereinigung mehrerer Geldgeber zur Vergabe eines Kredits

Synthetic holding

synthetische Position, *f.*

Synthetic securitisation

synthetische Verbriefung, *f.*

Der Risikotransfer erfolgt durch Kreditderivate oder Garantien und die verbriefte Risikoposition verbleibt beim Originator.

Systematic Internaliser

Systematischer Internalisierer, *m.*

Wertpapierfirma, die in organisierter und systematischer Weise häufig in erheblichem Umfang Handel für eigene Rechnung treibt, wenn sie Kundenaufträge außerhalb eines geregelten Marktes oder eines MTF bzw. OTF ausführt, ohne ein multilaterales System zu betreiben (Art. 4 RL 2014/65/EU).

Systemic crisis

Systemkrise, *f.*

Eine Störung des Finanzsystems, die potenziell schwerwiegende Nachteile für den Binnenmarkt und die Realwirtschaft mit sich bringt, wobei alle Arten von Finanzintermediären, -märkten und -infrastrukturen potenziell in gewissem Maß von systemischer Bedeutung sein können.

Systemic risk

systemisches Risiko, *n.*

Klassische Beispiele für systemische Risiken sind die »too bog to fail« bzw. die »too connected to fail« Problematik. Hierbei kann es vorkommen, dass die Probleme (bspw. Illiquidität) eines Marktteilnehmers dazu führen, dass auch andere Institute ihren Verpflichtungen nicht mehr nachkommen können. Hierdurch entsteht dann eine Kettenreaktion, welche zu erheblichen Liquiditäts- und Solvabilitätsproblemen in der gesamten Finanzbranche führen kann, wie während der Finanzmarktkrise zu sehen war. Dadurch kann wiederum das Finanzsystem als Ganzes zusammenbrechen.

Systemic risk buffer
Systemrisikopuffer, *m*.

Systemically important institution (SII)
Systemrelevantes Institut, *n*.
Ein EU-Mutterinstitut, eine EU-Mutterfinanzholdinggesellschaft, eine gemischte EU-Mutterfinanzholdinggesellschaft oder ein Institut, dessen Ausfall oder Versagen zu einem Systemrisiko führen könen.

T

Tangible assets

Sachanlagen, *pl., f.*

materielle Vermögensgegenstände

Target level

Zielausstattung, *f.*

Zielausstattung im Sinne der Einlagensicherungsrichtlinie 2014/49/EU ist nach Art. 2 Abs. 1 Nr. 11 iVm Art. 10 Abs. 2 der Betrag der verfügbaren Finanzmittel, den das Einlagensicherungssystem bis zum 3. Juli 2024 ausgedrückt als Prozentsatz der gedeckten Einlagen seiner Mitglieder erreichen muss. Nach Art. 10 Abs. 2 Richtlinie 2014/49/EU beträgt die Zielausstattung für die jeweiligen Einlagensicherungssysteme mindestens 0,8 % der Höhe der gedeckten Einlagen seiner Mitglieder.

Targeted longer-term Refinancing Operations (TLTROs)

gezielte längerfristige Refinanzierungsgeschäfte (GLRGs), *pl., n.*

Bei den GLRGs handelt es sich um eine besondere Form von Tendergeschäften (QV: **Tender Operation**) der Europäischen Zentralbank, die der EZB Rat am 5. Juni infolge der anhaltend instabilen Lage in einigen Ländern des Euroraumes beschlossen hat. Ziel dieser Geschäfte ist es, die Kreditvergabe von Banken an den nichtfinanziellen Sektor im Euro-Raum zu unterstützen. Die insgesamt acht gezielten längerfristigen Refinanzierungsgeschäfte mit einer Laufzeit von bis zu vier Jahren sollen daher zur Wiederbelebung der Kreditvergabe im Euro-Währungsraum beitragen.

TBTF

(QV: **Too big to fail**)

TCR

(QV: **Total Capital Ratio**)

Templates and instructions

Meldeformate und Meldeinstruktionen, *pl., f.*

Die technischen Durchführungsstandards zu den aufsichtlichen Meldeanforderungen beinhalten feste Meldeformate und konkrete Anweisungen zur Durchführung des Meldevorgangs. Dadurch wird ein einheitliches Begriffsverständnis für die Institute geschaffen. Gleichzeitig erhöht die dadurch erzielte einheitliche Datenbasis die Vergleichbarkeit dieser Informationen im Zeitablauf und über die Institute hinweg.

Temporary administrator (for resolution)

Sonderverwalter (für die Abwicklung), *m.*

Der Sonderverwalter wird für ein Jahr bestellt und löst das Leitungsorgan des in Abwicklung (QV: **resolution**) befindlichen Instituts ab. Er verfügt über all Befugnisse der Anteilseigner und der Leitungsorgane des Instituts und übt sie unter Aufsicht der Abwicklungsbehörde aus. Er ist verpflichtet, die zur Verwirklichung der Abwicklungsziele (QV: **resolution objective**) erforderlichen Schritte zu ergreifen und Abwicklungsmaßnahmen (QV: **resolution action**) gemäß Beschluss der Abwicklungsbehörde umzusetzen.

Temporary injunction
einstweilige Verfügung, *f.*
Vorläufige Entscheidung des Gerichts im Eilverfahren, die der Sicherung eines nicht auf Geld gerichteten Anspruchs bis zur endgültigen Entscheidung dient.

Temporary maximum coverage level
zeitlich beschränkte maximale Deckungssumme, *f.*
Nach Art. 6 Abs. 2 Richtlinie 2014/49/EU können spezifische in der Richtlinie explizit genannte Einlagen über den Betrag von 100.000 Euro für eine Dauer von mindestens drei und höchstens 12 Monaten nach Gutschrift des Betrags oder nach dem Zeitpunkt, ab dem diese Einlagen auf rechtlich zulässige Weise übertragen werden können, durch die nationalen Einlagensicherungssysteme abgesichert werden Dies sind zum Beispiel Einlagen, die aus Immobilientransaktionen im Zusammenhang mit Privatimmobilieneigentum resultieren, Einlagen, die soziale, im einzelstaatlichen Recht vorgesehene Zwecke erfüllen und an bestimmte Lebensereignisse eines Einlegers geknüpft sind wie Heirat, Scheidung, Renteneintritt, Kündigung, Entlassung, Invalidität oder Tod, Einlagen, die im einzelstaatlichen Recht bestimmte Zwecke erfüllen und auf der Auszahlung von Versicherungsleistungen oder Entschädigungszahlungen für aus Straftaten herrührende Körperschäden oder falscher strafrechtlicher Verurteilung beruhen oder auch die Möglichkeit, national Einlagen aus zur Absicherung von Altersvorsorgeprodukten und Renten abzusichern.

Temporary waiver
befristete Ausnahme, *f.*

Temporary Write-down
Vorübergehende Herabschreibung, *f.*
Dabei wird der Nominalwert eines Finanzinstrumentes zeitweise bzw. vorübergehend herabgeschrieben und kann bei späterer Wertaufholung wieder hinzugeschrieben werden.

Tenant
(QV: **Lessee**)

Tender Operation
Tenderverfahren, *n.*
Mittels des Tenderverfahrens wird den Geschäftsbanken im Euroraum Liquidität im Rahmen von sog. Offenmarktgeschäften bereitgestellt.

Dabei wird zwischen verschiedenen Varianten unterschieden. Wöchentlich werden die Hauptrefinanzierungsgeschäfte (sog. Haupttender oder Wochentender) durch die EZB angeboten. In den letzten Jahren hat die Europäische Zentralbank zudem weitere langfristige Finanzierungsgeschäfte wie LTRO (QV: **Longer-term Refinancing Operations**) und TLTRO (QV: **Targeted longer-term Refinancing Operations**) angeboten. In diesem Rahmen konnten sich die Geschäftsbanken mit Laufzeiten bis zu vier Jahren refinanzieren. Technisch erfolgt die Abwicklung über OMTOS (QV: **Open Market Tender Operations System**).

Tentative conclusions
Vorläufige Rückschlüsse, *pl., m.*

Termination of the credit agreement
Abschluss des Kreditvertrages, *m.*
Mit dem Begriff des Abschlusses des Kreditvertrages wird europarechtlich in recht offener Weise die unterschiedliche Art des Zustandekommens von zivilrechtlichen Verträgen beschrieben. Nach deutschem Recht kommt der Vertrag mit dem Zugang der Annahmeerklärung bei dem, der vorab das entsprechende Angebot abgegeben hat, nach § 145 ff BGB zustande.

Territorial insolvency proceedings
Partikularverfahren, *n.*
Insolvenzverfahren über das Vermögen einer Niederlassung

Terrorist financing
Terrorismusfinanzierung, *f.*
Der Begriff Terrorismusfinanzierung wird in Art. 2 Abs. 1 der Verordnung (EU) 1781/2006 dahingehend definiert, dass dies die Bereitstellung oder Sammlung finanzieller Mittel ist in jeglicher Weise, unmittelbar oder mittelbar, mit der Absicht oder in Kenntnis dessen, dass diese finanzielle Mittel ganz oder teilweise dazu verwendet werden, eine der Straftaten im Sinne der Art. 1 bis 4 des Rahmenbeschlusses 2002/475/JI des Rates vom 13. Juni 2002 zur Terrorismusbekämpfung (1) zu begehen (so auch Art. 1 Abs. 4 Richtlinie 2005/60/EG).

The guidelines hinge on four main components
Die Richtlinien beruhen auf vier Komponenten, *pl., m.*

The Standardized approach (TSA)
Standardansatz, *m.*

Third-countries
Drittländer, *pl., n.*

Third-country insurance undertaking

Drittland-Versicherungsunternehmen, *pl., n.*

Third-country reinsurance undertaking

Drittland-Rückversicherungsunternehmen, *pl., n.*

Third party rights

Rechte Dritter, *pl., n.*
Mit dem Begriff der Rechte Dritter wird die Belastung einer Sache oder eines Rechts mit einem Anspruch einer dritten Partei beschrieben. Dies sind in der Regel Eigentumsvorbehaltsrechte, Pfandrechte, etc.

Threshold

Schwellenwert, *m.*

Tied agent

vertraglich gebundener Vermittler, *m.*
Unternehmen, das keine Bankgeschäfte betreibt und als Finanzdienstleistungen nur die Anlage- oder Abschlussvermittlung, das Platzierungsgeschäft oder die Anlageberatung ausschließlich für Rechnung und unter Haftung eines Einlagenkreditinstituts oder eines Wertpapierhandelsunternehmens, das seinen Sitz im Inland hat, erbringt.

Tied credit intermediary

gebundener Kreditvermittler, *m.*
Der gebundene Kreditvermittler ist nach Art. 4 Abs. 7 Richtlinie 2014/17/EU der Vermittler der im Namen und unter der unbeschränkten und vorbehaltlosen Verantwortung nur eines Kreditgebers nur einer Gruppe oder einer Zahl von Kreditgebern oder Gruppen, die auf dem Markt keine Mehrheit darstellt, handelt. Somit ist in Deutschland der Handelsvertreter nach § 84 HGB von dieser Begrifflichkeit erfasst.

Tier 1 capital

Kernkapital, *n.*
Das Kernkapital ist wesentlicher Bestandteil der haftenden Eigenmittel (QV: **Own Funds**) nach aufsichtsrechtlicher Definition. Es setzt sich aus dem harten Kernkapital (QV: **Core Tier 1 Capital**) und dem zusätzlichen Kernkapital (QV: **Additional Tier 1 Capital**) zusammen. Berücksichtigungsfähige Kernkapitalbestandteile sind durch die CRR (QV: **Capital Requirements Regulation**) europaweit einheitlich definiert.

Tier 1 capital ratio

Kernkapitalquote, *f.*
Gemäß CRR ist eine Kernkapitalquote von 6 % zu jedem Zeitpunkt grundsätzlich zu erfüllen.

Tier 2 capital

Ergänzungskapital, *n.*

Title

Titel, *m.*; Anspruch, *m.*

Title transfer
Vollrechtsübertragung, *f.*
Komplette Übertragung bzw. Abtretung eines Finanzinstruments

Title transfer financial collateral arrangement
Finanzsicherheit in Form der Vollrechtsübertragung, *f.*
Die Finanzsicherheit in Form der Vollrechtsübertragung ist nach Art. 2 Abs. 1 c) der Richtlinie 2002/47/EG die vollständige Übereignung bzw. Zession eines Finanzaktivums zum Zwecke der Besicherung oder anderweitigen Deckung von Verbindlichkeiten. Hierzu gehören auch Wertpapierpensionsgeschäfte. Im Rahmen der Einlagensicherung wird dieser Vertrag nach den EBA Leitlinien[74] dahingehend weiter definiert, dass es sich dabei um die Verträge handelt, durch die das Kreditinstitut mit dem Einlagensicherungssystem, die sich aus dem Zahlungsverpflichtungsvertrag ergebenden besicherten Verpflichtungen regelt, nach denen die vollständigen Rechte an den Aktiva mit niedrigem Risiko auf das Einlagensicherungssystem übertragen werden. Diese Sicherheiten können dabei Wertpapiere oder Bargeld sein.

TLAC
(QV: **Total Loss Absorbing Capacity**)

TLTRO
(QV: **Targeted Longer-Term Refinancing Operations**)

Tone from the Top
Leitungskultur, *f.*
Die gelebte Führungskultur der Geschäftsleitung (bspw. im Hinblick auf Compliance und den Umgang mit Risiken) wird als »Tone from the Top« bezeichnet. Dieser kulturelle Aspekt ist zu unterscheiden von den schriftlichen Regelungen, welche im Zweifel so nicht gelebt werden. Mit dem »Tone from the Top« ist daher die tatsächliche Philosophie der Unternehmensführung im Hinblick auf eine ordnungsgemäße Geschäftsorganisiation gemeint.

Too big to fail (TBTF)
Zu Groß, um zu scheitern, *n.*
»Too big to fail« bezeichnet die Größe einer Bank, deren Insolvenz enorme systemrelevante bzw. volkswirtschaftliche Auswirkungen mit sich bringt, woraus sich implizit die Forderung nach Staatseingriffen zur Rettung ebendieser Bank ergibt, z. B. in Form eines Bail Outs durch die Steuerzahler.

---

74 EBA Konsultationspapier EBA/CP/2014/27 vom 25. September 2014 zu den Zahlungsverpflichtungen nach der Einlagensicherungsrichtlinie 2014/49/EU.

Total amount of credit

Gesamtkreditbetrag, *m*.
Der Gesamtkreditbetrag wird durch den Verweis vom Art. 4 Abs. 12 Richtlinie 2014/17/EU auf Art. 3 l) der Richtlinien 2008/48/EG dahingehend definiert, als das dies die Obergrenze oder die Summe aller Beträge ist, die aufgrund eines Kreditvertrags zur Verfügung gestellt werden.

Total amount payable by the consumer

vom Verbraucher zu zahlende Gesamtbetrag, *m*.
Der vom Verbraucher zu zahlende Gesamtbetrag wird durch den Verweis von Art. 4 Abs. 14 Richtlinie 2014/17/EU auf Art. 3 h) der Richtlinien 2008/48/EG dahingehend definiert, als dass dies die Summe des Gesamtkreditbetrages und der Gesamtkosten des Kredits für den Verbraucher ist.

Total capital charge

Gesamtanrechnungsbetrag, *m*.
Summe der Anrechnungsbeträge einer Risikoart im Rahmen der bankaufsichtlichen Eigenmittelunterlegung

Total Capital Ratio (TCR)

Gesamtkapitalquote, *f*.
Die Gesamtkapitalquote ergibt sich aus dem Quotienten der anrechenbaren Eigenmitteln (QV: **Own Funds**) und den risikogewichteten Aktiva (QV: **Risk Weighted Assets**) eines Institutes. Ohne die Berücksichtigung besonderer Puffer und Kapitalaufschläge beträgt die Mindest-TCR nach Ablauf der Übergangsfrist 10,5 Prozent, zuzüglich eines von der Bankenaufsicht vorzugebenden antizyklischen Kapitalpuffers. Gemäß CRR ist eine Gesamtkapitalquote von 8 % zu jedem Zeitpunkt grundsätzlich zu erfüllen.

Total costs of credit

Gesamtkosten des Kredits, *pl., m*.
Die Gesamtkosten des Kredites werden durch den Verweis von Art. 4 Abs. 13 Richtlinie 2014/17/EU auf Art. 3 g) der Richtlinien 2008/48/EG dahingehend definiert, als dass dies sämtliche Kosten, einschließlich der Zinsen, Provisionen, Steuern und Kosten jeder Art ausgenommen Notargebühren, sind, die der Verbraucher im Zusammenhang mit dem Kreditvertrag zu zahlen hat und die dem Kreditgeber bekannt sind. Kosten für Nebenleistungen im Zusammenhang mit dem Kreditvertrag, insbesondere Versicherungsprämien, sind ebenfalls enthalten, wenn der Abschluss des Vertrags über diese Nebenleistung eine zusätzliche zwingende Voraussetzung dafür ist, dass der Kredit überhaupt oder nach den vorgesehenen Vertragsbedingungen gewährt wird. Für den Bereich der

Wohnimmobilienkredite wird diese Definition noch um die Kosten für die Immobilienbewertung, sofern eine solche Bewertung für die Gewährung des Kredits erforderlich ist, jedoch ausschließlich der Gebühren für die Eintragung der Eigentumsübertragung in das Grundbuch, ergänzt. Ausgenommen davon sind alle Entgelte, die der Verbraucher für die Nichteinhaltung der im Kreditvertrag festgelegten Verpflichtungen zahlen muss.

Total income

Gesamtes Einkommen, *n.;* Gesamterlöse, *pl., m.*

Total Loss Absorbing Capacity (TLAC)

Gesamt-Verlustabsorptionskapazität, *f.*
Die Anforderungen zur Gesamt-Verlustabsorptionskapazität wurden am 10. November vom FSB (QV: **Financial Stability Board**) im Entwurf veröffentlicht und richten sich an die global systemrelevanten Kreditinstitute (QV: **Global Systemically Important Banks**). Die neuen Vorschriften sollen dazu führen, dass die Krisenanfälligkeit der weltweit bedeutendsten Banken minimiert und damit die »too big to fail« Problematik beseitigt wird. Insbesondere wird darauf abgezielt, Rückgriffe auf Steuerzahler für den Fall der Schieflage eines dieser Institute zu vermeiden. Dafür sollen die Institute künftig neben dem herkömmlichen Eigenkapital auch »bail-in« fähige Verbindlichkeiten (QV: **Bail-in**) zur Verlustkompensation im Krisenfall vorhalten müssen. Diese besondere Form der Verbindlichkeiten kann dann bei Bedarf in Eigenkapital gewandelt oder direkt zum Tragen der Verlust herangezogen werden.

Total maturity

Gesamtlaufzeit, *f.*

Total own funds

Gesamteigenmittel, *pl, n.*

Total Risk Exposure Amount (TREA)

Gesamtforderungsbetrag, *s., m.*
Gesamtforderungsbetrag gemäß Artikel 92 der Verordnung (EU) Nr. 575/2013 (CRR): harte Kernkapitalquote von 4,5 %, Kernkapitalquote von 6 %, Gesamtkapitalquote von 8 %. (QV: **Capital Requirements Regulation**)

Total SREP Capital Requirements (TSCR)

SREP-Gesamtkapitalanforderungen, *pl., f.*
Summe der Kapitalanforderungen nach Art. 92 der EU-Verordnung 575/2013 und zusätzlicher Kapitalanforderungen, welche noch durch die Aufsichtsbehörden im Rahmen der Umsetzung der »EBA Guidelines on common procedures and

methodolgies for the SREP« (EBA/GL/2014/13) in nationales Recht genauer spezifiziert werden müssen.

Tradability

Handelbarkeit, *f.*; Marktfähigkeit, *f.* Positionen, für die es einen Markt gibt

Trade exposure

Handelsrisikoposition, *f.*

Trade finance

Handelsfinanzierung, *f.*

Trade Repository

Transaktionsregister, *n.*
Juristische Person, die die Aufzeichnungen zu börslichen und außerbörslichen Derivaten zentral sammelt und verwahrt (Art. 2 VO (EU) Nr. 648/2012).

Traded and sold portfolios

Gehandelte und verkaufte Portfolios, *pl., n.*

Trading and sales

Handel, *m.*

Trading book

Handelsbuch, *n.*
In Abgrenzung zu weiteren Bankbüchern dient das Handelsbuch der kurzfristigen Gewinnerzielung. Die Vermögensgegenstände des Handelsbuchs werden nicht mit der Absicht erworben, dauerhaft dem Geschäftsbetrieb zu dienen. Der Erfolg dieser Geschäfte ist volatil, weshalb für das Handelsbuch besondere aufsichtliche Vorgaben, bspw. hinsichtlich der Eigenmittelunterlegung, bestehen.

Trading book business

Handelsbuchtätigkeit, *f.*

Trading book institution

Handelsbuchinstitut, *n.*
Kreditinstitute, deren Handelsbuch bestimmte Bagatellgrenzen überschreitet.

Trading intent

Handelsabsicht, *f.*

Traditional securitisation

traditionelle Verbriefung, *f.*
Nach Art. 2 Abs. 9 des Verordnungsvorschlages der Europäischen Kommission COM(2015) 472 final wird der Begriff der traditionellen Verbriefung als Verbriefung verstanden, die mit der wirtschaftlichen Übertragung der verbrieften Risikopositionen einhergeht. Dabei überträgt der Originator das Eigentum an den verbrieften Risikopositionen auf eine Verbriefungszweckgesellschaft oder gibt Unterbeteiligungen an eine Verbriefungszweckgesellschaft ab. Die ausgegebenen Wertpapiere stellen für das originierende Institut keine Zahlungsverpflichtung dar.

Tranche

Tranche, *f.*; Klasse, *f.*

Nach Art. 2 Abs. 6 des Verordnungsvorschlages der Europäischen Kommission COM(2015) 472 final wird der Begriff der Tranche dahingehend definiert, dass dies ein vertraglich festgelegtes Segment des mit einer Risikoposition oder einem Pool von Risikopositionen verbundenen Kreditrisikos ist, wobei eine Position in diesem Segment – ungeachtet etwaiger Sicherheiten, die von Dritten direkt für die Inhaber von Positionen in diesem oder anderen Segmenten gestellt werden – mit einem größerem oder geringerem Verlustrisiko behaftet ist, als eine Position gleicher Höhe in einem anderen Segment.

Transaction characteristics

geschäftsspezifische Merkmale, *pl., n.*

Transaction risk characteristics

geschäftsspezifische Riskomerkmale, *pl., n.*

Transaction type

Geschäftstyp, *m.*

Transfer of funds

Geldtransfer, *m.*

Der Begriff Geldtransfer wird im Geldwäscherecht in Art. 2 Abs. 7 der Verordnung (EU) 1781/2006 dahingehend definiert, dass dies jede Transaktion ist, die im Namen eines Auftraggebers über einen Zahlungsverkehrsdienstleister auf elektronischem Wege mit dem Ziel abgewickelt wird, einem Begünstigten bei einem Zahlungsverkehrsdienstleister einen Geldbetrag zur Verfügung zu stellen, unabhängig davon, ob der Auftraggeber und der Begünstigter dieselbe Person ist.

Transfer powers

Übertragungsbefugnisse, *pl., f.*

Befugnisse, Anteile, andere Eigentumstitel (QV: **instruments of ownership**), Schuldtitel, Vermögenswerte, Rechte oder Verbindlichkeiten – auch in beliebiger Kombination – von einem in Abwicklung befindlichen Institut auf einen übernehmenden Rechtsträger zu übertragen. Die Übertragung von Rechte, Vermögenswerte und Verbindlichkeiten steht unter dem Vorbehalt der Zustimmung des übernehmenden Rechtsträger.

Transferred credit risk

übertragenes Kreditrisiko, *n.*

Transitional provision

Übergangsbestimmung, *f.*

Transparency

Transparenz, *f.*

Transparency Exercise

Transparenzübung, *f.*

Die 2015 durchgeführte Transparenzübung der EBA umfasste 105

Institute aus 21 EWR-Staaten (aus Deutschland: 20 Bankengruppen). Die EBA-Ergebnisse enthalten Informationen zu Kapitalausstattung, RWA, Kredit-, Marktrisiken, Staatenpositionen, Verschuldungsquote, Kreditqualität, notleidende Risikopositionen, Stundungsmaßnahmen

Transport Layer Security (TLS)

Transport Layer Sicherheit, *f.*

Transport Layer Security (TLS) ist eine Weiterentwicklung des Secure Socket Layers (SSL) durch die Internet Engineering Task Force (IETF)[75], die das SSL-Protokoll 1999 in Transport Layer Security umbenannt hat. Der aktuelle Standard ist von 2008.

Das TLS-Protokoll ist abwärtskompatibel zum SSL-Protokoll (QV: **Secure Sockets Layer**), es wird vorwiegend im Web-Umfeld eingesetzt und dort vor Allem zur Absicherung von HTTP-Verbindungen[76] und für kommerzielle Transaktionen. TLS-Security bildet eine generische Sicherungsschicht oberhalb der Transportschicht und benutzt das TCP-Protokoll als verbindungsorientiertes Transportprotokoll.

TLS arbeitet mit einer 128-Bit-Verschlüsselung und wird für die Verschlüsselung von Mails eingesetzt. Um die Integrität der E-Mails zu überwachen und nichtautorisierte Zugriffe auf den Mail-Server zu verhindern, nutzt Transport Layer Security eine zertifikatbasierte Authentifizierung.

Über das TLS-Handshake-Protokoll einigen sich Sender und Empfänger eine Nachricht darauf mit welchen Algorithmen verschlüsselt(QV: **Encryption**) und authentifiziert (QV: **Authenticity**) werden soll. TLS arbeitet mit vier verschiedenen Schlüsseln: jeweils einen zum Ver- und Entschlüsseln und je einen zur Authentifizierung der ankommenden und abgehenden Datenpakete.

TREA

(QV: **Total risk exposure amount**)

Trigger Level

Auslösepunkt, *m.*

Trojan

Trojaner, *m.*

Unter einem Trojaner, auch als trojanisches Pferd bezeichnet, versteht man ein Schadprogramm, eine Malware, das neben seiner eigentlichen Funktion noch weitere, unbekannte Funktionen aufweist. Bei seiner Ausführung richten Trojaner Scha-

---

[75] https://www.ietf.org
[76] HTTP steht für »Hypertext Transfer Protocol«. Es wird hauptsächlich eingesetzt, um Webseiten (Hypertext-Dokumente) aus dem World Wide Web (WWW) in einen Webbrowser zu laden. Es ist jedoch nicht prinzipiell darauf beschränkt und auch als allgemeines Dateiübertragungsprotokoll sehr verbreitet dient. Die Verwaltung erfolgt durch Internet Engineering Task Force (IETF), https://www.ietf.org/und das World Wide Web Consortium (W3C), http://www.w3.org/(20.02.2015).

den »von innen« an. Dabei werden Datenbestände und Passwörter ausspioniert und über das Internet versendet, ebenso aber auch Systemkonfigurationen verändert oder gelöscht.

Trojaner missbrauchen Computer und rüsten in diesen häufig zusätzliche Funktionen nach, mit denen sie Zugangsdaten, Passwörter und Seriennummern erfassen oder die Remote-Eigenschaften und die Systemadministration beeinträchtigen, so beispielsweise als Spyware (QV: **Spyware**), zur Aussendung von Spams (QV: **Spam**) oder für Angriffe auf Server.

Trojaner verbreiten sich über Anhänge von E-Mails, aber auch über Tauschbörsen.

Trojaner kann man dadurch verhindern, indem man keine Mailanhänge von unbekannten E-Mail-Adressen herunterlädt und öffnet, ebenso keine Software aus unbekannten Quellen auf seinen Computer lädt oder diese zumindest vorher durch einen Virenscanner checkt.

True-type securitisation transactions

Verbriefungstransaktionen mit Forderungsübertragung, *f.*

Trust

Treuhandgesellschaften, *pl., f.*

Trust and company service provider

Dienstleister für Treuhandgesellschaften und Gesellschaften, *m.*
Im Sinne der Richtlinie 2005/60/EG Art. 3 Abs. 7 sind Dienstleister für Treuhandgesellschaften und Gesellschaften jede natürliche oder juristische Person, die geschäftsmäßig eine der folgenden Dienstleistungen für Dritte erbringt, die Ausübung der Funktion eines Leiters oder eines Geschäftsführers einer Gesellschaft, eines Gesellschafters einer Personengesellschaft oder Wahrnehmung einer vergleichbaren Position gegenüber anderen juristischen Personen oder Arrangement für eine andere Person, sodass sie die zuvor genannten Funktionen ausüben kann. Ferner wird unter diesem Begriff auch die Bereitstellung eines Gesellschaftssitzes, einer Geschäfts-, Verwaltungs- oder Postadresse und anderer damit zusammenhängender Dienstleistungen für eine Gesellschaft verstanden.

Trust service provider

Dienstleister für Trusts, *m.*
Nach Art. 3 Abs. 7 der 4. Geldwäscherichtlinie (2015/849/EU) bedeutet Dienstleister für Trusts jede Person, die gewerbsmäßig eine der folgenden Dienstleistungen für Dritte erbringt, wie zum Beispiel die Gründung von Gesellschaften oder anderen juristischen Personen, die

Ausübung der Leitungs- oder Geschäftsführungsfunktion einer Gesellschaft, der Funktion eines Gesellschafters einer Personengesellschaft oder einer vergleichbaren Funktion bei einer anderen juristischen Person oder Bestellung einer anderen Person für die zuvor genannten Funktionen, die Bereitstellung eines Sitzes, einer Geschäfts-, Post- oder Verwaltungsadresse und anderer damit zusammenhängender Dienstleistungen für eine Gesellschaft, eine Personengesellschaft oder eine andere juritische Person oder Rechtsvereinbarung, die Ausübung der Funktion eines Trustees, eines Express Trusts oder einer ähnlichen Rechtsvereinbarung oder Bestellung einer anderen Person für die zuvor genannten Funktionen, die Ausübung der Funktion eines nominellen Anteilseigners für eine andere Person, bei der es sich nicht um eine an einem geregelten Markt notierte Gesellschaft handelt, die dem Unionsrecht entsprechenden Offenlegungsanforderungen oder gleichwertigen internationalen Standards unterliegt, oder Bestellung einer anderen Person für die zuvor genannten Funktionen.

TSCR

(QV: **Total SREP capital requirement**)

Two-tier board system

Dualistisches Verwaltungssystem, *n*. Im dualistischen Verwaltungssystem werden die Leitungs- und Kontrollkompetenzen im Vergleich zu einem monistischen Verwaltungssystem (QV: **One-tier board system**) auf zwei zentrale Organe aufgeteilt: der Vorstand und der Aufsichtsrat. In Deutschland findet das dualistische System Anwendung.

Tying practice

Kopplungsgeschäft, *n*. Nach Art. 4 Abs. 26 Richtlinie 2014/17/EU ist ein Kopplungsgeschäft das Angebot oder der Abschluss eines Kreditvertrags in einem Paket gemeinsam mit anderen gesonderten Finanzprodukten oder -dienstleistungen, bei dem der Kreditvertrag nicht separat von dem Verbraucher abgeschlossen werden kann. Diese Geschäfte sind grundsätzlich nach Art. 12 Abs. 1 Richtlinie 2014/17/EU mit einem Wohnimmobilienkredit verboten, es sei denn diese Konstellationen fallen unter die explizit genannten Erlaubnistatbestände des Art. 12 Abs. 2 Richtlinie 2014/17/EU.

Type of exposure

Risikopositionsart, *f*. Risikopositionsart bedeutet gemäß CRR eine Gruppe einheitlich gesteuerter Risikopositionen, die von einer bestimmten Art von Fazilitäten gebildet werden und auf ein einziges Unternehmen oder eine einzige Untergruppe von Unternehmen in einer Gruppe beschränkt werden können, sofern dieselbe Risikopositionsart in anderen Unternehmen der Gruppe unterschiedlich gesteuert wird.

U

UCITS

(QV: **Undertakings for Collective Investment in Transferable Securities**)

Ultimate borrower

Endkreditnehmer, *m.*
Empfänger von Darlehen aus Investitions- oder Förderkrediten

Unavailable deposit

nicht verfügbare Einlage, *f.*
Art. 2 Abs. 1 Nr. 8 Richtlinie 2014/49/EU definiert die nicht verfügbare Einlage als eine Einlage, die gemäß den für sie geltenden gesetzlichen oder vertraglichen Bedingungen zwar fällig und von einem Kreditinstitut zu zahlen ist, jedoch noch nicht gezahlt wurde. Dies ist dann der Fall, wenn die jeweils einschlägigen Verwaltungsbehörden zwar festgestellt haben, dass ihrer Auffassung nach das Kreditinstitut aus Gründen, die mit seiner Finanzlage unmittelbar zusammenhängen, vorerst nicht in der Lage ist, die Einlage zurückzuzahlen, und das Institut gegenwärtig keine Aussicht hat, dazu später in der Lage zu sein, oder wenn ein Gericht aus Gründen, die mit der Finanzlage des Kreditinstituts unmittelbar zusammenhängen, eine Entscheidung getroffen hat, die ein Ruhen der Rechte der Einleger, Forderungen gegen das Institut zu erheben, bewirkt.

Unconditional

unbedingt

Uncontrolled amortisation

unkontrollierte Tilgung, *f.*
nicht planmäßige vorzeitige Tilgung

Undercalibration

Unzureichende Kalibrierung, *f.*

Underlying

Basiswert, *m.*; Basisinstrument, *n.*
Vertragsgegenstand eines Termin-, Terminkontrakt- oder Optionsgeschäfts oder eines anderen Derivats, der für die Erfüllung und Bewertung des Vertrags als Grundlage dient.

Underlying bonds

zugrunde liegende Anlagen, *pl., f.*

Underlying risk

zugrundeliegendes Risiko, *m.*
Das Risiko, welches einem Geschäftsfall bzw. einer Position zu Grunde liegt.

Understandability

Verständlichkeit, *f.*
Ein Bewertungsaspekt der Aufsicht zur Prüfung der Zuverlässigkeit der institutsinternen ICAAP-Berechnung.

Undertakings for Collective Investment in Transferable Securities (UCITS)

Organismen für gemeinsame Anlagen (OGAW), *pl., m.*

OGAW-Richtlinie regelt die Anforderungen an Fonds und ihre Verwaltungsgesellschaften, insbesondere in welche Vermögensgegenstände investiert werden darf. Nach Art. 1 Abs. 2 der Richtlinie 2009/65/EG bezeichnet der Ausdruck »OGAW« Organismen, deren ausschließlicher Zweck es ist, beim Publikum beschaffte Gelder für gemeinsame Rechnung nach dem Grundsatz der Risikostreuung in Wertpapieren und/oder anderen in Art. 50 Absatz 1 der Richtlinie 2009/65/EG genannten liquiden Finanzanlagen zu investieren, und deren Anteile auf Verlangen der Anteilsinhaber unmittelbar oder mittelbar zu Lasten des Vermögens dieser Organismen zurückgenommen oder ausgezahlt werden. Diesen Rücknahmen oder Auszahlungen gleichgestellt sind Handlungen, mit denen ein OGAW sicherstellen will, dass der Kurs seiner Anteile nicht erheblich von deren Nettoinventarwert abweicht.

Underwriting

Übernahmegarantie, *f.*

Underwriting business

Emissionsgeschäft, *n.*

Übernahme von Finanzinstrumenten für eigenes Risiko zur Platzierung oder die Übernahme gleichwertiger Garantien

Underwriting commitments

Garantien und Gewährleistungen zur Übernahme, *pl., f.*

Underwriting policies

angewandte Grundsätze, *pl., m.*

Unter dem Begriff der angewendeten Grundsätze wird im Europarecht im weitesten Sinne die vom Kreditgeber festgelegten Kreditvergabestandards verstanden, die ein jedes Institut als Grundlage für seine Kreditvergabepraxis vorsehen muss.

Undue delay

unverzüglich

Diese Verpflichtung im Europarecht beispielsweise das Standardisierte Informationsblatt nach Erhalt sämtlicher Angaben des Verbrauchers nach Art. 14 Abs. 1 a) Richtlinie 2014/17/EU ohne schuldhaftes Zögern dem Verbraucher zu übergeben, entspricht im deutschen dem in § 121 Abs. 1 BGB geregelten Begriff »ohne schuldhaftes Zögern«. In der Verbraucherkreditrichtlinie ist der Zeitpunkt der Übergabe der vorvertraglichen Informationpflichten anders geregelt, dort müssen diese Informationen rechtzeitig (s. o.) vor Vertragsschluss übergeben werden, Art. 6 Abs. 1 Richtlinie 2008/48/EU.

Undue hardship

unbillige Härte, *f.*

Unencumbered

nicht mit Rechten Dritter belastet
Der Begriff nicht mit Rechten Dritter belastet wird im europäischen Recht in Art. 433 der Verordnung (EU) Nr. 575/2013 und der darauf beruhenden Leitlinie der EBA zur Offenlegung von besicherten und nicht besicherten Anlagevermögen EBA/GL/2014 vom 27. Juni 2014 als Rechte definiert, die nicht durch irgendeine Art der Besicherung, Verpfändung, Sicherungsabtretung oder anderweitig belastet ist, so dass dieses Recht nicht frei verfügt werden kann.

Unencumbered assets

unbelastete Vermögenswerte, *pl., m.*

Unexpected Loss (UL)

unerwarteter Verlust, *m.*

Unfunded credit protection

Absicherung ohne Sicherheitsleistung, *f.*

Union branch

Unionszweigstelle, *f.*
Eine in einem Mitgliedstaat befindliche Zweigstelle eines Drittlandinstituts.

Union parent undertaking

Unionsmutterunternehmen, *n.*
Ein Unionsmutterinstitut, eine Unions-Mutterfinanzholdinggesellschaft oder eine gemischte Unions-Mutterfinanzholdinggesellschaft.

Union subsidiary

Unionstochterunternehmen, *n.*
Ein Institut, das in einem Mitgliedstaat niedergelassen ist und Tochterunternehmen eines Drittlandsinstituts oder eines Drittlandsmutterunternehmens ist.

Unique unifier

kundenbezogene Identifikationsnummer, *f.*
Der Begriff kundenbezogene Identifikationsnummer wird im Geldwäscherecht in Art. 2 Abs. 9 der Verordnung (EU) 1781/2006 dahingehend definiert, dass dies eine Kombination von Buchstaben, Zahlen oder Symbolen ist, die vom Zahlungsverkehrsdienstleister gemäß den Protokollen des zur Ausführung des Geldtransfers verwendeten Zahlungsverkehrs und Abwicklungssystems oder Informationssystems festgelegt wird.

Unit of account

Rechnungseinheit, *f.*
Eine im Geldwesen einer Volkswirtschaft oder eines Währungsgebietes verwendete, künstlich konstruierte Rechengröße

Unrated

unbeurteilt

Unrated exposures

Positionen, die über kein Rating verfügen, *pl., f.*

Unrated position
unbeurteilte/ungeratete Position, *f.*

Unrealised gains measured at fair value
zeitwertbilanzierte nicht realisierte Gewinne, *pl., m.*

Unrealised losses measured at fair value
zeitwertbilanzierte nicht realisierte Verluste, *pl., m.*

Unregulated finacial sector entity
nicht beaufsichtigte Unternehmen der Finanzbranche, *pl., n.*

Unsecured
unbesichert

Unsecured Credit
unbesicherter Kredit, *m.*
Bei unbesicherten Krediten erhält der Kreditgeber keine explizite Sicherheit für seine Ausleihung. Klassischerweise werden Unternehmensanleihen (QV: **Corporate Bond**) oder klassische Bankschuldverschreibungen als sog. »senior unsecured« Papiere emittiert. Der Schuldner haftet hier zwar mit seinem Gesamtvermögen, allerdings können einzelne Vermögensgegenstände explizit für gedeckte Schuldverschreibungen reserviert sein, bspw. für Pfandbriefe. Im Gegensatz dazu werden auch Wertpapiere mit expliziter zusätzlicher Besicherungen emittiert (QV: **Covered Bonds**). Bankkredite sind zwar häufig auch unbesichert, hier verlangen die Institute jedoch häufig vom Kreditnehmer die Einhaltung bestimmter Kennzahlen (QV: **Credit Covenant**)

Use test
Praxistest, *m.*

(to) utter
in Umlauf bringen

V

Validation
Validierung, *f.*

Validity
Aussagekraft, *f.*
z. B. einer Kennzahl oder eines indirekten Indikators.

Valuation
Bewertung, *f.*

Valuation of the property
Immobilienbewertung, *f.*

Value adjustment
Wertberichtigung, *f.*; Bewertungsanpassungen, *pl., f.*
Ist die vollständige Erfüllung der Zahlungsverpflichtungen eines Kreditnehmers zweifelhaft, so ist die Forderung ganz oder teilweise im Wert zu berichtigen. Bei Wertpapieren (Anleihen, Schuldverschreibungen) geschieht dies automatisch durch eine Veränderung des Marktwertes (Kurs des Wertpapieres), bei Forderungen in Form einer klassischen Kreditvergabe (bspw. durch ein Bankdarlehen) ist eine individuelle Wertberichtigung bis zur Höhe des voraussichtlich zu erwartenden Rückzahlungsbetrages vorzunehmen.

Value adjustment deficit
Wertberichtigungsfehlbetrag, *m.*
Differenz aus der Summe der erwarteten Verlustbeträge aus IRBA-Positionen und Wertberichtigungen und Rückstellungen, die für diese Positionen gebildet wurden.

Value adjustment excess
Wertberichtigungsüberschuss, *m.*
Differenz aus Wertberichtigungen und Rückstellungen auf IRBA-Positionen und die Summe der daraus erwarteten Verlustbeträge

Value at Risk (VaR)
Risikomaß für den Wertverlust eines Portfolios oder einer Position, *n.*
Die Quantifizierung des Risikos wird in der Bankpraxis in den meisten Fällen durch den Value-at-Risk abgebildet. Wobei für die einzelnen Risikarten verschiedene Value-at-Risk Konzepte zur Anwendung kommen. Im Wesentlichen wir zwischen historischen Simulationen, Monte-Carlo Simulationen und Varianz-Kovarianz-Verfahren differenziert. Für alle Modelle gilt grundsätzlich: Der VaR ist der unerwartete Verlust, welcher in einer bestimmten Zeit mit einer bestimmten Wahrscheinlichkeit nicht überschritten wird.

Value at risk number
Maßzahl des Risikopotenzials, *f.*

VaR
(QV: **Value at Risk**)

Variable rate
variabler Zinssatz, *m.*

Nach Art. 24 Richtlinie 2914/17/EU sind variable Zinsvereinbarungen bei denen die Änderung des Sollzinssatzes an etwaige Indizes oder Referenzzinssätze geknüpft werden. Diese Referenzzinssätze müssen klar, verfügbar, objektiv und von den Vertragsparteien des Kreditvertrages und den zuständigen Behörden überprüfbar sein.

Venture capital company
Wagniskapitalbeteiligungsgesellschaft, *f.*
Gesellschaft, die sog. Wagnis- oder Risikokapital in Form von Eigenkapital zur Verfügung stellt

Verification
Überprüfung, *f.*
Nach der EBA-Leitlinie zur verantwortungsvollen Kreditvergabe[77] und der EBA-Leitlinie zur Kreditwürdigkeitsprüfung[78] hat der Kreditgeber im Rahmen der Kreditwürdigkeitsprüfung vor Abschluss eines Wohnimmobiliendarlehensvertrags nach Art. 18 Abs. 5 Richtlinie 2014/17/EU die Angaben zum Einkommen des potentiellen Darlehensnehmers zu überprüfen.

Viability
Wirtschaftlichkeit, *f.;* Lebensfähigkeit, *f.;* Durchführbarkeit, *f.*; Tragbarkeit, *f.*

Virus
Virus, *m.*
In den 90er Jahren hat sich in kurzer Zeit das Virus-Problem von einer theoretischen zu einer realen Bedrohung für Computer und Datennetze entwickelt. Viren sind Schadprogramme, die alle Rechner, Programme und Dateien angreifen und schädigen. Daher unterscheidet man bei den Viren zwischen Computerviren, Programmviren, Dateiviren, Systemviren, Skriptviren und Bootviren.[79]
Ein typisches Programm- oder Computervirus ist ein einfaches Programm, das sich selbst reproduziert, seinen eigenen Viruscode in den Programmcode kopiert, sich in normalen Programmen versteckt und dessen Zweck es ist, durch Infizierung andere Soft- und Hardware zu behindern oder zu zerstören. Wenn infizierte Programme ablaufen, stecken sie auch andere Programme und andere Computer an, mit denen sie in Kontakt kommen. Wenn ein Computervirus einmal ein Programm befallen hat, dann kann er Programme zerstören, Daten vernichten, Zahlenwerte in einer Tabellenkalkulation verändern, Festplatten

---

77 EBA/GL/2015/11 vom 1. Juni 2015.
78 EBA/GL/2015/12 vom 1. Juni 2015.

---

79 Wie aus der Bezeichnung Bootvirus hervorgeht, handelt es sich um Viren, die den Bootsektor von Disketten oder den Master Boot Record (MBR) von Festplatten infizieren. Sie überschreiben wichtige Informationen für das Booten, so dass das Betriebssystem nicht mehr gestartet werden kann.

neu formatieren und damit ihren gesamten Datenbestand vollständig vernichten oder jeden nur möglichen Schaden anrichten, den der Programmierer des Virus eingeplant hat. Fast allen Fällen bleibt der Virus unbemerkt, während er sein Zerstörungswerk vollbringt. Auch die Virenerkennung mittels Virenscannern gestaltet sich zunehmend schwieriger, da sich Viren verändern können, wie metamorphe oder polymorphe Viren,[80] und neuere Viren Tarnfunktionen besitzen, wie der Stealth Virus, und sich vor Virenscannern verbergen können.

Viren werden über das Internet verbreitet, und zwar über die Dateianhänge von E-Mails und Software-Downloads.

Volatility-adjusted value

volatilitätsangepasster Wert, *m.*

---

[80] Viren arbeiten nach bestimmten Code-Sequenzen und sind an wiederkehrenden Bytefolgen zu erkennen. Es gibt aber auch Viren, die ihren eigenen Programmcode ständig ändern, indem sie Kopien von sich selbst erstellen, die durch Permutation geändert wurden. Solche Viren nennt man **polymorphe Viren**. Sie können mit sich verändernden Signaturen arbeiten, die allerdings bestimmten Algorithmen unterliegen. Die Hersteller von Virenscannern und Anti-Virensoftware analysieren dieses Regelwerk und können dadurch entsprechende Anti-Virensoftware entwickeln. Neben den polymorphen Viren gibt es mit den **metamorphen Viren** eine weitere Virenart, die sich in ihrer äußeren Form verändert, in ihrer Funktionalität allerdings gleich bleibt. Vgl. http://www.itwissen.info/(20.02.2015).

Vulnerability

Schwachstelle *f.*; Manipulationsanfälligkeit, *f.*; Verwundbarkeit, *f.*; Anfälligkeit, *f.*

Der Begriff Schwachstelle, wird in der Informationssicherheit in dem Sinne benutzt, als dass es sich um einen Fehler der Software handelt, der von Hackern (QV: **Hacker**) genutzt werden kann und ihnen den Zugriff auf Systeme oder Netzwerke (QV: **Authentication – access to systems and data**) ermöglicht. Schwachstellen können durch menschliches Versagen, unzureichende Ausbildung oder falsche Anweisungen für Mitarbeiter hervorgerufen werden, durch Fehlabläufe in der Organisation oder durch technische Mängel in den Kommunikationskomponenten.[81]

(QV: **Key vulnerabilities**)

Vulnerability assessment

Schwachstellenanalyse, *f.*

Vulnerability under stressed market conditions

Schadensanfälligkeit bei schwierigen Marktbedingungen, *f.*

---

[81] Vgl. http://www.itwissen.info/definition/lexikon/Schwachstelle-vulnerability.html (22.02.2015).

W/Y

(to) waive sth.

auf etwas verzichten

Waiver

Ausnahmeregelung, *f.*

Institute mit Sitz im Inland, die einem Institut oder einer Finanzholding mit Sitz im Inland nachgeordnet sind, können sich gemäß § 2a KWG auf Einzelinstitutsebene von den Anforderungen an die Angemessenheit der Eigenmittelausstattung, den Großkreditvorschriften sowie den Anforderungen an das interne Kontrollsystem durch eine Anzeige freistellen lassen (sog. Waiver).

Warrant

Optionsschein, *m.*

Bei Optionsscheinen handelt es sich um die Verbriefung eines Rechtes in Form eines Wertpapieres. Dabei berechtigt der Optionsschein den Inhaber, einen bestimmten Basiswert zu einem bestimmten Bezugspreis in einem bestimmten Bezugsverhältnis innerhalb eines bestimmten Zeitraums zu kaufen oder zu verkaufen.

Warranties and standby letters of credit

Bürgschaften und Akkreditive, *pl., f.*

Waterfall

Wasserfall, *m.*

Der Wasserfall bezeichnet die jeweils anzuwendende Haftungskaskade, nach der die jeweiligen Gläubiger im Fall eines Bail In zur Verlustbeteiligung bei Banken herangezogen werden.

Wholesale banking

Großkundengeschäft, *n.*

Das Großkundengeschäft ist das Gegenteil zum Retail banking (QV: **Retail banking**) und beschreibt den Teil des Bankgeschäfts, der mit Firmenkunden, dem Staat oder anderen Banken abgewickelt wird.

Wind-down triggers

vorzeitige Beendigungsklauseln, *pl., f.*

Within the meaning of

im Sinne von

Without prejudice to

unbeschadet

Working day

Arbeitstag, *m.*

Worm

Wurm, *m.*

Ein Wurm ist ein infizierter Programmcode, der sich normalerweise über die vorhandene Infrastruktur, über Netzwerkverbindungen oder den Anhang von E-Mails ausbreitet und auf anderen Systemen Schaden anrichtet. Würmer können auch das Adressbuch des Benutzers für die Verbreitung benutzen.

Würmer sind schädliche, autonome Programmroutinen, die sich, sobald sie codiert und freigesetzt werden, automatisch vervielfältigen um möglichst viele Rechner zu befallen. Sie dringen über Sicherheitslücken in die Systeme ein und richten dort Schaden an indem sie unerwünschte Aktionen auslösen. Das können Nachrichten sein, die plötzlich auf dem Bildschirm erscheinen; sie können aber auch Dateien löschen, Festplatten formatieren oder den Prozessor mit sinnlosen Aufgaben eindecken.[82]

Write-down
Wertabschlag, *m.*; Herabschreibung, *f.*

Written option positions
Stillhalterpositionen, *f.*

Wrong-way risk
Korrelationsrisiko, *n.*
Wachsendes Risiko bei Bonitätsverschlechterung der Gegenpartei.

Wrong-way risk, general
Korrelationsrisiko, allgemeines, *n.*
Risiko, das entsteht, wenn eine positive Korrelation zwischen der Ausfallwahrscheinlichkeit von Gegenparteien und allgemeinen Marktrisikofaktoren besteht (vgl. Art. 291 Abs. 1a CRR).

Wrong-way risk, specific
Korrelationsrisiko, spezielles, *n.*
Risiko, das entsteht, wenn infolge der Art der Geschäfte mit einer Gegenpartei die Ausfallwahrscheinlichkeit der Gegenpartei positiv mit dem künftigen Wiederbeschaffungswert aus den Geschäften mit dieser bestehenden Gegenpartei korreliert (vgl. Art. 291 Abs. 1b CRR).

---

82 http://www.itwissen.info/definition/lexikon/Wurm-worm.html (21.02.2015).

Yield curve
Zinsstrukturkurve, *f.*

Yield curve risks
Zinsstrukturrisiken, *pl., n.*

Yield to maturity
Endfälligkeitsrendite, *f.*